NUR IN MÜNCHEN

Duncan J. D. Smith

NUR IN MÜNCHEN

Ein Reiseführer zu sonderbaren Orten,
geheimen Plätzen und
versteckten Sehenswürdigkeiten

Aus dem Englischen von Milena Greif

Fotografien von Duncan J. D. Smith

CHRISTIAN BRANDSTÄTTER VERLAG

Ich widme dieses Buch in Liebe und Dankbarkeit Roswitha,
ohne sie wären die folgenden Seiten nicht geschrieben worden,
meinen geliebten Eltern Mary und Trevor,
meinem Bruder Adrian und Tante Catherine
sowie in Gedenken an unsere liebe Freundin Martina.

Oben: Adam und Eva auf dem Jugendstilfries eines Hauses in der Ainmillerstraße (s. Nr. 81)

S. 2: Einer der Moriskentänzer von Erasmus Grasser im Münchner Stadtmuseum am St.-Jakobs-Platz (s. Nr. 20)

Inhalt

Äußere Stadtviertel – Südwesten *(6. Bezirk: Sendling, 7.: Sendling – Westpark, 8.: Schwanthalerhöhe, 19.: Thalkirchen – Obersendling – Forstenried – Fürstenried – Solln, 20.: Hadern, 25.: Laim)*

Äußere Stadtviertel – Nordwesten *(9. Bezirk: Neuhausen – Nymphenburg, 10.: Moosach, 11.: Milbertshofen – Am Hart, 12.: Schwabing – Freimann, 21.: Pasing – Obermenzing, 22.: Aubing – Lochhausen – Langwied, 23.: Allach – Untermenzing, 24.: Feldmoching – Hasenbergl)*

Anhang

Vorwort

„Zwischen Kunst und Bier ist München
wie ein Dorf zwischen Hügeln hingelagert …"
Heinrich Heine (1797–1856)

München, die Stadt, die sich nördlich der Bayerischen Alpen zu beiden Seiten der Isar erstreckt, ist nicht nur, nach Berlin und Hamburg, die drittgrößte Stadt Deutschlands, sondern wird auch nicht ohne Grund als „heimliche Hauptstadt" des Landes bezeichnet.

Im Zweiten Weltkrieg wurde München stark zerbombt, weil es die Hauptstadt der nationalsozialistischen Bewegung war. Nach sorgfältigen Restaurierungen sieht es heute jedoch wieder wie im 19. Jahrhundert aus. Viele Besucher lassen oft diejenigen Plätze außer Acht, die mit seiner unrühmlichen Rolle im Dritten Reich, mit der kurzlebigen Räterepublik von 1919 oder mit seiner Bedeutung als Zentrum des Bundesnachrichtendienstes der Nachkriegszeit in Verbindung zu bringen sind – zugunsten von Münchens weltberühmten Bierkellern, der kulturellen Angebote und der Freizeiteinrichtungen.

München hat, davon abgesehen, jedoch noch viel mehr zu bieten: gotische Fragmente der befestigten mittelalterlichen Stadt, architektonische Extravaganzen der Wittelsbacher Dynastie* bis hin zu Merkwürdigkeiten der Gegenwart wie einen Luftschutzbunker, der als Kunstgalerie dient, oder eine absichtlich versenkte Kirche. Der hier vorliegende Reiseführer wendet sich vor allem an jene, die etwas mehr Zeit zur Verfügung haben und neugierig auch auf eigene Entdeckungsreise gehen möchten.

Wer bereit ist, ein paar Minuten zu planen und kurz einen vernünftigen Stadtplan** zu Hilfe zu nehmen, kann den Touristenmengen und organisierten Führungen entgehen und ein ganz spezielles, verborgenes München bereisen. Der Autor stützt sich auf persönliche Erfahrungen, die er auf langen Fußwegen durch alle 25 Münchner Stadtteile gewonnen hat. So kann er Entdeckungslustigen neue und ungewöhnliche Wege weisen: in ein München der wenig besuchten Friedhöfe, der Bunker aus Kriegszeiten und der unbekannten öffentlichen Parks, der traditionellen Brauereien und der stillen gotischen Plätze, der schrulligen Museen und der atmosphärischen Krypten, der ungewöhnlichen Läden und der historischen Hotels, der bunten Märkte und der altertümlichen Bräuche; da wären aber noch ein kürzlich renoviertes Jugendstilschwimmbad und ein Museum, das der schlichten Kartoffel huldigt! Münchens dunkle Vergangenheit ist aber dennoch präsenter Teil des Stadtbildes; die zahlreichen Mahnmale für die Opfer des Naziterrors sind Zeugnisse einer düsteren Zeit.

Der Großteil dieser weniger bekannten Orte befindet sich innerhalb der ehemaligen Stadtmauern Münchens, in der Altstadt (1. Bezirk); außerdem in den innenstädtischen Vierteln Ludwigsvorstadt – Isarvorstadt, Maxvorstadt, Schwabing-West und Au – Haidhausen (2.–5. Bezirk). Andere Plätze liegen aber auch etwas außerhalb dieser schon seit langem eingemeindeten Dörfer, in den Vororten, die sich konzentrisch um das Stadtzentrum gruppieren, sowohl östlich der Isar (13.–18. Bezirk) als auch noch weiter draußen im Südwesten (6.–8., 19.–20. und 25. Bezirk) und im Nordwesten (9.–12. und 21.–24. Bezirk). Wer Münchens dichtes öffentliches Verkehrsnetz mit U-, S-Bahnen, Straßenbahnen und Bussen benutzt, erreicht all jene Plätze äußerst rasch.

Ob der Reisende sich auf die Suche nach literarischen Spuren in Schwabing begibt, den ehemaligen Flughafen ausfindig macht, wo 1958 das Münchner Flugunglück passierte, das weltälteste Kajak bestaunt, in die Krypta der Michaelskirche hinabsteigt oder nach den Überresten von Hitlers geheimem Hauptquartier in Pullach sucht – der Autor lässt neben ausführlichen Beschreibungen auch viel Raum für eigene Entdeckungen und Eindrücke vor Ort, inspiriert durch viele beiläufig erwähnte Hinweise zu neuen Routen.

Bitte denken Sie daran, an Andachtsorten (die während Messen nicht betreten werden sollten) Ihre Mobiltelefone auszuschalten, und zollen Sie den zahlreichen Gedenkstätten, die den unter dem Naziregime Verfolgten gewidmet sind, gebührenden Respekt. Sonst aber nehmen Sie München als eine große Auster, die viele wertvolle Perlen enthält – ich hoffe, das Aufstöbern bereitet Ihnen ebenso große Freude wie mir.

Duncan J. D. Smith
Wien, München

* Die in Klammer gesetzten Daten hinter den Namen der bayerischen Herrscher beziehen sich auf ihre Regierungszeit; bei anderen Persönlichkeiten auf ihre Lebenszeit.

** Die meisten Stadtpläne von München zeigen das Zentrum und die inneren Stadtteile; auf dem hervorragenden Falk Stadtplan „Extra" sind auch die Vororte sowie das gesamte Straßenbahn-, Bus-, U- und S-Bahnnetz verzeichnet.

(Nach jedem Eintrag wird auf eine Auswahl anderer Sehenswürdigkeiten in Gehdistanz verwiesen. Eine alphabetisch geordnete Liste aller im Buch erwähnten Sehenswürdigkeiten samt Öffnungszeiten, etc. ist im Anhang verzeichnet.)

Eines der letzten Fragmente der mittelalterlichen Stadtmauer Münchens in der Jungfernturmstraße

1. Alte Tore, vergessene Mauern

Altstadt – Lehel (1. Bezirk), die Tour beginnt bei den Fragmenten der alten Stadtmauer in der Jungfernturmstraße
U3, U4, U5, U6 Odeonsplatz; Straßenbahn 19

Münchens Besucher könnten glauben, dass die Stadt niemals von einer Stadtmauer umgeben war, gäbe es nicht diese drei alten Stadttore: das Karlstor, das Sendlinger Tor und das Isartor. Dass München befestigt und von einer äußerst groß angelegten Stadtmauer umgeben war, wird einem erst beim Besuch des Bayerischen Nationalmuseums in der Prinzregentenstraße 3 klar; dieses beherbergt ein faszinierendes Holzmodell von München, das 1572 von Jakob Sandtner geschnitzt wurde. Es zeigt deutlich eine dichtgedrängte Bebauung innerhalb der mittelalterlichen Stadtmauer. (Eine Kopie des Modells, in den späten 1920er Jahren aus Lindenholz angefertigt, ist im Münchner Stadtmuseum am St.-Jakobs-Platz ausgestellt.)

Der bayerische Kurfürst Karl Theodor (1777–1799) ließ 1791 die Stadtmauer abreißen, um die Stadt weiter wachsen zu lassen. Der ehemalige Festungsgraben entlang der Sonnenstraße wurde mit ihrem Schutt aufgefüllt; jedoch blieben drei der Stadttore sowie ein kurzes Stück des Mauerwerks in der Jungfernturmstraße stehen, deren Name an einen Turm erinnert, der einst dort stand. Ein idealer Ort, den Stadtplan auszupacken und sich die vergessene Geschichte der Münchner Stadtmauer zu vergegenwärtigen.

Viele topografische Merkmale aus der Zeit der Stadtgründung Münchens 1158 sind heute verloren, etwa die zahlreichen Bäche, die die Stadt in alle Richtungen durchschnitten und die bereits seit langem kanalisiert oder umgeleitet sind. Es sind aber glücklicherweise zeitgenössische Quellen erhalten, die die frühe Besiedlung und ihre schützende Mauer beschreiben, welche 1175 Heinrich der Löwe, Herzog von Sachsen und Bayern (1156–1180) aus dem Geschlecht der Welfen, errichten ließ. Die Stadtmauer umschloss eine Fläche, die sich in etwa von der Schäfflerstraße und der Sparkassenstraße im Norden bis hin zum Rosental und Färbergraben im Süden erstreckte; die zwei letztgenannten Straßennamen bezeugen noch die frühere Existenz eines Stadtgrabens an dieser Stelle. Dieser wurde von einigen Toren sowie von Türmen unterbrochen. An einen davon, den Ruffini-Turm, erinnert eine Wandtafel am Rindermarkt 10. Innerhalb der Stadtbefestigung befanden sich die Vorgängerbauten der Frauenkirche und der

Ein Holzmodell des mittelalterlichen Münchens im Münchner Stadtmuseum zeigt die Stadtbefestigung.

Peterskirche. Letztere wurde um 1050 von jenen Benediktinermönchen erbaut, von denen München seinen Namen lieh (s. Nr. 24).

Der Wittelsbacher Ludwig II. der Strenge (1253–1294) wählte München als Residenzstadt. Aus diesem Grund ließ er die erste Burg Münchens im Nordosten der Stadt erbauen, heute als der „Alte Hof" bekannt (s. Nr. 8). Während seiner und der Regentschaft seines Nachfolgers Ludwig IV. des Bayern (1294–1347) – ein Kaiser des Heiligen Römischen Reiches, der für die Wiedervereinigung Bayerns 1340 nach der ersten Landesteilung (1253–1340) verantwortlich war – wuchs München auf das Fünffache seiner vorigen Größe an. Dies erforderte den Bau einer neuen Stadtmauer, die 1301–1337 errichtet wurde. Sie folgte mehr oder weniger dem heutigen Altstadtring, der entlang dem Thomas-Wimmer-Ring, der Frauenstraße, Blumenstraße, Sonnenstraße und dem Maximiliansplatz verläuft. Sieht man von dem Bau zusätzlicher Türme ab (den der Jungfernturmstraße eingeschlossen, der 1493 errichtet und 1804 abgerissen wurde), blieb die Stadtmauer bis zu ihrer Schleifung 1791 unverändert erhalten.

Die drei erhaltenen Stadttore Münchens waren Teil dieser jüngsten Mauer (obwohl zunächst auch andere bestehen blieben, wie etwa jenes, an das die Angertorstraße erinnert). Das Karlstor am Ende der Neuhauser Straße wurde 1302 erstmals als Neuhauser Tor erwähnt; es wird jedoch seit Ende des 18. Jahrhunderts zu Ehren des Kurfürsten Karl Theodor Karlstor genannt. 1970 wurden seine unterirdischen Gewölbeüberreste während Bauarbeiten für das nahe Stachus-Untergeschoss ergraben. Das Karlstor sowie das Sendlinger Tor (1318), einst Ausgang der Handelsroute nach Italien, wurden umfassend neu gestaltet. Das dritte bestehende Tor, das Isartor (1337), ist als einziges in seiner ursprünglichen Gestalt erhalten geblieben; es beherbergt heute das exzentrische Valentin-Karlstadt-Musäum (s. Nr. 15). Fragmente der ehemals hier anschließenden Mauer wurden bei Bauarbeiten in der Nähe freigelegt: am Thomas-Wimmer-Ring 1, Lueg ins Land, und an der Ecke Pflug-/Marienstraße, wo eine Wandtafel darauf hinweist.

Nach Volksaufständen gegen die Wittelsbacher gaben diese 1385 den Alten Hof zugunsten der Neuen Veste auf; einer neuen Festung mit Burggraben, die im Nordosten *außerhalb* der Stadtmauer lag. Erst 1476 fühlten sich die Wittelsbacher wieder sicher genug, um ihre Residenz in die Stadtbefestigung zu integrieren. So wurde 1570 die Neue Veste, obwohl noch nicht fertiggestellt, aufgegeben und die Arbeiten an der moderneren Münchner Residenz aufgenommen (s. Nr. 8).

Interessante Orte in der Nähe: 2, 3, 4, 5, 8, 9

2. Drei äußerst verschiedene Väter

Altstadt – Lehel (1. Bezirk), das Erzbischöfliche Palais in der Kardinal-Faulhaber-Straße 7 (Das Palais kann nur von außen besichtigt werden.)
S1, S2, S4, S5, S6, S7, S8 Marienplatz; U3, U6 Marienplatz; U3, U4, U5, U6 Odeonsplatz; Straßenbahn 19

An der nordwestlichen Ecke der Münchner Altstadt steht das Palais Holnstein in der Kardinal-Faulhaber-Straße. Seit 1818 ist es die Residenz des Erzbischofs von München und Freising, wodurch sich die bekanntere Bezeichnung als Erzbischöfliches Palais erklärt. Ursprünglich war das Gebäude vom bayerischen Kurfürst Karl Albrecht (1726–1745) als Wohnung in Auftrag gegeben worden – für seine Mätresse Sophie Caroline von Ingelheim, Gräfin von Holnstein. Im Tympanon ist noch immer das Wappen des Grafen von Holnstein zu sehen, des unehelichen Sohnes von Karl Albrecht: Die Zweiteilung des Wappens zeigt den unglücklichen Familienstatus des Grafen an. Der Palast wurde zwischen 1733 und 1737 nach Entwürfen des Hofarchitekten François de Cuvilliés (1695–1768) errichtet. Der gebürtige Holländer war maßgeblich an der Verbreitung des Rokoko, des Spätstils des Barocks, in ganz Zentraleuropa beteiligt; er brachte ihn auch an den Münchner Hof der Wittelsbacher. In Kombination mit dem Innendekor Johann Baptist Zimmermanns ist das Palais Holnstein das Rokokojuwel Münchens.

Direkt über dem Eingang des Palais' zeigt ein Flachrelief die Jungfrau Maria, umgeben von Cherubim: Dieses Motiv könnte eher für seine Epoche von 1977 bis 1982 stehen, als der Palast Erzbischof Joseph Alois Ratzinger, heute Papst Benedikt XVI., als Residenz diente. Der gebürtige Bayer kommt aus dem Marktflecken Marktl und studierte in München Theologie. Als Papst stieg er hier während seines offiziellen Besuchs 2006 erneut ab.

Wenn wir uns nun nach Westen wenden und die Prannerstraße entlanggehen, kommen wir zum Maximiliansplatz, wo ein Denkmal für eine ganz andere Vaterfigur steht. Es gilt dem deutschen Chemiker Baron Justus von Liebig (1803–1873), dem „Vater der Düngemittelindustrie". Gerade 21-jährig erhielt Liebig eine Professur an der Universität Gießen, an der er die erste Chemieschule der Welt einrichtete. Während dieser Unterrichtstätigkeit entwickelte er eine moderne Lehrmethode, die sich an der Laborarbeit orientiert, weshalb er als einer der größten Chemielehrer aller Zeiten gilt. Schullabore verwenden heute noch den Liebigkühler, einen Kondensator, den er populär machte.

Einer Berufung des bayerischen Königs folgend, wechselte er 1852 an die Universität von München, an der er bis zu seinem Lebensende lehrte und wesentliche Beiträge zur Agrikulturchemie sowie zur biologischen und organischen Chemie lieferte. Seine einzigartige Leistung für die Düngemittelindustrie war die Entdeckung von Stickstoff als Pflanzennahrung – somit die Entwicklung von Düngern auf Stickstoffbasis – und die Formulierung des sogenannten „Gesetzes des Minimums“, das den Effekt einzelner Nährstoffe auf die Gesamternte beschreibt. Eine Replik eines Liebig-Labors können Sie in der Chemie-Sektion des Deutschen Museums auf der Museumsinsel besichtigen.

Das Palais Holnstein in der Kardinal-Faulhaber-Straße war einst die Residenz von Papst Benedikt XVI.

Liebigs Name fand auch in anderen Sparten Verbreitung, etwa durch die Einführung eines Galvanisierungsverfahrens, das die Qualität von Spiegelglas maßgeblich verbesserte (s. Nr. 22). Zusammen mit dem belgischen Ingenieur George Giebert entwickelte er eine effiziente Methode zur Herstellung von Fleischextrakt aus Tierkadavern. 1865 gründeten sie die Firma „Liebig-Fleischextrakt“ und vermarkteten das Produkt als billigen, aber nahrhaften Ersatz für Fleisch. 1899, einige Jahre nach Liebigs Tod, wurde der Markenname *Oxo* eingetragen, unter welchem der schlichte Fleischextraktwürfel heute auf der ganzen Welt bekannt ist.

Interessante Orte in der Nähe: 1, 3, 4, 8, 9

3. Ein kommunistisches Experiment

Altstadt – Lehel (1. Bezirk), Kurt Eisners Denkmal auf dem Gehsteig, Kardinal-Faulhaber-Straße 14
U3, U4, U5, U6 Odeonsplatz; Straßenbahn 19

Auf dem Gehsteig vor dem ehemaligen Bayerischen Außenministerium im Palais Montgelas in der Kardinal-Faulhaber-Straße 14 sind die Spuren eines Mordfalls zu sehen. Die Körperumrisse eines liegenden Mannes sind jedoch nicht mit Kreide, sondern in Stahl festgehalten. Dieses ungewöhnliche Denkmal erinnert an den sozialistischen Politiker Kurt Eisner (1867–1919), der hier aufgrund seiner politischen Gesinnung ermordet wurde. In den meisten Stadtführern wird dies nur kurz erwähnt, jedoch hilft Eisners Geschichte zu verstehen, wie München und bald darauf ganz Deutschland den Nazis in die Hände fallen konnten.

Als Deutschlands Blockade durch die alliierten Kriegsmächte 1917 dazu führte, dass Nahrungsmittel und Benzin knapp wurden, trat Kurt Eisner der Unabhängigen Sozialdemokratischen Partei Deutschlands (USPD) bei. 1918 wurde er wegen Landesverrats verhaftet und kam ins Stadtgefängnis Stadelheim, weil er einen Streik von Arbeitern eines Munitionswerkes organisiert hatte. Als er wieder entlassen wurde, war Deutschland schon besiegt.

Während des Krieges hatte König Ludwig III. von Bayern (1913–1918) zunehmend an Popularität verloren; z. T. aufgrund seiner blinden Loyalität gegenüber Preußen. München wurde zum Schauplatz politischer Unruhen; am 7. November 1918, anlässlich des ersten Jahrestages der Russischen Oktoberrevolution, rief Eisner den Freistaat Bayern aus und wurde zu dessen erstem Ministerpräsidenten gewählt. Damit stürzte er die Monarchie der Wittelsbacher Dynastie, die Bayern über sieben Jahrhunderte lang regiert hatte. In Berlin wurde zwei Tage danach das Ende der Monarchie erklärt und damit der Weimarer Republik der Weg geebnet.

Das Hauptziel dieser neuen Republiken war es, die Friedensverhandlungen schnell über die Bühne zu bringen und eine kompromisslose demokratische und sozialistische Erneuerung von Staat und Gesellschaft zu bewirken. Obwohl er einer sozialistischen Regierung vorstand, distanzierte sich Eisner jedoch von den Russischen Bolschewiken und erklärte, er würde Eigentumsrechte wahren. Trotzdem gelang es ihm nicht, die Ängste des bürgerlich-konservativen Lagers vor einer kommunistischen Revolution zu beschwichtigen, und so verlor er im Februar 1919 die Wahlen. Am 21. Februar 1919 wurde er auf seinem Weg zum Bayerischen Parlament niedergeschossen, um so seinen Rückzug zu erzwingen. Eisners Attentäter war ein Reserveleutnant des rechten Flügels, Anton Graf von Arco auf Valley (1897–1945), der, nach seinen Motiven befragt, angab, Eisner sei Anarchist, Bolschewik und Jude gewesen – kurzum, er sei für alles gestanden, was er verabscheue.

Eine Umrisslinie im Gehsteigpflaster kennzeichnet die Stelle, wo der Politiker Kurt Eisner in der Kardinal-Faulhaber-Straße erschossen wurde.

Der Mord führte im unruhigen Bayern dazu, dass sich die Ereignisse überschlugen. Als die Nachricht von der sowjetischen Revolution in Ungarn München erreichte, fühlten sich Kommunisten und Anarchisten in ihrer Macht erstarkt. Sie riefen die Bayerische Räterepublik und München als ihre Hauptstadt aus, eine Republik im Sowjetstil mit Arbeiter- und Soldatenräten. Lenin, der einige Jahre zuvor in München, in der Kaiserstraße 46 (12. Bezirk), gelebt hatte, schickte ein Glückwunschtelegramm. Die neue Republik wurde von USPD-Mitgliedern und Anarchisten regiert, aber aufgrund mangelnder politischer Erfahrung konnten sie die öffentliche Ordnung nicht wiederherstellen. Nach nur sechs Tagen brach das Regime in sich zusammen; ihr folgte eine zweite, noch radikalere kommunistische Republik.

Die Gesetzlosigkeit hielt an; am 29. April richtete die Rote Armee der Republik acht Männer des rechten Flügels als Spione hin, darunter Prinz Gustav von Thurn und Taxis. Unter dem Vorwand, diese zu rächen, ließen die Sozialdemokraten am ersten Mai 1919 Regierungstruppen und Freikorps aufmarschieren, um der Räterepublik ein Ende zu setzen und deren Anführer zu verhaften. Das wahrscheinlich kürzeste kommunistische Experiment der Geschichte war vorüber.

Die öffentliche Ordnung wurde durch eigens ins Leben gerufene Milizen des rechten Flügels wiederhergestellt, welche wiederum 1921, solange sie noch einer gesetzlichen Grundlage entbehrten, Kontakt zu extremistischen Gruppierungen wie etwa zu Hitlers NSDAP suchten. Diese ernstliche Schwächung der politisch gemäßigten Kräfte Bayerns bildete den Nährboden für den Aufstieg der Nazis.

Interessante Orte in der Nähe: 1, 2, 4, 5, 8, 9

4. Europas letzte originale Tiki-Bar

Altstadt – Lehel (1. Bezirk), Trader Vic's Bar und Restaurant im Hotel Bayerischer Hof am Promenadeplatz 2–6
S1, S2, S4, S5, S6, S7, S8 Marienplatz; U3, U6 Marienplatz; Straßenbahn 19; Bus N40

Münchens Bayerischer Hof ist ein Klassiker unter europäischen Großstadt-Hotels. Sein Fünfsterne-Charme ist typisch alteuropäisch und luxuriös, gerade so, wie es die Reichen und Berühmten, gleich ob aus Königshäusern oder aus Hollywood, gerne haben. Doch eine Einrichtung im Untergeschoss dieses Hotels findet man in keinem anderen Europas: das letzte erhaltene Exemplar einer Bar und eines Restaurants im Polynesischen Tiki-Stil.

Die sogenannte Tiki-Kultur nahm 1943 mit der Eröffnung von „Don the Beachcomber" in Amerika ihren Ausgang – dabei handelte es sich um eine polynesische Themenbar mit Restaurant in Hollywood. Der Besitzer war ein junger Mann aus Louisiana, der zuvor den gesamten Südpazifik abgesegelt war und Ernest Raymond Beaumont-Gantt hieß; später ließ er sich in „Don Beach" umbenennen. Sein eklektisch gestyltes Restaurant bot kantonesische Küche und exotische, mit brennenden Wunderkerzen dekorierte Rumbowle an, dazu Rattanmöbel, hawaiianische Blütenketten und bunte Stoffe. Eine tatsächliche, historische Bezugnahme auf *Tiki*, den ersten Mann in der Polynesischen Schöpfungsmythologie, war von Beginn an nicht vorhanden.

Im selben Jahr eröffnete Victor Jules Bergeron Jr. (1902–1984) ein kleines Restaurant mit Bar unter dem wenig versprechenden Namen „Hinky Dink's", gleich gegenüber vom Lebensmittelladen seiner Eltern in Oakland, Kalifornien. Drei Jahre später richtete er es auch im exotischen Tiki-Stil ein; als der Erfolg immer größer wurde, taufte er es in Trader Vic's um. Er hatte gerade einmal 700 Dollar investiert und legte damit den Grundstein für die erste weltweit erfolgreiche Themenrestaurantkette, die rund um den Globus Filialen eröffnete.

Das goldene Zeitalter des Trader Vic's-Imperiums brach Ende des Zweiten Weltkriegs an, als die amerikanischen Soldaten bei ihrer Heimkehr vom Südpazifik erzählten und Souvenirs von dort mitbrachten. Der Autor James Michener etwa erhielt 1948 den Pulitzer Preis für seine Kurzgeschichten, die unter dem Titel *Tales of the South Pacific* erschienen. Diese lieferten wiederum die Grundlage für *South Pacific*, das 1949 unglaublich erfolgreiche Musical von Rodgers und Hammerstein.

Die Ernennung Hawaiis 1959 zum eigenen Bundesstaat regte darüber hinaus das Interesse an exotischen Inseln an. In den späten 50er und frühen 60er Jahren verliebte sich Kontinentalamerika geradezu in eine romantisierte Vorstellung von solchen Orten; die Tiki-Kultur nahm Einfluss auf alle Aspekte der visuellen Ästhetik des Landes, sei es bei Wohndekorationen, Kleidung, Musik, Kino oder Architektur.

Polynesischer Stil in der Trader Vic's Bar im Untergeschoss des Hotels Bayerischer Hof am Promenadeplatz

Der Durchschnittsamerikaner, weit davon entfernt, die Inseln jemals selbst zu bereisen, konnte den Flair von Hawaii und Polynesien in einer der zahlreichen Tiki-Hüttenbars und -restaurants genießen, die nun im ganzen Land aus dem Boden schossen. Im Bamboo-Interieur und unter Kugelfischlampenschirmen war der Drink der Stunde der Mai Tai: ein Cocktail aus weißem und braunem Rum, Curaçao Orange, süßem Mandelsirup und Zitronensaft, obligatorisch mit Obst garniert und mit einem Papierschirmchen serviert. Victor Bergeron beanspruchte 1944 die Erfindung des Mai Tai für sich, ebenso wie sein freundschaftlich gesinnter Rivale Don Beach es bereits im Jahr 1934 getan hatte. Der Drink, dessen Name vom tahitianischen Wort *Maita'i* (zu deutsch „gut") abgeleitet ist, erfreut sich jedenfalls heute noch großer Beliebtheit.

Die Münchner Filiale des Trader Vic's wurde vergleichsweise spät eröffnet, 1972, in dem Jahr, in dem München Olympiastadt wurde. Experten schätzen sie heute als letzte Tiki-Bar mit original erhaltenem Dekor ein; alle späteren Einrichtungen werden als moderne Adaptionen des Genres eingestuft. Retro, die Tiki-Kultur miteingeschlossen, erlebt wieder ein Revival; das faszinierende Tiki-Original finden Sie aber in München. So bleibt zu hoffen, dass das Trader Vic's noch lange ein erfrischender kultureller Gegenpart zum eher konservativen Charme des Hotels Bayerischer Hof, das es beherbergt, bleibt.

Interessante Orte in der Nähe: 1, 2, 3, 5, 6, 7

5. Hitlers ehemaliger Nachtclub

Altstadt – Lehel (1. Bezirk), Künstlerhaus am Lenbachplatz 8
S1, S2, S4, S5, S6, S7, S8 Karlsplatz; U4, U5 Karlsplatz; Straßenbahn 18, 19, 20, 21, 27

In der zweiten Hälfte des 19. Jahrhunderts konkurrierte Münchens Kulturszene mit jener von Wien und Berlin. Eben darauf lag ab 1873 ein Hauptaugenmerk der Künstlervereinigung Allotria; sie bemühte sich Münchens feudale Oberschicht und die wohlhabenden Industriellen mit den besten Künstlern der Stadt an einen Tisch zu bringen. Der Traum ging schließlich 1893 in Erfüllung, als Prinzregent Luitpold von Bayern (1886–1912) auf der Südseite des Lenbachplatzes den Grundstein für das Künstlerhaus legte.

Das Haus, in dem Kultur, Geschäftssinn und Gesellschaft zusammenfinden sollten, wurde im entsprechend üppigen, norddeutschen Pseudo-Renaissancestil mit abgetreppter Giebelwand und Bronzeornamenten vom Architekten Gabriel von Seidl (1848–1913) entworfen; an das Hauptgebäude schließen Seitentrakte und ein Innenhof an. Die Innenausstattung dominierten Werke des Münchner Malers Franz von Lenbach (1836–1904); Lenbach hielt die Räume im Stil der italienischen Renaissance und schmückte sie mit Versatzstücken des Jugendstils. Er war aber auch in finanzieller Hinsicht maßgeblich an der Realisierung des Hauses beteiligt – trieb er doch einen Großteil der Gelder ein.

Prinzregent Luitpold war 1900 wieder zur Stelle, um das Gebäude offiziell zu eröffnen, darauf folgte eine Reihe von glamourösen Kulturereignissen, die Lenbach gemeinsam mit den Künstlern Friedrich August von Kaulbach (1822–1903) und Franz von Stuck (1863–1928) veranstaltete. Das Ende dieser kulturellen Blüte kam im Juni 1938; das Naziregime requirierte das Haus für sich und löste die Künstlerhausvereinigung, welche es bis dahin verwaltet hatte, auf.

Das Künstlerhaus verkam nun zu einem Nachtclub für Nazifunktionäre, auserkorene Räume dienten Hitler als Privatsuite. Beim Inspizieren dieser Räume fiel ihm auf, dass man aus einem der Fenster direkt auf Deutschlands drittgrößte Synagoge sah, die 1887 in der Herzog-Max-Straße eingeweiht worden war; er ordnete daraufhin den sofortigen Abriss der Synagoge an (s. Nr. 30). In der Folge gewährte er am 8. Juni den Vorstehern der Synagoge eine Frist von nur 24 Stunden, um das Grundstück zu räumen, ehe der Abriss begann. Innerhalb von

Das Dach des Künstlerhauses am Lenbachplatz ist mit markanten Giebeln geschmückt.

sechs Tagen war die Synagoge verschwunden und an ihrer Stelle ein Parkplatz eingerichtet.

Hitler bestimmte das Künstlerhaus zum offiziellen Treffpunkt für Nazikünstler, Regisseure, Bildhauer und Schriftsteller. In einem verschwenderisch luxuriös ausgestatteten Saal wurden Partys veranstaltet, auf denen der Chor sowie Tänzer des Gärtnerplatztheaters auftraten. Die Feste begannen in der Regel erst um Mitternacht und konnten bis zehn Uhr morgens dauern, obwohl sich Hitler für gewöhnlich schon lange vorher in seine Wohnung am Prinzregentenplatz zurückzog (s. Nr. 53). Hinter den Kulissen erwarb das Künstlerhaus alsbald den Ruf einer kitschigen Brutstätte für Intrigen und Orgien. Besonders un-

Die Lithografiewerkstatt Steindruck München im Künstlerhaus

heimlich erscheint eine Akte, die während dieser Zeit von der Verwaltung des Hauses angelegt wurde: eine Auflistung körperlicher Vorzüge von einigen Hundert Frauen, sodass die Schönste darunter schnell herbeigerufen werden konnte, um dem Führer gefällig zu sein.

Während eines Luftangriffs am 14. Juli 1944 wurde das Künstlerhaus stark beschädigt. Nach dem Krieg wurde es von amerikanischen Truppen in Beschlag genommen und 1954 seinem rechtmäßigen Eigentümer, der Künstlerhausvereinigung, zurückgegeben. Nach Renovierungsarbeiten eröffneten Herzog Albrecht von Bayern und der Bürgermeister Jochen Vogel am 1. Oktober 1961 das Haus wieder. Nur das Vestibül mit seinem ornamentalen Stuck sowie der sogenannte Venezianische Raum weisen noch die originale Innenausstattung auf.

Im vergangenen Jahrhundert, seitdem sich die Türen des Künstlerhauses zum ersten Mal öffneten, hat sich die Beziehung zwischen Künstler und Gesellschaft wesentlich verändert; insbesondere da Kunst nicht mehr die Domäne der Reichen und der Aristokratie darstellt. 1991 erhielt das Haus eine neue Verwaltung und es wurde entschieden, sein Angebotsspektrum zu erweitern. Vergegenwärtigt man sich das ursprüngliche Motto der Vereinigung, „Nobis et Amicis“ (Für uns und für unsere Freunde), das über dem Türsturz zu lesen ist, so entspricht die gegenwärtige Ausrichtung des Künstlerhauses diesem bestens: Es stellt heute seine Räumlichkeiten für zahlreiche Kunstausstellungen, Konferenzen und andere, multikulturelle Veranstaltungen zur Verfügung.

Eine faszinierende Dauereinrichtung im Künstlerhaus ist die Druckwerkstatt Steindruck München, die den traditionellen Lithografiedruck pflegt, so wie ihn 1797 Alois Senefelder entwickelte (s. Nr. 38). Die schweren Kalksteinplatten, auf die das Bild vor dem Druck von Hand gezeichnet wird, können Sie von der Straße aus durch die großen Bogenfenster der Werkstatt sehen. Senefelders originale Presse ist in der Druckerei-Abteilung des Deutschen Museums auf der Museumsinsel ausgestellt (2. Bezirk).

Interessante Orte in der Nähe: 3, 4, 6, 7, 33

6. Hinab in Münchens Grüfte

Altstadt – Lehel (1. Bezirk), Krypta der Michaelskirche in der Neuhauser Straße 6
S1, S2, S4, S5, S6, S7, S8 Karlsplatz; U4, U5 Karlsplatz; Straßenbahn 18, 19, 20, 21, 27

In einigen Kirchen im Zentrum von München kann man unterirdische, gewölbte Grabkammern besichtigen, äußerst atmosphärische Räume, die auch als Gruft oder Krypta bezeichnet werden (von griechisch kryptós, was „verborgen" bedeutet). Es sind die Grabstätten verschiedener Mitglieder der Wittelsbacher Dynastie, die Bayern von 1180 bis 1918 regierte.

Die bekannteste königliche Gruft ist die Fürstengruft der Frauenkirche (Dom Zu Unserer Lieben Frau) am Frauenplatz, ein dreischiffiges Backsteingebäude und zugleich die größte gotische Kirche in Süddeutschland. Sie wurde 1468–1488 in nur 20 Jahren erbaut, ein Rekord für die damalige Zeit. Ihre einprägsamen Doppeltürme wurden aus Geldmangel mit Zwiebelhauben anstatt von spitz zulaufenden Dächern bekrönt. Ein Bombenschaden 1944 machte eine umfassende Renovierung der Gruft (1952) erforderlich; die wiederaufgebauten Backsteinwände sowie die moderne Beleuchtung mindern jedoch die frühere düstere Atmosphäre des Ortes. Man betritt die Gruft – in der Regel – von der Rückseite der Kirche; hier befinden sich die sterblichen Überreste wichtiger bayerischer Herrscher, deren Särge in Wandnischen eingelassen wurden, welche Steine mit eingravierten Inschriften aufweisen. Zwei der bedeutendsten Särge sind jener von Ludwig IV. dem Bayern (1294–1347), der sowohl Herzog von Bayern, König von Deutschland als auch Kaiser des Heiligen Römischen Reiches war – ihm zu Ehren steht ein schwarzes Marmordenkmal im Haupteingang der Kirche –, und jener von Ludwig III., dem letzten König von Bayern (1913–1918).

Viel stimmungsvoller ist die Gruft der barocken St. Kajetan-Kirche, besser bekannt als Theatinerkirche (in der Theatinerstraße 22). Sie wurde zusammen mit einem Kloster für den Theatinerorden (benannt nach der alten italienischen Stadt Theate, heute Chieti) 1663–1690 als erstes großes Barockgebäude nördlich der Alpen erbaut. Wieder betritt man die Gruft von der Rückseite der Kirche. Sie birgt weitere wichtige Gräber: hier liegen der Bauherr der Kirche, der bayerische Kurfürst Ferdinand Maria (1651–1679) und seine italienische Ehefrau Henriette

In der Krypta der Theatinerkirche

Adelaide von Savoyen; ihr Sohn, der bayerische Kurfürst Maximilian II. Emanuel von Bayern (1679–1726) und dessen zweite, polnische Ehefrau Teresa Kunigunde Sobieska; der bayerische Kurfürst Karl Albrecht (1726–1745), der im Österreichischen Erbfolgekrieg gegen die Habsburger Kaiserin Maria Theresia eine Niederlage einstecken musste, und der kurze Zeit als Karl VII. Kaiser des Heiligen Römischen Reiches war; der beliebte bayerische Prinzregent Luitpold (1886–1912), der seinen Neffen König Ludwig II. ablöste (nachdem dieser 1886 für unzurechnungsfähig erklärt wurde) und dann für seinen geisteskranken Neffen Otto I. König von Bayern (1886–1913) regierte; und König Otto von Griechenland (1833–1862), der zweite Sohn des bayerischen Königs Ludwig I. (1825–1848), der der erste moderne König von Griechenland war, bis er durch einen Militärputsch gestürzt wurde; sein Sarkophag wurde wie ein klassischer griechischer Tempel dekoriert. Der bayerische König Maximilian II. (1848–1864) und seine preußische Ehefrau Marie Friederike Franziska Hedwig wurden in einer Seitenkapelle der Kirche bestattet.

Detail eines Sarges in der Krypta der Michaelskirche in der Neuhauser Straße

Die atmosphärischste Münchner Gruft befindet sich unter dem Chor von St. Michael in der Neuhauser Straße 6. In den 1580er Jahren für den Jesuitenorden erbaut, um die Präsenz der führenden Gegenreformatoren zu manifestieren, ist sie die gewaltigste Renaissancekirche nördlich der Alpen. Sie zeigt Anklänge an Il Gesù und ihr freitragendes Tonnengewölbe im Hauptschiff ist das zweitgrößte nach jenem von St. Peter in Rom. Im Vergleich zu dem feinen spätbarocken (Rokoko-)Interieur der Kirche ist die Gruft dunkel und muffig, die Särge sind kaum in den Wänden verborgen. Unter den dreißig hier bestatteten Wittelsbachern findet sich der bayerische König Maximilian I. (1799–1825, bis 1806 Kurfürst Maximilian IV. Joseph); seine Tochter heiratete Eugène de Beauharnais, den Sohn aus erster Ehe von Napoleons Gattin Josephine.

Der berühmteste hier liegende Würdenträger ist jedoch zweifellos König Ludwig II. von Bayern (1864–1886), der exzentrische „Schwanenkönig", bekannt für seine Liebe zu Märchenschlössern und der Musik Richard Wagners. Nach Ludwigs mysteriösem Tod im Starnberger See im Süden von München, wurde ein aufwändiges Begräbnis abgehalten und sein Leichnam in der Gruft bestattet. Der bayerischen Tradition gemäß wird jedoch sein Herz in einer Silberurne in der Gnadenkapelle in Altötting aufbewahrt, neben jenen seines Vaters und seines Großvaters. Ludwigs Nachfolger war sein Bruder König Otto I. von Bayern (1886–1913), der ebenfalls in der Gruft bestattet ist.

Interessante Orte in der Nähe: 4, 5, 7, 33

7. Jagen und Fischen auf bayerische Art

Altstadt – Lehel (1. Bezirk), Deutsches Jagd- und Fischereimuseum in der Neuhauser Straße 2
S1, S2, S4, S5, S6, S7, S8 Karlsplatz; U4, U5 Karlsplatz; Straßenbahn 18, 19, 20, 21, 27

An der geschäftigen Neuhauser Straße/Ecke Ettstraße steht eine ehemalige Augustinerkirche, die im späten 13. Jahrhundert erbaut wurde und schon allein deshalb sehenswert ist, weil sie als erste Kirche in München barockisiert wurde. 1911 erfuhr sie eine Umwandlung in einen Konzertsaal, wobei ihre gotische rippengewölbte Apsis ausgeräumt und zur Eingangshalle umfunktioniert wurde. Einen ersten Hinweis auf ihre heutige Funktion gibt die prächtige Wildschwein-Bronzeskulptur auf dem Vorplatz – sie weist den Weg in eines der ausgefallensten und architektonisch ungewöhnlichsten Museen Münchens: ins Deutsche Jagd- und Fischereimuseum.

Der wohlhabende SS-Brigadeführer und nationalsozialistische Ratspräsident Christian Weber eröffnete das Museum 1938; seine Sammlung von Rasensportausrüstung galt seinerzeit als die größte der Welt. Weber war einer der vielen Nazis, die nach Hitlers Aufstieg zum Reichskanzler ihre Position unverhohlen für ihre persönliche Bereicherung ausnutzten. Er bezog die frühere Residenz der Wittelsbacher Dynastie und beschloss, fortan seiner Leidenschaft für Pferde zu frönen; folglich wurde er Präsident der Vereinigung Deutscher Reitstallbesitzer und Rassepferdezüchter. Er stiftete auch das „Braune Band", die damals höchstdotierte deutsche Reittrophäe, die auf der Galopprennbahn Riem in der Graf-Lehndorff-Straße 36 (15. Bezirk) verliehen wurde. Bei Kriegsende schätzte man das Vermögen des Reichstagmitglieds Weber auf eine Million Reichsmark.

Das Museum wurde zunächst im Nordflügel von Schloss Nymphenburg eingerichtet, einem barocken Sommerpalast, den der bayerische Kurfürst Ferdinand Maria in Auftrag gegeben hatte (1651–1679). Es blieb jedoch während des Zweiten Weltkriegs geschlossen und wurde erst 1966 in der ehemaligen Basilika wiedereröffnet, in der es sich noch heute befindet. Das Herzstück der Sammlung, die deutsche Jagd- und Fischerpraktiken von der Steinzeit bis in die Gegenwart illustriert, ist die berühmte Geweihsammlung des begeisterten Jägers Maximilian Graf von Arco-Zinneberg (1811–1885). Nahezu überwältigend sind die Tausenden ausgestopften Tiere und Vögel.

Auf größeres Interesse mögen die Beispiele traditioneller Ausrüstung von Jägern und Fischern treffen, darunter mittelalterliche Gewehre, Angelzeug und Kanus, welche allesamt vor der ehemaligen Kirchenwand gut zur Geltung kommen; die Sammlung der Holzschlitten, die passend mit geschnitzten Tierdarstellungen verziert sind, befindet sich auf der schönen früheren Orgelempore. Zu sehen sind auch Jagdtrophäen, Ölgemälde und eine Reihe charmanter Minidioramen, bevölkert von Miniaturzinnfiguren. Das Foto eines Ornithologen, der zu Forschungszwecken einem Vogel gerade die Flügel abzwickt, mag einige Besucher verstören, jedoch wird es durch eine Ausstellung über heutige, verträglichere Forschungstechniken wieder wettgemacht.

Einer der merkwürdigen Wolpertinger im Deutschen Jagd- und Fischereimuseum in der Neuhauser Straße

Wer sich einem weniger ernsten Thema zuwenden möchte, widme sich der witzigen Ausstellung über die Wolpertinger (*Crisensus bavaricus*); einer Fantasiegestalt, die angeblich in den Bayerischen Alpenwäldern leben soll. Dieses Phantomtier besitzt Körperteile verschiedener Tierarten – meist Flügel, Hörner und Fangzähne –, die dem Körper eines kleinen pelzigen Säugetiers, einem Hasen oder einem Eichhörnchen ähnlich, entwachsen. Ausgestopfte Wolpertinger sind auch häufig in Souvenirläden auf dem Land zu finden, da man sich in jedem Dorf eigene Legenden über Sichtungen in der Nähe erzählt. Parazoologen gehen davon aus, dass der Wolpertinger ebenso wie der amerikanische „Jackalope" von Wildhasen inspiriert ist, die von einem Papillomavirus infiziert sind. Dieses Virus bewirkt das Wachstum geweihähnlicher Tumore auf dem Kopf der Hasen.

Interessante Orte in der Nähe: 3, 4, 5, 6, 18

8. Außergewöhnliche Räume in der Residenz

Altstadt – Lehel (1. Bezirk), Antiquarium in der Residenz am Max-Josef-Platz 3
U3, U4, U5, U6 Odeonsplatz; Straßenbahn 19; Bus 100

Die Münchner Residenz, ein weitläufiger Palast, wurde zwischen 1569 und 1842 im Nordosten der Altstadt erbaut und war das politische und kulturelle Zentrum der Herzöge, Kurfürsten und Könige von Bayern. Sie befindet sich auf dem Areal der sogenannten Neuen Veste, jener Burg, die 1385 errichtet wurde (s. Nr. 1). Die Geschichte der Residenz ist eng mit dem in Bayern herrschenden Geschlecht der Wittelsbacher verknüpft, dem sie als Wohn- und Regierungssitz sowie als Kunstkammer diente. Jeder Wittelsbacher baute die Anlage um und erweiterte ihr Interieur um den jeweiligen künstlerischen Stil seiner Zeit. Folglich spiegeln die 130 Räume und zehn Innenhöfe, über die die Residenz heute verfügt, alle Epochen der europäischen Kultur wider (Renaissance, Barock, Rokoko und Klassizismus). Ein Hof und zwei Räume ragen aufgrund ihrer einzigartigen und ungewöhnlichen Gestaltung heraus und laden ein, sich zunächst auf die sogenannte Alte Residenz entlang der Residenzstraße zu konzentrieren.

Der Grottenhof zu ebener Erde bietet sich bei einem Rundgang als Ausgangspunkt an. Er wurde 1581–1589 als Bestandteil des Sommerpalastes von Herzog Wilhelm V. von Bayern (1579–1597) erbaut. Die namengebende Grotte erstreckt sich zu einer Seite des Hofes und ist mit Muscheln, Kristallen und Tuffstein geschmückt. Aus den Wänden lugen zudem eine Reihe humorvoller und grotesk erscheinender Figuren hervor, die eine vergoldete Bronzestatue des Merkurs umgeben. Der ausgefallene Brunnen bringt so manchen Besucher zum Staunen!

Vom Grottenhof gelangt man in das Antiquarium, den verschwenderisch ausgestatteten, größten weltlichen Renaissancesaal nördlich der Alpen. Dieser älteste erhaltene Raum der Residenz ist atemberaubende 66 Meter lang. Er wurde 1569–1571 gebaut, um die Antikensammlung von Herzog Albrecht V. von Bayern (1550–1579) unterzubringen – das macht ihn zu einem der frühesten existierenden Museen. Albrechts Nachfolger Herzog Wilhelm V. von Bayern (1579–1597) und dessen Sohn Herzog (später Kurfürst) Maximilian I. von Bayern (1597–1651) wandelten zwischen 1581 und 1600 das Antiquarium in

Der einzigartige Renaissancesaal des Antiquarium in der Münchner Residenz

einen Fest- und Speisesaal um. Das Niveau des Fußbodens wurde abgesenkt und eine Estrade mit umlaufender Balustrade an einem Ende des Raumes errichtet; hinzu kamen ein Kamin und die auffallenden Wandmalereien, welche in der Deckenmitte Allegorien auf Ruhm und Tugendhaftigkeit in Form sitzender weiblicher Figuren zeigen. Noch interessanter sind die 102 Tondi in den seitlichen Stichkappen und auf den Fensterlaibungen. Sie zeigen Städte, Märkte, Burgen und Schlösser des damaligen Herzogtums Bayern. Die ausgestellten Büsten und weiteren Skulpturen sind sowohl Originale der klassischen Antike als auch Renaissancekopien. Einige stammen aus der Sammlung Herzog Albrechts, andere wurden erst im 17. und 18. Jahrhundert hinzugefügt. Nachdem ein alliierter Luftangriff am 18. März 1944 das Antiquarium in Schutt und Asche gelegt hatte, wurde es akribisch wiederaufgebaut und gilt heute als Meisterwerk der architektonischen Rekonstruktion.

Ein ebenso außergewöhnlicher Raum der Residenz ist die Reiche Kapelle im zweiten Stock über dem Grottenhof. Sie wurde 1607 als Privatkapelle von Herzog (später Kurfürst) Maximilian I. von Bayern (1597–1651) und seiner zweiten Frau, Elisabeth von Lothringen (ihre Initialen sind deutlich sichtbar) eingerichtet. Hier bewahrte Maximi-

Blick in die Reiche Kapelle der Münchner Residenz

lian auch seine Sammlung heiliger Reliquien auf. In der katholischen Kirche übernehmen solche Relikte heilige Mittlerfunktion zwischen Gott und den Menschen, sodass diese kleine Kapelle als das spirituelle Zentrum der gesamten Residenz anzusehen ist. Ihre Ausstattung entspricht ihrer Bedeutung, die Wände sind mit polierten Stuckpanelen verkleidet, die wie Marmor aussehen (*Scagliola*), und ihre Decke ist mit vergoldeten Reliefs auf blauem Grund, der wie Lapislazuli wirkt, geschmückt. In der Mitte der Decke gibt es eine Laterne mit bunten Glasfenstern. Höhepunkt ist aber der Altar, der äußerst feine Silberreliefs von den Augsburger Goldschmieden Hans Schebel und Jacob Anthoni aufweist.

Schauen Sie doch nach der Residenz-Besichtigung kurz in die Hofapotheke in der Residenzstraße 1; sie verfügt noch über originale Apothekergefäße. Beachten Sie auch die Linie aus bronzenen Pflastersteinen in der nahen Viscardigasse; sie soll an den Weg erinnern, den all jene einschlugen, die vermeiden wollten, an der Feldherrnhalle dem hier einst befindlichen Denkmal für den gescheiterten Hitler-Ludendorff-Putsch mit dem Hitlergruß die Ehre erweisen zu müssen. Die Straße wurde daraufhin „Drückebergergassl“ genannt.

Interessante Orte in der Nähe: 1, 2, 3, 9

9. Der fehlende Sarg des Pharaos

Altstadt – Lehel (1. Bezirk), Staatliches Museum Ägyptischer Kunst in der Residenz am Max-Joseph-Platz 3
U3, U4, U5, U6 Odeonsplatz; Straßenbahn 19; Bus 100

Seit seiner Eröffnung in den 1970er Jahren hat das Staatliche Museum Ägyptischer Kunst ein paar große Räume innerhalb der Residenz am Max-Joseph-Platz in Beschlag genommen. Die Ursprünge der Sammlung gehen bis ins 16. Jahrhundert zurück, als Herzog Albrecht V. von Bayern (1550–1579) einige antike ägyptische Statuen für seine berühmte Antikensammlung erwarb (s. Nr. 8). Bis über das 18. und 19. Jahrhundert hinaus erwarben Herrscher von Bayern (insbesondere Kurfürst Karl Theodor und König Ludwig I.) immer wieder ägyptische Kunstwerke für die Bayerische Akademie der Wissenschaften und die Glyptothek, meist von römischen Sammlungen. Diese Schätze der Stadt wurden im 20. Jahrhundert durch private Spenden erweitert, wodurch das Museum zum Zeitpunkt seiner Gründung durchaus mit vergleichbaren Sammlungen in London, Paris, Berlin und Turin mithalten konnte. Seine Skulpturen, Reliefs, Gemälde und kunsthandwerklichen

Die vergoldete Sargmaske der Königin des Neuen Reiches Sat-Djehuti im Staatlichen Museum Ägyptischer Kunst

Eine Kalksteinstatue des Hohepriesters Bekenchons aus der 19. Dynastie

Exponate decken die gesamte Altägyptische Epoche ab, von der prähistorischen Zeit bis zum alten, mittleren und neuen Reich der Pharaonen sowie der griechisch-römischen ptolemäischen Zeit. Zudem sind die verlorene Welt der Nubier als auch das koptische Ägypten und die ägyptisierende Kunst des Römischen Reiches vertreten.

Ein Werk, das das Museum *nicht* mehr ausstellt, ist eine kostbare untere Sarghälfte aus der Grabkammer KV 55 aus dem Tal der Könige in Theben. Die zur Gänze goldummantelte Sarghälfte wurde 1907 entdeckt; man geht davon aus, dass der Sarg ursprünglich für eine Frau angefertigt und dann für die königliche Verwendung adaptiert wurde, wobei das Behältnis des neuen Besitzers nachträglich herausgeschnitten wurde.

Heute vermutet man, dass dieser zweite Besitzer der ketzerische Pharao Echnaton (Ehemann von Nofretete und mutmaßlicher Vater von Tutanchamun) war, der verteufelt wurde, weil er Ägyptens traditionelle Götter zugunsten eines monotheistischen Glaubens an den Gott Aton verdrängte. Er gab auch die alte religiöse Hauptstadt Theben auf und gründete eine neue, Achet-Aton, in der Wüste von Tell el-Amarna. Nach Echnatons Tod um 1334 v. Chr. gaben seine Untertanen die Stadt auf und kehrten sowohl in die vorige Hauptstadt Theben als auch zum Polytheismus zurück. Alsbald wurde Echnatons Körper in das Tal der Könige überführt und im Grab KV 55 erneut bestattet, in einem gebrauchten Sarg, dessen Ornamente mit dem religiösen Glauben des Pharaos ziemlich unvereinbar waren.

Zwischen 1915 und 1931 verschwand die untere Hälfte dieses Sarges aus dem Ägyptischen Museum in Kairo, wo er aufbewahrt worden war. Man ging davon aus, sie sei damit für immer verloren; der Direktor des

Münchner Museums entdeckte jedoch die Sarghälfte in den frühen 1980er Jahren in der Privatsammlung eines Schweizer Sammlers, der sie seinerseits in Italien erstanden hatte. Der Sammler aus der Schweiz stimmte zu, die kostbare Rarität im Münchner Museum restaurieren zu lassen. Wenig später willigte der frühere bayerische Ministerpräsident Edmund Stoiber bei einem Besuch im Mittleren Osten ein, Kairo die untere Sarghälfte zurückzugeben, vorausgesetzt München bekäme zuerst die obere Hälfte als kurzzeitige Leihgabe. Der wiedervereinte Sarg zog 50 000 Besucher an.

Trotz dieser gerechtfertigten Rückgabe hat das Ägyptische Museum Münchens noch immer genügend faszinierende Objekte zu bieten, etwa eine gut erhaltene Papyrusausgabe des *Buchs der Toten*, Briefe an den Pharao Amenophis IV. (unter diesem Namen war Echnaton bekannt, ehe er seine weitreichenden religiösen Reformen durchführte), die auf Steintafeln geschrieben sind, eine atemberaubend schöne Skulptur eines Falken, die in Elektrum ausgeführt wurde (eine in der Natur vorkommende Silber-Gold-Legierung), und einen wunderschön dekorierten Sarg der 21. Dynastie für Herit-Ubechet, einer Tempelmusikerin in Karnak. Vielleicht noch ansprechender sind die Alltagsgegenstände wie Kosmetik- und Schreibutensilien aus Holz sowie Bestattungsobjekte wie Kanopenvasen, die der Aufbewahrung der Organe Verstorbener dienten, oder Miniaturfiguren, *Shawabtis* genannt, die als Arbeiter für das Leben im Jenseits mit ins Grab gegeben wurden.

Die Stücke aus der römischen Epoche erscheinen im Vergleich zu jenen aus der Pharaonenzeit nicht weniger vollendet, insbesondere die lebensechten Mumienporträts, der Sarg eines fünf Jahre alten römischen Kindes (70–80 n. Chr.) oder eine ungewöhnliche Krokodilsmaske aus Gips. Zum Schluss sind empfindliche Fragmente figurativer koptischer Textilien zu sehen (500 n. Chr.) sowie einige Statuen im ägyptischen Stil, die zur Zeit des römischen Reiches in Ägypten hergestellt wurden.

Das Ägyptische Museum wird von vielen, die die Residenz ansteuern, zu unrecht übersehen. Angedacht ist daher eine Übersiedlung des Museums 2010 in das sogenannte Kunstareal (3. Bezirk), ein Kulturforum, zu dem bisher die Alte Pinakothek (mit Werken von Dürer und Rubens), die Neue Pinakothek (Goya und Renoir), die Pinakothek der Moderne und die Galerie im Lenbachhaus (s. Nr. 35) gehören.

Interessante Orte in der Nähe: 1, 2, 3, 8

10. Kuriositäten in einem Englischen Garten

Altstadt – Lehel (1. Bezirk), Englischer Garten in der Prinzregentenstraße
U3, U6 Odeonsplatz; U4, U5 Lehel; Straßenbahn 17; Bus 100

Münchens berühmter Englischer Garten ist einer der größten Stadtparks der Welt. Er erstreckt sich entlang des Westufers der Isar, vom Zentrum nordwärts bis zum äußersten Stadtrand, ist 3,73 Quadratkilometer groß und verfügt insgesamt über 578 Kilometer Fußwege. Er ist ausgesprochen beliebt, an einem schönen Sommertag suchen ihn circa 300 000 Menschen auf. Sie kommen hierher, um vielfältigen Freizeitvergnügungen zu frönen, um Rad zu fahren, zu joggen, Fußball zu spielen, zu reiten und sogar zu surfen, nämlich auf dem kalten Wasser des Eisbachs (s. Nr. 65). Studierende der nahen Ludwig-Maximilians-Universität schätzen den Garten als alternativen Lernort unter Bäumen oder sie suchen ihn auf, um einfach in der Sonne zu faulenzen.

Dann gibt es auch noch diejenigen (den Autor eingeschlossen), die hierher kommen, um der Geschichte dieses historischen Gartens nachzuspüren und um die ungewöhnlichen Bauten zu erforschen, die sich entlang seiner gewundenen Spazierwege verbergen. In diesem Fall ist es ratsam, sich dem Garten von Süden her zu nähern und die Tour am Eingang der Prinzregentenstraße zu starten. Gleich hier steht auf der linken Seite das sogenannte Rumford-Denkmal, ein neoklassizistisches Werk des Bildhauers Ludwig von Schwanthaler (1802–1848; s. Nr. 32). Es wurde 1795 errichtet und zeigt ein Flachrelief, das auf einer Seite die von *Abundantia* (Göttin des Überflusses) verehrte *Bavaria* darstellt, und auf der anderen, interessanteren Seite das Porträt von Benjamin Thompson, Graf von Rumford (1753–1814). Thompson, in Massachusetts geboren, war ein angloamerikanischer Armeeoffizier, Regierungsbeamter und Physiker, der als Kriegsminister elf Jahre darauf verwendete, das bayerische Heer für Kurfürst Karl Theodor (1777–1799) neu zu organisieren. 1789 ließ er das sumpfige Land entlang der Isar trockenlegen und entwickelte darauf Militärgärten, in denen Soldaten sich sowohl in Landwirtschaft als auch in Überlebenstechniken fortbilden konnten. Thompson widmete das Areal östlich dieser Gärten in den ersten öffentlichen Park Europas um, der ab 1792 der Bevölkerung zugänglich gemacht wurde. Die Bezeichnung „englisch" erhielt er, weil er von Friedrich Ludwig von Sckell (1750–1823), dem Gärtner des

Königs, im Stil englischer Landschaftsparks des 18. Jahrhunderts angelegt wurde. 1800 wurden dem Englischen Garten auch die Militärgärten angeschlossen.

Thompson schuf in München zudem Armenhäuser und trieb den Anbau von Kartoffeln voran, wofür er zum Grafen von Rumford ernannt wurde (eine imposante Statue Rumfords, die seinen Entwurf für den Englischen Garten festhält, steht gegenüber dem Staatlichen Museum für Völkerkunde in der Maximilianstraße 42).

Das Rumford-Denkmal erinnert an den Schöpfer des Englischen Gartens.

Wandelt man vom Rumford-Denkmal aus ein wenig weiter, führt ein Weg nach links zu einer Brücke, die das schnell fließende, blaugrüne Wasser des Eisbachs überquert, in dem sich während der Sommermonate ganze Horden von Kindern quietschvergnügt treiben lassen. Am Ende des Weges befindet sich eine winzige Insel, auf der ein hübsches japanisches Teehaus steht, welches zur Erinnerung an die Münchner Sommerolympiade von 1972 erbaut wurde – im Auftrag der ehrwürdigen Urasenke Stiftung, einer Organisation international gesinnter Teezeremonienmeister.

Kehrt man zum Hauptweg zurück und geht geradeaus weiter, führt die nächste Abzweigung nach links unter Bäumen durch zu einem kleinen, künstlich aufgeschütteten Hügel, der aus Bauschutt der Residenz besteht. Auf ihm steht der Monopteros, ein neoklassizistisches Werk in der Form eines runden griechischen Tempels, der vom bayerischen Hofarchitekten Leo von Klenze (1784–1864) stammt. Er wurde 1836 auf Anweisung König Ludwigs I. von Bayern (1825–1848) errichtet, eines leidenschaftlichen Bewunderers der klassischen Welt (s. Nr. 39). An klaren Tagen hat man von hier aus einen guten Blick über die Stadt und bis zu den Alpen, die trotz ihrer Entfernung gut sichtbar sind. Jenseits des Hügels erstreckt sich die Schönfeldwiese, die weithin bekannt ist für ihre nackten Sonnenbadenden. Dieser Zeitvertreib ist seit den 1960er Jahren offiziell erlaubt.

Der neoklassizistische Monopteros steht auf einem kleinen Hügel im Englischen Garten.

Kehrt man ein wiederholtes Mal zum Hauptweg zurück und geht wieder geradeaus weiter, erreicht man die überraschendste Einrichtung des Gartens: den Chinesischen Turm. Die 23 Meter hohe, fünfgeschossige Pagode wurde als Aussichtsturm und Orchesterpavillon vom Militärarchitekten Josef Frei 1789, im Jahr der Eröffnung des Gartens errichtet. Frei diente die Große Pagode in den Royal Botanic Gardens in London als Vorbild. Im Zweiten Weltkrieg wurde der Turm zerstört, jedoch 1952 detailgenau rekonstruiert, samt der goldenen Glocken, die an den Traufkanten seiner zahlreichen Holzdächer hängen. In unmittelbarer Nähe breitet sich Münchens zweitgrößter Biergarten aus, der Sitzplätze für 7000 Gäste bietet. Unweit davon befindet sich ein wunderbares Kinderkarussell, das ursprünglich 1823 erbaut und 1912 erneuert wurde. Das Werk des Schwabinger Bildhauers Joseph Erlacher, der kundig von dem Künstler August Julier unterstützt wurde, ist nach einer Restaurierung 1980 noch immer in Betrieb. Neben den üblichen Pferden trägt es auch seltenere Kreaturen wie Steinbock, Storch, Flamingo und Schwan.

Zu guter Letzt trifft man nördlich des Chinesischen Turms, jenseits des neoklassizistischen Rumford-Hauses (1791), auf den Kleinhesseloher See, ein 1802 künstlich angelegtes Gewässer, das vom Eisbach und vom Schwabinger Bach gespeist wird. Er kann mit gemieteten Ruderbooten erkundet werden; an einer seiner drei kleinen Inseln anzulegen, ist jedoch nicht gestattet, da auf ihnen Wildvögel nisten. Am Ufer erinnert ein Denkmal an Gartenarchitekt Friedrich Ludwig von Sckell, hier steht auch das Seehaus mit dem beliebten Biergarten; eine kurze Einkehr bietet sich an, ehe man die Wanderung in die Hirschau, den weniger frequentierten nördlichen Ausläufer des Englischen Gartens, fortsetzt. Dieser Teil wurde dem Garten 1799 angeschlossen. Es gibt dort u. a. ein Amphitheater, das 1985 anstelle eines nicht mehr erhaltenen Vorgängerbaus aus dem 18. Jahrhundert errichtet wurde.

Interessante Orte in der Nähe: 11, 12

11. Christi Geburt als Kunst

Altstadt – Lehel (1. Bezirk), Krippensammlung im Bayerischen Nationalmuseum in der Prinzregentenstraße 3
U4, U5 Lehel; Straßenbahn 17; Bus 100

Das Gebäude des Bayerischen Nationalmuseums in der Prinzregentenstraße ist ein Architekturwunder. Es wurde von Gabriel von Seidl (1848–1913) entworfen und 1894–1895 erbaut, wobei sein Äußeres seine Funktion als künstlerischer Schrein buchstäblich verkörpert. Die Mischung verschiedener architektonischer Stile an seiner Fassade spiegelt das breite Spektrum der Sammlungen im Inneren wider, welche wiederum in Räumen ausgestellt werden, deren Erscheinungsbild auf die jeweilige Epoche abgestimmt ist. Dies wird vor allem in der Sammlung gotischer religiöser Kunst im ersten Stock deutlich, die in einem gewölbten, kirchenähnlichen Raum aufgebaut ist.

Obwohl das Museum Kunst von der klassischen Antike bis ins 19. Jahrhundert umfasst, stellt das Herzstück seiner Kunstschätze nach wie vor die Privatsammlung religiöser Kunst der Wittelsbacher dar, die König Maximilian II. von Bayern (1848–1864) 1855 dem Land stiftete. Ungewöhnliche Objekte sind im Überfluss vorhanden, von einem Altargemälde, das ein einen Löwen reitendes Skelett zeigt (den Tod auf Beutezug symbolisierend), bis zu einer skandinavischen Truhe aus Bronze und Elfenbein aus Mammutstoßzähnen. Am erstaunlichsten ist aber überraschenderweise die ständig ausgestellte Krippensamm-

Eine der vielen italienischen Krippen der Krippensammlung im Bayerischen Nationalmuseum

lung des Museums, die als die größte und wichtigste ihrer Art weltweit gilt.

Die Geburt Christi war für die christliche Kunst seit dem 4. Jahrhundert ein Hauptthema, das in so verschiedenen Medien wie in illustrierten Handschriften, Glasfenstern, Ölgemälden oder auf steinernen Sarkophagen abgebildet wurde. Die jüngste Form, die Szene darzustellen, ist die Krippe, in der zwei- oder dreidimensionale Figuren vor einem realistischen Hintergrund gruppiert sind. Basierend auf der biblischen Heilsgeschichte ist dieser entweder ein Stall oder eine Höhle, in welcher das Jesuskind, flankiert von Maria und Joseph, im Zentrum des Geschehens in einer Futterkrippe liegt. Ein Ochse und ein Esel sind häufig die Begleiter des Trios, was auf Jesaja 1,3 zurückgeht: „Ein Ochse kennt seinen Herrn und ein Esel die Krippe seines Herrn." Die beiden Tiere stehen für die Israeliten respektive für die Heiden. Weitere Figuren sind die Hirten mit ihren Schafen und die Heiligen Drei Könige, die Geschenke bringen. Über der Krippe erstrahlt der Stern von Bethlehem und ein Engel verkündet die frohe Botschaft. Krippen werden jedes Jahr zu Weihnachten in Kirchen, auf Marktplätzen und in Privathaushalten aufgestellt.

Die Ursprünge der Krippe als europäische Volkskunstform datieren auf das Jahr 1220, als Franz von Assisi von einer Reise nach Ägypten und nach Akko im Heiligen Land nach Italien zurückkehrte. Seinem Biografen Thomas von Celano zufolge hatte er dort dreidimensionale Darstellungen der Geburt Christi kennengelernt und wurde daher 1223 gebeten, eine entsprechende Szenerie für die italienische Stadt Greccio aufzubauen. Die erste europäische Krippe, die wohl gerade aus einer Strohkrippe, Ochs' und Esel bestand, wurde in einer Höhle eingerichtet, in welcher Franz von Assisi die Christmette abhielt. Seit dem 19. Jahrhundert wurden Krippen immer aufwändiger gestaltet, was man anhand der im Bayerischen Nationalmuseum ausgestellten Krippensammlung nachvollziehen kann. Diese ehemalige Privatsammlung bayerischer, Tiroler und italienischer Krippen wird in den labyrinthisch angelegten Gewölbekellern des Museums gezeigt und erfreut und überrascht Erwachsene wie Kinder gleichermaßen. Die Krippen sind wie winzige Bühnen gestaltet, ihre Protagonisten sind im atmosphärischen Halbdunkel kunstvoll beleuchtet, und jede einzelne stellt eine Miniaturwelt für sich dar. Ihre Wirkung ist bezaubernd.

Einige der Krippen sind deshalb bemerkenswert, weil sie den Ort von Christi Geburt als efeubewachsene romanische oder klassische Ruine wiedergeben, und dies vor einem Hintergrund, der weniger nach Palästina, sondern eher nach bayerischer oder italienischer Landschaft aussieht; ähnlich wie niederländische oder deutsche Gemälde die Geburtsszene häufig auf europäisches Pflaster verlegen. Am eindrucksvollsten ist eine riesige Papierkrippe, die 1890 von Wenzel Fieger hergestellt wurde, und die eine moosige Hügellandschaft mit unzähligen grasenden Schafen, Rindern und Rotwild umfasst. Manche Krippenszenerien verfügen sogar über barocke Kirchen sowie über Figuren, welche europäische Kleidung aus prächtiger Seide tragen. Weit verbreitet ist die Darstellung der Krippe als Grotte, ausgekleidet mit Kristallen und Stalaktiten.

Eine Krippe, die Jerusalem als europäische Stadt des 19. Jahrhunderts darstellt

Obwohl die erste Krippe 1562 von den Prager Jesuiten aufgestellt wurde (in München 1597 in der Michaelskirche, Neuhauser Straße 6, 1. Bezirk), bleibt Italien das spirituelle Geburtsland der Krippe. Die Sammlung bekräftigt dies durch einige wunderbare neapolitanische Krippen und andere quasi-biblische Szenen, darunter etwa eine lebhafte italienische Straßenszene sowie ein Modell von Jerusalem, das einer großen europäischen Stadt des 19. Jahrhunderts nachempfunden ist. In der Nähe des Ausgangs gibt es noch ein Kabinett, das eine Sammlung filigran geschnitzter Alltagsgegenstände enthält, die als Krippendekoration dienten; darunter befinden sich verkleinertes Geschirr, Musikinstrumente, Brotscheiben oder Schalen mit Obst.

Wer nun seine eigene Krippe zusammenstellen möchte, dem wird in der Adventszeit der Besuch des Kripperlmarkts am Rindermarkt (1. Bezirk) empfohlen, welcher aber nur einer von zahlreichen Christkindlmärkten in München ist. Die früheste Überlieferung eines Christkindlmarkts in München betrifft den Nikolausmarkt in der Kaufingerstraße und datiert von 1642. Der größte, der heute veranstaltet wird, ist der auf dem Marienplatz; weitere gibt es auf dem Wittelsbacher Platz, Weißenburger Platz, Sendlinger-Tor-Platz, auf der Theresienwiese, am Rotkreuzplatz, auf der Praterinsel, an der Münchner Freiheit und im Englischen Garten. Sie sind allesamt für ihre Christbäume, Lebkuchen und für den Glühwein bekannt.

Interessante Orte in der Nähe: 10, 12

12. Das älteste Kajak der Welt

Altstadt – Lehel (1. Bezirk), Staatliches Museum für Völkerkunde in der Maximilianstraße 42
U4, U5 Lehel; Straßenbahn 17, 19

Das große Gebäude in der Maximilianstraße 42 wurde zwischen 1859 und 1865 ursprünglich für das Bayerische Nationalmuseum erbaut. 1900 bis 1923 beherbergte es das Deutsche Museum, seit 1926 befindet sich das Staatliche Museum für Völkerkunde darin, nach Berlin die zweitgrößte völkerkundliche Sammlung in Deutschland. Der Hauptbestand geht auf das Jahr 1782 zurück, als die exotischen und kulturellen Kuriositäten aus den Sammlungen der Herrscher Bayerns in der Residenz vereint und zunächst ebenda ausgestellt wurden. Obwohl die Sammlung heute rund 150 000 Objekte umfasst, kann nur eine repräsentative Auswahl gezeigt werden, welche aber dem Besucher wertvolle und aufschlussreiche Eindrücke traditioneller, außereuropäischer Kulturen erschließt.

Eine ozeanische Zeremonienmaske im Staatlichen Museum für Völkerkunde in der Maximilianstraße

Die Abteilungen sind in geografischer Ordnung über zwei Geschosse verteilt, wobei jede spektakuläre Objekte zu bieten hat. Die indische und ostasiatische Sammlung im ersten Stock zeigt zum Beispiel eine kleine Votiv-*Stupa* aus der *Pala-Sena*-Epoche, auf deren Rückseite ein Guckloch die Sicht auf eine Miniatur-*Stupa* im Inneren ermöglicht; ebenso zu sehen sind ein *Shiva-Linga*-Schrein aus Südindien sowie ein filigran geschnitzter hölzerner *Jain*-Schrein. Die islamische Sammlung im gleichen Stockwerk besitzt die Rekonstruktion einer Moschee-Fassade und eine *Punjabi*-Gartenszenerie mit Pavillons sowie einem Holztürenpaar, das ein äußerst verschlungen geschnitztes Relief ziert. In der anschließenden Ozeanien-Sammlung werden Fischreusen aus

Das älteste Kajak der Welt wurde aus Seehundleder hergestellt und stammt aus dem 16. Jahrhundert.

Papua-Neuguinea als auch ein mikronesischer Haifischzahnspeer und ein kugelfischgeschmückter Helm eines Kriegers gezeigt.

Im zweiten Stock gibt es eine Nordamerika-Sammlung, u. a. mit Objekten aus der Subarktik oder einem wasserdichten Eskimokinderanorak aus papierdünnem Seehunddarm. Einen Ehrenplatz nimmt ein einfaches Kajak aus Seehundleder ein – auf einem Balkon aufgestellt. Es ist nicht nur das erste feststellbare Sammlungsobjekt des Museums, sondern auch das älteste erhaltene Kajak der Welt. Man geht davon aus, dass zwei Exemplare davon ebenso wie seine Besitzer (!) 1577 nach Holland gelangten. Die Kajaks wurden wahrscheinlich von Polarforschern nach Europa gebracht, um als Kuriositäten ausgestellt zu werden. Der Graf von Hanau schenkte eines davon Herzog Wilhelm V. von Bayern (1579–1597).

Zwei abschließende Sammlungen decken Südamerika ab, mit peruanischer anthropomorpher Keramik und bunten Textilien, sowie Afrika, mit einer beachtlichen Sammlung von Holzstatuen aus dem Kongo und vielfältiger Ausführungen der immer wieder verblüffenden Benin-Bronzen.

Interessante Orte in der Nähe: 10, 11, 13

13. Hotelgeheimnisse und Hotel-Geheimtipps

Altstadt – Lehel (1. Bezirk), Hotel Vier Jahreszeiten Kempinski in der Maximilianstraße 17 (Hinweis: Die Alte Bar ist öffentlich zugänglich, aber keine Touristenattraktion.)
S1, S2, S4, S5, S6, S7, S8 Marienplatz; U3, U6 Marienplatz, U3, U4, U5, U6 Odeonsplatz; Straßenbahn 19

Manche der berühmten Münchner Hotels bergen große Geheimnisse; andere, weniger bekannte Hotels in München warten dagegen darauf, als Geheimtipp entdeckt zu werden.

Das Hotel Vier Jahreszeiten Kempinski in der Maximilianstraße 17 (1. Bezirk) wurde 1858 unter der Schirmherrschaft König Maximilians II. von Bayern (1848–1864) eröffnet. Ein halbes Jahrhundert lang wetteiferte es mit dem Bayerischen Hof um die Gunst hoher Staatsgäste; beispielsweise wohnte hier einmal der König von Siam – er zog mit 1320 Koffern ein! Das Hotel verfügt über 303 Zimmer und liegt erstklassig inmitten Münchens höchster Dichte an Designerläden. Ein dunkles Geheimnis umgibt das Hotel. In der Alten Bar des Hotels traf sich 1918–1919 häufig die obskure Thule-Gesellschaft, eine nationalistische, antisemitische und antibolschewistische Organisation, deren Wahrzeichen das Hakenkreuz war. Die Mitglieder der Gesellschaft, von denen einige bedeutende öffentliche Ämter besetzten, waren entschlossen, die sozialistische Regierung zu untergraben, um einer reinrassigen, nationalistischen Diktatur den Weg zu ebnen. Um für ihre Ideen in der Arbeiterklasse zu werben, initiierten und finanzierten sie die Gründung der Deutschen Arbeiterpartei (DAP), der Adolf Hitler Ende 1919 nach dem Besuch einer ihrer Kundgebungen im Sterneckerbräu im Tal 54 (jetzt Nummer 38) beitrat. In den 1920er Jahren folgte die Umbenennung der DAP in Nationalsozialistische Deutsche Arbeiterpartei (NSDAP) – das Sprungbrett für Hitlers zukünftige politische Karriere.

Die Geschichte der Nazipartei in München spielte sich auch im Hotel Torbräu im Tal 41 ab. Das Haus datiert auf das Jahr 1490 und ist damit das älteste Hotel Münchens. Hier nahm Heinrich Himmlers berüchtigte SS ihren Ausgang. Im Mai 1923, als das Torbräu eine Bierschenke und eine Kegelbahn bot, trafen sich 22 Naziparteimitglieder im Hinterzimmer des Hotels und schworen ihrem Führer uneingeschränkten Gehorsam. Das war die Geburtsstunde des sogenannten „Stoßtrupp Adolf Hitler", eine Leibwächter-Einheit, die 1923 Seite an

Seite mit Ernst Röhms „Sturmabteilung“ (SA) bei Hitlers erfolglosem Putsch mitwirken sollte. Nach Hitlers Entlassung aus dem Gefängnis 1924 befahl dieser die Bildung einer neuen Eliteeinheit, nämlich der 1925 gegründeten Schutzstaffel (SS), welche nicht der Kontrolle der SA unterstand. Ab 1929 führte Heinrich Himmler (1900–1945) die SS, die schließlich den Tod von zwölf Millionen Menschen, die das Naziregime als minderwertig eingestuft hatte, verantworten sollte.

Die mysteriöse Thule-Gesellschaft traf sich einst im Hotel Vier Jahreszeiten Kempinski.

Harmlos nimmt sich dagegen das einzige Geheimnis des Splendid-Dollmann-Hotels aus: Es ist seine ruhige Lage. In der Thierschstraße 49 (1. Bezirk), im alten Viertel des Lehel gelegen, bietet es das perfekte Altstadtrefugium. Das elegante ehemalige Bürgerhaus aus dem 19. Jahrhundert besticht mit offenem Kamin, einer gemütlichen Bibliothek, einem kleinen Garten und charmanten Zimmern, die mit Antiquitäten eingerichtet sind.

Ein weiteres Haus, das in die Geschichte eingegangen ist, ist die Hotel-Pension Am Siegestor in der Akademiestraße 5 (3. Bezirk), gleich neben dem namengebenden Triumphbogen. 1886 erbaut, ist das Gebäude im Neorenaissancestil gehalten und befindet sich direkt im Herzen des Universitätsviertels. Ursprünglich gehörte es zur gegenüberliegenden Akademie der Bildenden Künste. Die Gestaltung der Fassade genehmigte König Ludwig II. von Bayern (1864–1886) persönlich. Im Zweiten Weltkrieg wurde es beschädigt und konnte erst 1950 seinen Hotelbetrieb wieder aufnehmen; der zu dieser Zeit eingebaute Aufzug zählt heute zu den ältesten in Betrieb befindlichen Münchens.

Ein Geheimtipp für Musikbegeisterte ist das schlichte Hotel Max München in der Amalienstraße 12 (3. Bezirk), das in den 1960er Jahren nach der Besitzerfamilie Hotel Dachs hieß. Ohne Zweifel war der berühmteste Gast, der hier jemals abstieg, die Gitarrenlegende Jimi Hendrix; er kam am 16. Mai 1967 an und verbrachte die Nacht im Zimmer No. 43. Den Anmeldeschein, den er als „James Hendrix, Musiker“ ausfüllte, kann man unter 3000 weiteren Musikmemorabilien im Münchner Rockmuseum besichtigen. Es befindet sich am Spiridon-Louis-Ring 7 (10. Bezirk), gleich neben dem Olympiastadium.

Interessante Orte in der Nähe: 12, 14

14. Ein Fest des Alpinismus

Altstadt – Lehel (1. Bezirk), Alpines Museum des Deutschen Alpenvereins auf der Praterinsel 5
U4, U5 Max-Weber-Platz; Straßenbahn 18, 19

Mag München, was seine Größe betrifft, nur Deutschlands drittplatzierte Stadt sein – in Bezug auf seine geografische Lage verdient es den ersten Platz. Es befindet sich nur 50 Kilometer nördlich der herrlichen bayerischen Alpen. Da wundert es kaum, dass eines der besten kleinen Münchner Museen sich der deutschen Liebe zu den Alpen widmet.

1907 entschied der Deutsch-Österreichische Alpenverein, ein Museum des Alpinismus einzurichten. München galt nicht nur aufgrund seiner Lage als bester Standort, sondern auch weil die Stadt ein hübsches Gebäude vom Ende des 19. Jahrhunderts mietfrei zur Verfügung stellte. Am südwestlichen Ufer der Praterinsel – einer von mehreren kleinen Inseln in der Isar – malerisch von Bäumen umgeben, beherbergte es früher ein Café.

Leider wurde Münchens Alpines Museum im Zweiten Weltkrieg stark zerstört, ebenso wie viele wertvolle Ausstellungsstücke, v.a. das fantastische maßstabsgetreue Modell der Jungfrau (mit 60 000 Miniaturbäumen) des Topografen Xaver Imfeld, welches 1900 auf der Weltausstellung in Paris zu sehen war. In der Folge wurde der Deutsch-Österreichische Verein in zwei Organisationen aufgeteilt und die österreichischen Exponate wurden vorsorglich nach Innsbruck in Sicherheit gebracht, wo sie bis heute aufbewahrt werden. Erst 1996 konnte der Deutsche Alpenverein (DAV) das Museum auf der Praterinsel, unter dem neuen Namen Alpines Museum des Deutschen Alpenvereins, wiedereröffnen.

Es ist gerade so, wie kleine Museen sein sollen: Die aktuelle Ausstellung dokumentiert die Geschichte und die Wissenschaft des deutschen Alpinismus nicht nur anhand von Exponaten und geologischen Proben, sondern auch mit begleitenden visuellen Medien wie Landkarten, Gemälden und Fotografien. Von den Dauerausstellungen beschäftigt sich eine mit den frühesten Besteigungen der höchsten Berge Europas im 18. und 19. Jahrhundert. Neben der altmodischen Kletterausrüstung, Bestimmungsbüchern und wissenschaftlichen Instrumenten ist auch ein wunderbarer Solnhofener Lithografiestein ausgestellt, der für den Druck einer detaillierten Alpenkarte verwendet wurde.

Eine weitere Ausstellung thematisiert die Geschichte der drei Schlagintweitbrüder Hermann (1826–1882), Adolf (1829–1857) und Robert

(1833–1885). Auf das in München geborene Trio war der preußische Naturwissenschaftler und Forscher Alexander von Humboldt (1769–1859) aufmerksam geworden, der sie für eine dreijährige Expedition zur Erforschung des Magnetfeldes der Erde in Zentralasien im Auftrag der britischen Ostindien-Kompanie weiterempfahl. Ihre 29 000 Kilometer lange Reise, zu der sie 1854 aufbrachen, führte sie durch den Dekhan und bis in den Himalaja sowie über die Karakorum-Gebirgskette, wo Hermann und Robert als erste Europäer das Kunlun-Gebirge von Westchina durchquerten. Sie stellten außerdem einen neuen Höhenrekord auf, obwohl sie die Besteigung des drittgrößten Bergs Indiens, dem Kamet, abbrechen mussten. Die beiden kehrten 1857 nach Deutschland zurück. Sie brachten Gesteinsproben, biologische Präparate, ethnografische Gegenstände und rund 750 Aquarelle mit. 300 davon besitzt das Alpine Museum, das mit einer Auswahl daraus das Leben der Brüder illustriert.

Altmodische Bergsteigerausrüstung im Alpinen Museum des Deutschen Alpenvereins auf der Praterinsel

Die anderen Räume des Museums veranschaulichen die vielfältige künstlerische Bearbeitung des Berg-Motivs, von riesigen, romantisch leuchtenden Ölgemälden des 19. Jahrhunderts und Alfons Waldes stilisierten Skifahrern bis zu Bildern des deutschen Bergfilmgenres der 1920er Jahre. Weitere Ausstellungsobjekte illustrieren die Auswirkungen politischer Einflussnahme auf den Alpinismus, beispielsweise wurde den Mitgliedern des Alpenvereins bereits 1924 eine separate jüdische Sektion aufgezwungen, oder die stilisierte Verwendung der Bergbildwelt in der Nazipropaganda. Auch auf die Auswirkungen der Industrialisierung auf die Alpen durch die Einrichtung von Bergbahnstrecken sowie durch den Massentourismus wird eingegangen.

Das Alpine Museum bietet zusätzlich Wechselausstellungen sowie die weltgrößte Alpinismus-Bibliothek. Im Außenraum setzt sich das Museum in Form eines Lehrgartens fort, mit 350 Millionen Jahre alten geologischen Proben, die über die Entwicklung der Alpen Aufschluss geben. Beachten Sie auch die hier sitzende, wunderbare lebensgroße Aluminiumskulptur von Michael Friederichsen mit dem Titel *Der Wanderer*, welcher aufmerksam seine Landkarte studiert (siehe die Umschlagvorderseite).

Interessante Orte in der Nähe: 13, 15, 24, 25

15. Deutschlands Antwort auf Charlie Chaplin

Altstadt – Lehel (1. Bezirk), Valentin-Karlstadt-Musäum im Isartor am Isartorplatz
S1, S2, S4, S5, S6, S7, S8 Isartor; Straßenbahn 17, 18

Das Leben des Komikers, Schauspielers und Kabarettisten Karl Valentin (1882–1948), den man liebevoll auch den „Charlie Chaplin von Deutschland" nannte, begann am 4. Juni 1882 in München. Er wurde als Valentin Ludwig Fey in der Entenbachstraße 63 (heute Zeppelinstraße 41) in der Au geboren; eine Wandtafel an der Hausfassade erinnert daran. Nach der Grundschule begann er eine Schreinerlehre, die ihn jedoch bald langweilte; 1902 „hing er seinen Beruf an den Nagel" und entschied sich stattdessen für eine Karriere als Volkssänger. Der besagte Nagel kann heute am Eingang des Valentin-Karlstadt-Musäum besichtigt werden, das die Erinnerung an einen der begabtesten Unterhaltungskünstler der Stadt wach hält.

Ein Besuch dieses äußerst exzentrischen Museums ist für jeden Humorsinnigen ein Muss; allein die Gelegenheit den Turm des Isartors aus dem 14. Jahrhundert, in dem sich das Museum seit 1959 befindet, von innen zu besichtigen, sollte man sich nicht entgehen lassen. Hier ist nichts normal, weder die Schreibweise „Musäum" noch die Öffnungszeiten (ab 11.01 Uhr), auch die Eintrittsgebühren nicht (99-Jährige in Begleitung ihrer Eltern haben freien Eintritt!). Die Ausstellung im ersten Stock illustriert Leben und Werk von Karl Valentin, der zunächst durch die Kabaretts und Bierhallen Norddeutschlands tourte, um seine komödiantischen Fähigkeiten bis zu seinem Durchbruch 1908 zu perfektionieren. Der Erfolg seines Sketches *Das Aquarium* brachte ihm einen Auftritt im beliebten Biergarten des Frankfurter Hofes ein, wo er 1911 seine zukünftige Bühnenpartnerin Liesl Karlstadt (eigentlich Elisabeth Wellano, 1892–1960) kennenlernte. Ihr Leben wird im zweiten Stock des Museums behandelt. Die nächsten vierzig Jahre trat das Paar mit rund 400 komödiantischen Programmen von Valentin auf. Sie erschienen in der

Dieses große Ohr für Kurzsichtige ist für das Valentin-Karlstadt-Musäum typisch!

Requisiten Karl Valentins, die im Valentin-Karlstadt-Musäum im Isartor ausgestellt sind

Öffentlichkeit so untrennbar, dass viele glaubten, sie seien auch privat ein Paar; Valentin war jedoch mit Gisela Royes, dem ehemaligen Hausmädchen seiner Eltern, verheiratet und hatte zwei Töchter mit ihr.

Das wiederkehrende Thema in Valentins Stücken ist die Hilflosigkeit des modernen Menschen im alltäglichen Kampf gegen Scheinheiligkeit und Großspurigkeit. Mit seinen spindeldürren Beinen, die zu seinem Markenzeichen wurden, seiner „Pinocchio"-Nase und seinen sprachlichen Fähigkeiten entwarf Valentin sich selbst als einen lachenden Philosophen, dessen Aufgabe darin bestand, die Fehler seiner Mitmenschen auszuleuchten, wofür Karlstadt als komische Kontrastfigur herhalten musste. Höhepunkte unter ihren vielen beliebten Sketchen, von denen auch einige als Schwarz-Weiß-Film vorliegen, sind z.B. *Sonntag in der Rosenau*, *Im Fotoatelier*, *An Bord*, *Buchbinder Wanninger* und *Der Theaterbesuch*. Das Paar trat auch in dem Film *Mysterien eines Friseursalons* auf, für den Bertolt Brecht die Vorlage lieferte und der heute als eine der wichtigsten Arbeiten der deutschen Filmgeschichte gilt. Brecht prägte auch den treffenden Vergleich des „Clowns Valentin" mit Chaplin.

Im Nordturm befindet sich eine Sammlung persönlicher Gegenstände Valentins, darunter seine Perücken, seine Brillen, die Nasen-

Das Grab von Liesl Karlstadt auf dem Friedhof Bogenhausen

attrappe, die Schminke sowie seine Schreibmaschine. Hier gibt es auch einen Raum, der dem goldenen Zeitalter des bayerischen Varietétheaters und all seinen bunten Charakteren und Veranstaltungsorten gewidmet ist. Vor diesem Hintergrund feierten Valentin und Karlstadt Erfolge weit über München und Bayern hinaus: in Berlin, Wien und Zürich. Valentin zog es jedoch stets in seine Geburtsstadt München zurück, wo seinem Gefühl nach seine Stücke am besten funktionierten.

Über die verschiedenen Räume des Museums sind viele unterhaltsame Ausstellungsobjekte verteilt, an denen Valentin und Karlstadt bestimmt auch ihre Freude gehabt hätten. Darunter eine Skulptur aus geschmolzenem Schnee, ein Marmorkuchen aus Marmor, ein überdimensionales menschliches Ohr für Kurzsichtige, eine Uhr, die die exakte Uhrzeit von gestern zeigt, ein Taschentuch aus Eisen, ein liegender Stehkragen und eine Geistertrommel, die nur nachts zu hören ist. Außerdem ein von Valentin selbst erfundener, pelzbesetzter Zahnstocher für den Winter.

Valentin und Karlstadt gelten heute als Vorläufer des absurden Theaters. Ihr letzter gemeinsamer Auftritt fand, nach einer Pause von 1941–1946, am 31. Januar 1948 statt, im Todesjahr von Karl Valentin. Er wurde außerhalb Münchens, in Planegg, beerdigt, Liesl Karlstadts Grab mit dem roten Herzen auf dem Grabstein befindet sich dagegen auf dem kleinen, rosenbewachsenen Münchner Friedhof Bogenhausen, am Bogenhausener Kirchplatz 1 (13. Bezirk). Er ist auch als Friedhof St. Georg bekannt, benannt nach der hier befindlichen Rokokokirche – zweifellos der schönste Friedhof Münchens.

Verpassen Sie nicht das Café im obersten Geschoss des Südturms! Es ist im eklektischen Stil des späten 19. Jahrhunderts eingerichtet und bekannt für seine Weißwürste, Brezen und das Bier. Boden, Wand und Decke des gemütlichen runden Raums sind mit über 400 kuriosen Objekten vollgestellt und -gehängt, von denen die meisten mit der Geschichte Münchens und Bayerns zu tun haben.

Interessante Orte in der Nähe: 16, 17, 24, 29

16. Das Maibaumaufstellen

Alstadt – Lehel (1. Bezirk), Maibaum auf dem Viktualienmarkt zwischen Petersplatz und Frauenstraße
S1, S2, S4, S5, S6, S7, S8 Marienplatz; U3, U6 Marienplatz; Bus 131, 152

Die meisten Münchenbesucher besichtigen die Residenz, deren Antiquarium einer der schönsten Renaissanceräume in Europa ist (s. Nr. 8). Aber nur wenige beachten dort zwischen den Marmorbüsten und dem ornamentalen Stuck ein Fresko von Hans Donauer d.Ä. (1540–1596), das die Stadt Starnberg abbildet; es befindet sich links vom letzten Fenster auf der linken Seite. Rechts auf dem Wandbild ist ein großes Haus zu sehen, hinter dem ein Maibaum steht. Es wurde 1590 gemalt und ist wahrscheinlich die früheste bekannte Darstellung eines Maibaums.

Das Aufstellen von Maibäumen ist in Bayern seit dem 16. Jahrhundert eine beliebte Tradition, die in germanischer Stammeskultur wurzelt. Sie reicht also bis in die Zeiten des drohenden Untergangs des römischen Reiches zurück. Zweifellos ein ursprünglich heidnischer Brauch, da die Maibäume allgemein als phallisches Symbol gedeutet und mit der Verehrung der Fruchtbarkeitsgöttin Freya in Verbindung gebracht werden. Sie können aber auch mit der heidnischen Verehrung des heiligen Lebensbaumes in Zusammenhang gebracht werden und für eine symbolische Verbindung zwischen der Welt der Lebenden und der Unterwelt stehen. Das antike mythische Potenzial ist heute weitgehend vergessen; das Maibaumaufstellen am ersten Mai jeden Jahres ist vielmehr ein Anlass zusammenzukommen und den Sommerbeginn zu feiern.

In den Dörfern und kleinen Städten der Münchner Umgebung werden Maibäume noch auf traditionellem Wege aufgestellt, unter Zuhilfenahme von Seilen, langen Stöcken („Schwalben" genannt) und menschlichem Kraftaufwand, was ein Spektakel für sich darstellt. In München muss aufgrund eines Gesetzes zur Wahrung der öffentlichen Sicherheit ein mechanischer Kran verwendet werden. So wird beispielsweise der Maibaum am Viktualienmarkt aus Sicherheitsgründen jährlich überprüft und alle fünf Jahre ausgetauscht.

Glücklicherweise haben sich einige Bräuche für die Vorbereitung der Maibaumaufstellung unverändert erhalten. Es ist Aufgabe der Männer, einen geeigneten Baum, der mindestens 30 Meter lang sein muss, auszuwählen, zu fällen und zu transportieren. Früher wurde der Baum von einem Pferdekarren herbeigeschafft, heute wird das meist per Traktor besorgt. Wenn der Baum sich einmal am Aufstellungsort

Münchens berühmtester Maibaum überragt den Viktualienmarkt.

befindet, werden Äste und Rinde abgeschält, er wird gereinigt und glatt gehobelt. Dann wird er mit weißen und blauen Rauten bemalt, in Anlehnung an die bayerische Fahne und an das Wappen der 600 Jahre lang in Bayern regierenden Wittelsbacher Dynastie. Danach dekorieren die Frauen den Baum mit einem Kranz an der Spitze und bemalten figurativen Schildern. Letztere sind eine Zugabe des 18. Jahrhunderts und illustrierten die verschiedenen Handels- und Handwerksbetriebe des jeweiligen Dorfes für alle Leseunkundigen. Sie waren also eine einfache Form von Werbung, die auch heute noch lokale Betriebe und Läden gerne nutzen (s. Ferdinand-Miller-Platz, 3. Bezirk, und Wiener Platz, 5. Bezirk). Den Maibaum auf dem Viktualienmarkt schmücken eher ungewöhnlich Schilder der sechs großen Brauereien Münchens (Augustiner, Hacker-Pschorr, Hofbräu, Löwenbräu, Paulaner und Spaten), jenen im Tierpark Hellabrunn (18. Bezirk) wiederum Bilder von Wildtieren.

Der fertig geschmückte Maibaum muss nun bewacht werden, da junge Männer der Nachbardörfer traditionellerweise versuchen, am Vorabend des ersten Mai ihn sich gegenseitig zu stehlen. Ungeschriebene Gesetze besagen, dass dabei keine Waffen zum Einsatz kommen dürfen und dass der Maibaum nicht beschädigt werden darf. Ist der Diebstahl gelungen, wird der Maibaum nach freundschaftlichen Verhandlungen bei ein paar Krügen Bier und ohne Einschaltung der örtlichen Polizei wieder ausgehändigt.

Der ansässige Pfarrer segnet den Maibaum noch, bevor er am 1. Mai aufgestellt wird. Die Gemeinde nutzt diese Gelegenheit für einen Festakt mit Speisen und Getränken, Musikkappelle sowie weiteren Unterhaltungsangeboten. Mehr als fünfzig Feiern dieser Art finden jährlich in München und in Oberbayern statt. Die traditionellsten sind jene auf den ehemaligen Dorfplätzen, etwa auf dem Margaretenplatz in Sendling oder auf dem Pfanzeltplatz in Perlach.

Interessante Orte in der Nähe: 15, 17, 18, 19, 30

17. Geschichten aus dem Alten Rathaus

Altstadt – Lehel (1. Bezirk), Spielzeugmuseum im Alten Rathaus
am Marienplatz 15
S1, S2, S4, S5, S6, S7, S8 Marienplatz; U3, U6 Marienplatz; Bus 131, 152

Im Turm des Alten Rathauses am Marienplatz befindet sich das charmante Münchner Spielzeugmuseum, das die Geschichte europäischen und amerikanischen Kinderspielzeugs von prähistorischen Zeiten bis in die 1950er Jahre dokumentiert. Es erstreckt sich über vier der fünf Geschosse des Turms (eines ist dem Bürgermeister vorbehalten); daher bietet es sich an, den Lift in das oberste Stockwerk zu nehmen und dann langsam die steinerne Wendeltreppe hinabzugehen, was schon an sich ein Abenteuer ist.

Die Sammlung ist sowohl für Kinder als auch für Erwachsene interessant, sie ist wunderbar nostalgisch und verfügt über alles, was man sich nur wünschen kann: Puppen, Puppenhäuser, aufziehbare Figuren, Teddybären, Modellflugzeuge, Blechautos, Karusselle, Bauernhoftiere aus Holz und vieles mehr. Besonders reizvoll sind die Märklin-Dampflokomotiven aus dem 19. Jahrhundert und die Alltagsgegenstände en miniature, die zu Lehrzwecken verwendet wurden (wie Nähmaschinen, Bügeleisen und Speiseservice). Es gibt auch ein Indianerfort samt kämpfender Cowboys und Indianer aus den 1930er Jahren sowie einen herrlichen Zoo, der von handbemalten Tieren behaust wird. Unter den vielen aufziehbaren Blechspielzeugen findet man manch vergessene Neuheit wie „Paddy's Dancing Pig" und „Lehrmann's Crawing Beetle". Das Museum wurde 1983 eröffnet und ist dem Sammler Ivan Steiger zu verdanken, dessen Tochter ein ähnliches Haus in Prag eröffnet hat.

Ein Modell eines Zoos im Spielzeugmuseum im Alten Rathaus

Das Alte Rathaus, lange Schauplatz einer bürgerorientierten Münchner Stadtratpolitik, war aber auch Ausgangsort für die antidemokratischen Bestrebungen der Nazipartei. Im hiesigen Festsaal entfachte am 9. November 1938 – während des jährlichen Gedenkens anlässlich

Im Spielzeugmuseum gibt es auch diese wunderbaren aufziehbaren Dampflokomotiven zu sehen.

Hitlers gescheitertem Putsch – Propagandaminister Joseph Goebbels ein grausames Pogrom. Während der Veranstaltung wurde die Nachricht verbreitet, der deutsche Gesandtschaftsrat in Paris, Ernst vom Rath, sei den Verletzungen, die er bei einem Attentat eines Juden erlitten habe, erlegen. Goebbels behauptete, dieser Anschlag sei Teil einer jüdischen Verschwörung gegen Hitler und befahl, ein Pogrom gegen die Juden in Deutschland zu starten. Die Operation, die als Reichspogrom- oder Reichskristallnacht in die Geschichte einging, war im Vorhinein geplant worden und richtete sich gegen Synagogen, jüdische Schulen und Geschäfte. Diese wurden ausgeraubt und niedergebrannt, weder Polizei noch Feuerwehr griffen ein. Über 90 Juden starben, der erste Schritt in Richtung Holocaust war getan.

Interessante Orte in der Nähe: 15, 16, 18, 19

18. Eine legendäre Kuckucksuhr

Altstadt – Lehel (1. Bezirk), Glockenspiel im Turm des Neuen Rathauses am Marienplatz
S1, S2, S4, S5, S6, S7, S8 Marienplatz; U3, U6 Marienplatz; Straßenbahn 19; Bus 131, 152

Jeden Vormittag um elf Uhr sowie zu Mittag (zwischen März und Oktober auch um fünf Uhr nachmittags) strömen die Münchenbesucher auf den Marienplatz. Sie wollen Europas viertgrößtes Glockenspiel sehen, das den Turm des Neuen Rathauses auszeichnet. Je nachdem, welches Stück auf den 43 Glocken des Uhrwerks gespielt wird, dauert die Vorführung zwischen 12 und 15 Minuten.

Während des Konzerts erscheinen 42 Figuren innerhalb des dreigeschossigen Erkerfensters, das mit einer grünlich verwitterten Kupferverkleidung verziert ist. Die Figuren illustrieren zur Musik zwei historische Begebenheiten aus dem 16. Jahrhundert, oft zur ratlosen Verwunderung des Publikums. Um die Abfolge besser nachvollziehen zu können, empfiehlt es sich, in die oberen Stockwerke der hervorragenden Hugendubel-Buchhandlung zu fahren; hier befinden Sie sich dem Rathausturm direkt gegenüber. Durch die großen Fenster des Ladens lässt sich alles genau verfolgen: Die Figuren im oberen Teil des Glockenspiels stehen für die Hochzeitsfeier des Herzogs Wilhelm V. von Bayern (1579–1597), Gründer der Hofbrauerei von 1589 (das weltberühmte Hofbräuhaus eingeschlossen), mit Renata von Lothringen. Zu Ehren

Münchens Glockenspiel am Turm des Neuen Rathauses am Marienplatz

Eine Inschrift im Neuen Rathaus

des glücklichen Paares wird ein Lanzenturnier zwischen einem bayerischen (in weiß und blau) und einem lothringischen Ritter (in rot und weiß) ausgetragen – der bayerische Ritter siegt freilich immer!

Auf das Turnier folgt im unteren Teil des Erkerfensters der sogenannte Schäfflertanz. Die Zunft der Schäffler veranstaltete den Tanz erstmals 1517, um der Bevölkerung, die sich nicht mehr auf die Straße traute, zu signalisieren, dass die schreckliche Pestepidemie vorüber war. Als Ausdruck seiner Erleichterung ordnete Herzog Wilhelm IV. von Bayern (1508–1550) an, den Tanz fortan alle sieben Jahre während des Faschings wieder aufzuführen, das ist die Zeit zwischen Epiphanie am 6. Januar und Aschermittwoch. Das nächste Mal ist es 2012 wieder soweit.

Das Ende der Vorstellung zeigt ein goldener Vogel an, der am obersten Fenster des Erkers erscheint und dreimal ruft. Das ist jedoch noch nicht alles, da auch abends, um 21 Uhr, noch in den zwei Seitenöffnungen direkt neben dem Uhrfenster zwei weitere Figuren auftreten: Der Nachtwächter verkündet auf seinem Horn die Sperrstunde und der Friedensengel segnet das Münchner Kindl, eine Bronzefigur eines Kindes und zugleich das Wahrzeichen der bayerischen Hauptstadt. Es ist auch an der Spitze des Rathausturms zu sehen.

Das Neue Rathaus wurde 1867–1909 im Stil flandrischer Gotik erbaut. Seine Fassade schmücken dekorative Details sowie Skulpturen, die die bayerische Landesgeschichte und Legendenwelt behandeln. Im Haupteingang finden sich mehrere Inschriften, unter denen die wichtigste an die Befreiung Münchens durch die 7. US-Armee am 30. April 1945 erinnert; sie wurde am 30. April 1992 hinzugefügt. Über der Inschrift sind die Wappen der Partnerstädte Münchens zu sehen: von Edinburgh, Cincinnati, Harare, Kiew, Sapporo, Bordeaux und Verona. Weitere Inschriften auf der gegenüberliegenden Wand halten Veränderungen am Gebäude fest (1899–1909 wurde ein weiterer Flügel hinzugefügt, 1904 das Glockenspiel renoviert) sowie nationale und internationale Ereignisse (die Olympiade 1972 und die Europameisterschaft 2004).

Interessante Orte in der Nähe: 7, 16, 17, 19

19. Obatzter, Weißwürste und Schmalznudeln

Altstadt – Lehel (1. Bezirk), Café Frischhut in der Prälat-Zistl-Straße 8
S1, S2, S4, S5, S6, S7, S8 Marienplatz; U3, U6 Marienplatz; Bus 131, 152

Deutschland ist im Allgemeinen – und Bayern im Besonderen – für seine herzhafte Küche bekannt, für seine charakteristischen Schweinefleischgerichte wie Schweinshaxen und Schweinsbraten, die aus der traditionellen Küche nicht wegzudenken sind. Darüber hinaus hat die regionale Küche jedoch viel mehr zu bieten, insbesondere in München, wo zahlreiche Feinkostläden mit vielfältigen lokalen Spezialitäten locken.

Alles was ein Gourmet begehren kann, halten die zwei größten Delikatessenläden der Stadt bereit. Der ehrwürdige Feinkostladen Käfer in der Prinzregentenstraße 73 wurde 1930 eröffnet und ist allein schon aufgrund seiner labyrinthischen Anlage einen Besuch wert. Die integrierte Bäckerei verkauft Brot und Gebäck in allen Variationen, die Abteilungen nebenan dienen gerne mit Brotaufstriche und -beilagen: von traditionell geräucherten Würsten bis hin zum Obatzten, einem würzigen bayerischen Streichkäse, der in den 1920er Jahren erstmals aus altem Camembert angerührt wurde und mit Butter, Bier und Paprika verfeinert wird. Süße Verführungen warten an der Pralinentheke und der hauseigene Keller hält für Liebhaber edlen Weines ein paar Hunderttausend Flaschen bereit.

Ebenso eine Institution ist der Dallmayr, Münchens ältestes Delikatessengeschäft in der Dienerstraße 14–15. Es wurde vor 300 Jahren als Lebensmittelgeschäft gegründet und 1900 Königlich Bayerischer Hoflieferant. Seine eigene Kaffeemarke bietet es seit 1933 an (Prodomo); die Bohnen werden handbemalten Behältern aus Nymphenburger Porzellan entnommen und auf altmodischen Waagen abgewogen. Gehen Sie nicht an dem mit Engeln geschmückten Brunnen im Laden vorbei, in dessen Wasser sich lebendige Flusskrebse tummeln!

Ein alternatives Einkaufserlebnis bieten die zahlreichen Straßenmärkte und die kleinen, individuellen Einzelhändler. Der bekannteste Markt ist der Viktualienmarkt, eine permanente Einrichtung zwischen Petersplatz und Frauenstraße; er offeriert eine große Palette an lokalen Produkten (zum Beispiel Schrobenhausener Spargel) und hat eine faszinierende Vergangenheit (s. Nr. 28). Da er sich bei Touristen großer

Bayerische Weißwürste sollten immer vor 12 Uhr Mittag verzehrt werden.

Beliebtheit erfreut, kann es hier ganz schön zugehen. Wer es ruhiger bevorzugt, findet in den Seitenstraßen eine Ausweichmöglichkeit und viele Münchner Kleinläden.

Wie überall in Europa wurden viele Lebensmittelgeschäfte von Handelsketten übernommen, kleine Metzgereien, Bäckereien und Konditoreien blieben jedoch davon verschont. In diesen werden Sie noch in herrlich altmodischer Manier bedient und finden traditionelle Produkte zu günstigen Preisen. Schauen Sie in eine der vielen Metzgereien in den Backsteinarkaden hinter der Peterskirche am Rindermarkt 1 hinein; Sie werden hier auf die allgegenwärtigen bayerischen Weißwürste treffen. Die weißen Kalbswürste werden gekocht und paarweise in einer Schüssel heißem Wasser serviert; man isst sie geschält mit süßem, grobkörnigem Senf und einer Breze, dazu trinkt man Weißbier. Ehe Kühlschränke längere Haltbarkeit ermöglichten, wurden Weißwürste immer nur morgens und vormittags gegessen, als zweites Frühstück oder als Zwischenmahlzeit vor dem Mittagsessen. Deshalb sagen die Münchner noch heute, dass „die Wurst das Zwölfeläuten nicht hören darf".

Sollte Ihnen der Sinn nach Süßem stehen, dann sei Ihnen das hundert Jahre alte Café Frischhut auf der anderen Seite des Viktualienmarkts ans Herz gelegt, in der Prälat-Zistl-Straße 8. Es ist für seine frittierten Schmalznudeln aus Hefeteig und für die langen, geflochtenen Striezel sowie für die goldbraunen Rohrnudeln bekannt, quadratische Hefekuchen, die im Ofen gebacken werden und mit Pflaumenmus oder mit Rosinen gefüllt sind. Das rege Kommen und Gehen einer Papiertüten vor sich hertragenden Stammkundschaft weist den Weg.

Interessante Orte in der Nähe: 16, 17, 18, 20

20. Das historische Zuhause der tanzenden Mohren

Altstadt – Lehel (1. Bezirk), Münchner Stadtmuseum am St.-Jakobs-Platz 1
S1, S2, S4, S5, S6, S7, S8 Marienplatz; U3, U6 Marienplatz; U1, U2, U3, U6 Sendlinger Tor; Bus 52 bis Blumenstraße, Bus 152 bis St.-Jakobs-Platz

Die faszinierende Geschichte Münchens, das sich von einer Salzhandelssiedlung am Fluss zu einer kommerziellen und kulturellen Metropole entwickelte, finden Sie nirgendwo besser aufbereitet als im Münchner Stadtmuseum am St.-Jakobs-Platz 1. Ein Flügel dieses Museumsgebäudes spielte sogar selbst eine Rolle in der Geschichte; er wurde 1410 zunächst als Kornspeicher angelegt und später in ein Waffenarsenal (Zeughaus) und in Ställe (Marstall) umgebaut.

Als im März 1848 die Bayern von Aufständen in Paris erfuhren, forderten auch sie eine Regierungsreform; wofür sich angeblich einige Münchner Bürger im Zeughaus mit allerdings antiquierten Waffen eindeckten. Tatsächlich war es aber so, dass – mit Ausnahme vereinzelter Bauernaufstände in Franken und Schwaben – die Revolution in Bayern ohne Gewaltanwendung verlief. Dem König von Bayern, Ludwig I. (1825–1848), wurden auf friedliche Art und Weise umfangreiche Forderungen vorgelegt. Unter dem Druck seiner Berater aufgrund der Kritik an seinem Privatleben seitens der Bevölkerung und nicht willens, politische Veränderungen einzuleiten, die er als unvereinbar mit der Monarchie ansah, dankte Ludwig zugunsten seines Sohnes Maximilian II. (1848–1864) ab. Der bayerische Landtag verabschiedete daraufhin eine Reihe von Gesetzen, die die Grundlage für die Aufhebung von Grundeigentumsbeschränkungen schufen, das Gerichtssystem reformierten sowie die Pressefreiheit und ein gerechteres Wahlsystem garantierten. Für München brach infolgedessen ein goldenes Zeitalter an, da damit die Voraussetzungen für die Entwicklung der Stadt zu einem Zentrum der Künste und der Wissenschaften geschaffen waren; zudem setzte eine rege Bautätigkeit ein, die viele der schönsten Gebäude Münchens hervorbrachte.

Einige Jahre nach der Revolution von 1848 entschied man, das Zeughaus in ein lokalhistorisches Museum umzuwandeln, und es wurden keine Mühen gescheut, repräsentative Gegenstände der Geschichte Münchens aufzutreiben. Über 1500 Objekte kamen schnell zusammen,

Einer der Moriskentänzer von Erasmus Grasser im Münchner Stadtmuseum am St.-Jakobs-Platz

eine Sammlung von Stichen mit Münchner Ansichten wurde hinzugekauft. 1888 eröffnete die Sammlung als Historisches Museum, 1954 wurde sie in Münchner Stadtmuseum umbenannt. Seitdem erfuhr das Haus eine Erweiterung durch vier Flügel, um der stetig anwachsenden Sammlung räumlich gerecht zu werden.

Anlässlich der 2008 begangenen 850-Jahr-Feier der Stadt konzipierte das Museum einen Teil der Dauerausstellungen zur Stadtgeschichte unter dem Titel *Typisch München!* über fünf Räume neu, wobei jeder Raum für eine andere historische Epoche steht. Der erste dieser Räume, der Morisken-Saal, thematisiert die Geschichte des „Alten Münchens" (1158–1806), also von der Gründung bis zum Aufstieg als Hauptstadt des Königreichs Bayern. Hier finden Sie die ungewöhnlichsten Exponate des Museums, die sogenannten Moriskentänzer. Diese zehn Figuren fertigte 1480 der bekannte Bildschnitzer Erasmus Grasser (um 1450–um 1518) aus Lindenholz an. Sie sind bemerkenswerte Beispiele bürgerlicher Gotik und schmückten einst das 1474 fertiggestellte Tanzhaus im Alten Rathaus am Marienplatz, wo sich heute Kopien befinden. Der Maruska-Tanz kam aus dem maurischen Teil Spaniens und erlangte durch fahrende Sänger und Musikanten in ganz Europa Bekanntheit. Nach einer Stadtkammerrechnung von 1480 wurde Grasser für die Anfertigung von insgesamt 16 Moriskentänzern bezahlt. Wo die sechs fehlenden Figuren abgeblieben sind, darüber spekulieren Historiker bis dato.

Münchens Geschichte wird in den weiteren vier Räumen folgendermaßen fortgesetzt: Der Königssaal behandelt „Das Neue München" (1806–1858, die Umwandlung der Hauptstadt des bayerischen Königreichs in „Isar-Athen"), der Monachiasaal die „Stadt München" (1858–

Ein traditioneller Schießstand in der Jahrmarkt-Sammlung des Münchner Stadtmuseums

1958, von der städtischen Emanzipation zur wiedererbauten Stadt, die ihre 800-Jahr-Feier begeht), der Feuchtwangersaal den „Kasperl im Klassenkampf" (die politischen, kulturellen und wirtschaftlichen Umbrüche in den 1920er Jahren) und der Arenasaal „Die Metropole" (1972–2008 – von der Olympiade bis zu Münchens derzeitiger Selbsteinschätzung als Deutschlands „Medienhauptstadt").

Im Museum gibt es auch einige davon unabhängige thematische Sammlungen wie etwa die faszinierende Sammlung von Musikinstrumenten (mit javanischen Gongs, kongolesischen Elfenbeintrompeten und europäischen Harfen), eine Marionettensammlung (dort gibt es auch eine Vitrine voller handgefertigter Puppenköpfe) und eine besonders stimmungsvolle Jahrmarkt-Sammlung (mit einer Schießbude und einem makaberen Wachsfigurenkabinett). Weitere wichtige Sammlungen sind der Zeit des Nationalsozialismus in München, der Fotografie sowie dem Film gewidmet, wovon Dienstag bis Sonntag Kostproben im hauseigenen Kino vorgeführt werden.

Weitere Beispiele von Erasmus Grassers expressiver figürlicher Schnitzkunst sind am Chorgestühl der Frauenkirche am Frauenplatz erhalten, eine Skulptur des Heiligen Petrus auf dem Hochaltar in der Peterskirche am Rindermarkt 1 sowie eine thronende Madonna in der Kirche St. Maria Ramersdorf (s. Nr. 59).

Interessante Orte in der Nähe: 16, 18, 19, 21

21. Gotische Ecken der Altstadt

Altstadt – Lehel (1. Bezirk), der Rundgang beginnt am Ignaz-Günther-Haus am Oberanger 15/Ecke St.-Jakobs-Platz 20
S1, S2, S4, S5, S6, S7, S8 Marienplatz; U3, U6 Marienplatz; U1, U2, U3, U6 Sendlinger Tor; Bus 52 bis Blumenstraße, Bus 152 bis St.-Jakobs-Platz

Gotische Architektur, die durch die Verwendung des Spitzbogens sowie von Rippengewölben und ornamentalen Steinmetzwerken gekennzeichnet ist, wurde in Frankreich in der Mitte des 12. Jahrhunderts entwickelt und hielt sich in Westeuropa bis Mitte des 16. Jahrhunderts. Daher überrascht es nicht, dass das Erbe gotischer Architektur in München vor allem innerhalb des Gebiets der alten Stadtmauern in der mittelalterlichen Altstadt (1. Bezirk) zu finden ist (s. Nr. 1). Begibt man sich auf deren Spuren, landet man alsbald abseits der geschäftigen Hauptverkehrswege auf atmosphärischen Seitenstraßen.

Der Rundgang beginnt am St.-Jakobs-Platz in Sichtweite des Münchner Stadtmuseums mit seiner wunderbaren Sammlung gotischer Steinmetz- und Schnitzwerke. In der davon am weitesten entfernten Ecke des Platzes steht am St.-Jakobs-Platz 20 das leicht zu übersehende Ignaz-Günther-Haus. Es beherbergt private Büros, weshalb dieses seltene Exemplar eines erhaltenen spätgotischen Wohnhauses von innen, wenn man höflich anklopft, nur werktags zu Bürozeiten besichtigt werden kann. Im Inneren birgt das Haus einen originalen kleinen Lichthof mit Brunnen sowie im ersten Stock einen großartigen Empfangssalon mit einer Holzdecke aus dem 16. Jahrhundert. Benannt ist es nach Ignaz Günther (1725–1775), einem der herausragendsten europäischen Rokokobildhauer, der hier von 1761 bis zu seinem Tod lebte. 1754 stieg Günther zum Hofbildhauer der Wittelsbacher auf; seine Werke können sowohl in der Peterskirche am Rindermarkt 1 als auch in der Frauenkirche am Frauenplatz und in der Oberkirche der Bürgersaalkirche in der Neuhauser Straße 14 besichtigt werden. Günther schuf auch die Hausmadonna auf der Oberangerseite seines Wohnhauses, deren Original aber im Bayerischen Nationalmuseum in der Prinzregentenstraße 3 aufbewahrt wird (1. Bezirk).

Ein zweites Wohnhaus mit mittelalterlichen Wurzeln ist vom St.-Jakobs-Platz aus nur ein paar Straßen weiter zu finden, an der Ecke Hackenstraße/Hotterstraße. Die „Hundskugel" legt Wert auf die Feststellung, Münchens ältestes Gasthaus zu sein, es datiert auf 1440 (s. Seite 232). Die Fassade zur Hackenstraße weist zwei widersprüchliche Elemente auf, nämlich einen halben Giebel und ein herkömmliches Dach, während die gemütlichen Innenräume durch niedrige Holzbalkendeckengekennzeichnet sind. Ein Schild, das außen angebracht ist, zeigt Hunde, die mit einem Ball spielen, wodurch sich der seltsame Name des Hauses erklärt. Die Hunde stehen angeblich für die Arbeiterklasse, die sich am Kegelspiel erfreut, da es hier in der Gegend einstmals eine Kegelbahn gab.

Das spätgotische Ignaz-Günther-Haus befindet sich an einer Ecke des St.-Jakobs-Platzes.

Am weiter entfernten Ende der Hackenstraße befindet sich in der Kreuzstraße Nummer 10 die Allerheiligenkirche am Kreuz, die 1485 erbaut wurde. So wie in vielen anderen gotischen Kirchen wurde ihr Innenraum barockisiert, weshalb nur noch wenige Anhaltspunkte für den gotischen Ursprung existieren; ein Netzgratgewölbe im Hauptschiff sowie Fragmente eines Freskos, das Christus in der Mandorla zeigt, weisen noch auf den gotischen Stil hin.

Gehen wir weiter ostwärts in die Sterneckerstraße 2, erreichen wir jenes Haus, das heute das Bier- und Oktoberfestmuseum beherbergt. Es ist eines der ältesten erhaltenen Gebäude Münchens, denn es wurde 1327 nach dem großen Stadtbrand errichtet. Vom Bier abgesehen, enthält es einige faszinierende gotische Details wie Wandnischen, offene Kamine, bemalte Decken sowie ein ungewöhnliches, offenes Treppenhaus, das sich vom Erdgeschoss bis zum Dach erstreckt.

Wenden wir uns in Richtung Zentrum, dann können wir in der Burgstraße 5 die früheren Büros der Stadtschreiberei von 1552–1612 sehen. Der Stadtrat kaufte dieses Grundstück 1510 und bebaute es 1551 mit dem heute noch dort befindlichen Gebäude. Besonders beachtenswert sind der spätgotische Seiteneingang mit gekurvtem Türstock und ein Turm mit Stiegenhaus, der sich im Innenhof befindet.

Der Eiles-Hof ist ein mittelalterlicher Hinterhof, der zwischen Residenz- und Theatinerstraße versteckt liegt.

Ein weiteres Beispiel der selten erhaltenen mittelalterlichen Profanarchitektur befindet sich am oberen Ende der Burgstraße im Alten Hof (1253–1255), des ursprünglichen, befestigten Domizils der Wittelsbacher, ehe diese im 14. Jahrhundert in die Neue Veste und später in die Residenz umzogen. Das markanteste Merkmal ist wieder ein Turm mit Treppenhaus, der als Affenturm bekannt ist und der deshalb so heißt, weil angeblich einst ein Affe den kleinen Ludwig IV. (1282–1347), den späteren Kaiser des Heiligen Römischen Reiches, bis auf seine Spitze getragen haben soll!

Zwischen der Residenzstraße 13 und der Theatinerstraße 40–42 gibt es eine moderne Einkaufspassage; geht man diese entlang, passiert man darin den Eiles-Hof aus der Mitte des 16. Jahrhunderts, den letzten erhaltenen Arkadeninnenhof des mittelalterlichen Münchens. Die gedeckten Gänge mit spätgotischen, durchbrochenen Backsteinbrüstungen waren einst Teil eines Klosters, welches von 1714 bis 1803 hier stand.

Der Rundgang endet bei der Salvatorkirche am Salvatorplatz 17, welche in den 1490er Jahren erbaut wurde und noch immer viel von ihren gotischen Details und ihrer Atmosphäre behalten hat (s. Nr. 76). Wer möchte, kann den Weg auch noch jenseits der Altstadt fortsetzen und etwa die Kirche St. Wolfgang in der Pippinger Straße 499 (21. Bezirk) besuchen, die letzte intakte gotische Dorfkirche Münchens. (Sie ist derzeit wegen Renovierung geschlossen.)

Interessante Orte in der Nähe: 19, 20, 22, 23

22. Notfall-Geschichte

Altstadt – Lehel (1. Bezirk), Münchner Feuerwehrmuseum An der Hauptfeuerwache 8
U1, U2, U3, U6 Sendlinger Tor; Bus 52 bis Blumenstraße, Bus 152 bis St.-Jakobs-Platz

Der deutsche Architekt Carl Hocheder (1854–1917) ist in München vor allem für den Bau des Müllerschen Volksbads in der Rosenheimer Straße bekannt (s. Nr. 24). Vergleichsweise unbekannt ist die Hauptfeuerwache, die nach seinem Entwurf An der Hauptfeuerwache 8 1902–1904 erbaut wurde. Die Fassade des Hauses weist ebenerdig acht Tore auf, die groß genug sind, damit Fahrzeuge passieren können. Der Schlussstein eines jeden Torbogens zeigt den Gott des Windes, der das Feuer ausbläst. Ebenfalls an der Fassade ist eine Skulptur des Hl. Florian angebracht, des Patrons der Feuerwehrmänner, der Wasser auf ein brennendes Gebäude schüttet. Den Heiligen trifft man auch auf der Gebäuderückseite an, wo ein Durchgang in den Innenhof zum Münchner Feuerwehrmuseum führt. In der Eingangshalle ist seine Statue von einer Sammlung von Hinterglasmalereien umgeben, welche man traditionell zu Hause aufhängt, um sich gegen Feuer zu schützen.

Das Museum wurde anlässlich des hundertsten Geburtstags der Münchner Feuerwehr 1979 eröffnet; die ebenerdig gelegenen Räume dieses faszinierenden kleinen Museums sind angefüllt mit allen möglichen Gegenständen, die die Entwicklung der Münchner Feuerbekämpfung von frühester Zeit bis in die Gegenwart illustrieren. In dem einen Raum gibt es eine Sammlung knallroter Brandmelder, die einst in den Straßen der Stadt aufgestellt waren, sowie die Telefonzentrale, in der die Notfallmeldung empfangen wurde. Ein anderer Raum enthält tragbare Handwasserpumpen, ein von Pferden zu ziehendes Löschfahrzeug und eine Auswahl an Zubehör wie Schläuche, Äxte, Abzeichen, Helme und originale Messingtrompeten, mit denen Alarm geblasen wurde. Es gibt zudem eine Rekonstruktion der winzigen Stube zur Feuerbeobachtung, die einst im Turm der Peterskirche am Rindermarkt existierte (s. Nr. 32). Sie wurde 1850 eingerichtet und enthielt auch ein sogenanntes Pyroskop, welches einst verwendet wurde, um die Intensität der Hitze eines Feuers zu messen. Dieses merkwürdige Instrument in Trompetenform erfand der deutsche Physiker Carl August von Steinheil (1801–1870), der auch bei der Entwicklung der Fotografie, der Telegrafie sowie der Herstellung von Teleskopen mitmischte; letztere

Detail des Fassadenschmucks des Münchner Feuerwehrmuseums an der Hauptfeuerwache

erfuhren einen Entwicklungssprung dank des Galvanisierungsverfahrens, das seinem Freund Baron Justus von Liebig (1803–1873) zu verdanken ist (s. Nr. 2).

Im Untergeschoss wird die Sammlung fortgeführt mit der Rekonstruktion eines Wohnhauskellers, welcher im Zweiten Weltkrieg gegen Luftangriffe baulich verstärkt wurde; er ist von Sirenen, tragbaren Feuerlöschern und Uniformen mit Hakenkreuzabzeichen flankiert. Ebenda gibt es eine Sammlung von Feuerwehrausrüstung des 20. Jahrhunderts (sowohl Trockenlöscher als auch Löscher mit Flüssigkeit) und eine Ausstellung, die die häufigsten Brandursachen thematisiert. Zum Schluss wird das Münchner U-Bahn-Feuer vom September 1983 in der Nähe der Haltestelle Königsplatz dokumentiert und Überreste des ausgebrannten Zugs mit der Nummer 7149 gezeigt.

Die Geschichte der Münchner Notfalldienste findet im Münchner Sanitätsmuseum ihre Fortsetzung (geöffnet nur nach Vereinbarung, www.brk-museum.de), es ist zufälligerweise in der Alten Sendlinger Feuerwache in der Boschetsrieder Straße 33 untergebracht (19. Bezirk). Diese Sammlung zeigt die wenig bekannte, aber nichtsdestotrotz wichtige Geschichte des Bayerischen Roten Kreuzes. Münchens erste ehrenamtliche Sanitätstruppe wurde 1875 ins Leben gerufen. Sie erhielt 1894 eine rund um die Uhr besetzte Notfallzentrale in der Marstallstraße 4 bei der Residenz, von wo aus die Sanitäter mit einer Krankentrage auf Rädern („Handmarie" genannt) auszogen, um Kranke und Verletzte in Sicherheit zu bringen. Um 1900 wurden größere Räumlichkeiten in der nahen Hildegardstraße 12 bezogen sowie Posten in den Bahnhöfen eingerichtet; 1906 wurde das erste Fahrzeug angeschafft. Die Organisation schildert die von ihr geleisteten wertvollen medizinischen Dienste während dieser Zeit bis ins Detail, darunter Einsätze bei so verschiedenen Katastrophen wie dem Einsturz der Corneliusbrücke (1902), einem Straßenbahnunfall am Gasteig (1911), dem Brand des Glaspalasts (1931) und sogar bei einem Amoklauf eines Elefanten während eines Straßenumzugs (1889).

Eine Sammlung von Feuermeldern im Münchner Feuerwehrmuseum

Heute gilt das Rote Kreuz als integraler Bestandteil des Münchner Notfallschutzplans; seine Vertreter sind auch in Theater und Kinos, bei Sportveranstaltungen und in Fabriken anwesend. Obwohl es in der unmittelbaren Folgezeit des Zweiten Weltkriegs aufgrund des politischen Status, den ihm die Nazipartei zugestand, verboten wurde, zeigte das Rote Kreuz schnell, wie wichtig seine Dienste weiterhin waren; bereits im Mai 1945 hatte es bei einer Fronleichnamsprozession Gelegenheit dazu. Daher befürwortete im September des gleichen Jahres die amerikanische Armee die Gründung eines neuen Bayerischen Roten Kreuzes, welches noch heute besteht.

Interessante Orte in der Nähe: 19, 20, 21, 23

23. Graf Poccis Miniaturtheater

Altstadt – Lehel (1. Bezirk), Münchner Marionettentheater in der Blumenstraße 32
U1, U2, U3, U6 Sendlinger Tor; Bus 52 bis Blumenstraße, Bus 152 bis St.-Jakobs-Platz

Es gibt in Deutschland und Österreich eine altehrwürdige Tradition des Marionettenspiels, die in der italienischen Tradition der *Commedia dell'arte* des 16. Jahrhunderts wurzelt. Im 18. Jahrhundert waren Puppentheater fester Bestandteil von Jahrmärkten und ihre Stücke basierten oft auf beliebten Legenden und Märchen. Bekannte europäische Komponisten wie Gluck, Haydn, de Falla und Respighi haben sogar Opern für Erwachsene komponiert, die eigens für Puppentheater konzipiert waren.

Erst seit dem 20. Jahrhundert gilt Puppentheater primär als Unterhaltung für Kinder. Zwei Personen waren für diese Entwicklung maßgeblich mitverantwortlich: Zunächst Joseph Leonhard Schmid (1822–1912), liebevoll „Papa Schmid" genannt, der in München 1858 ein Puppentheater gründete und glaubte, er könne damit Kinder nicht nur unterhalten, sondern ihnen auch erzieherische, insbesondere moralische und religiöse Werte vermitteln. Er residierte im 1900 erbauten Münchner Marionettentheater in der Blumenstraße 32 (1. Bezirk), nahe dem Sendlinger Tor.

Die zweite Person im Bunde war Franz Graf von Pocci (1807–1876), ein bayerischer Hofbeamter, Komponist und Stückeschreiber, der Schmid unterstützte und Mitte des 19. Jahrhunderts für dessen Puppentheater fast vierzig Stücke für Kinder schrieb. Graf Pocci war auch ein geschickter Künstler, berühmt für seine bemerkenswerten Schattenpuppen und Illustrationen für die Märchen der Gebrüder Grimm und von Hans Christian Andersen. Poccis Werke beeinflussten Professor Anton Aicher, der wiederum 1913 das Salzburger Marionettentheater eröffnete.

Heute gilt das Münchner Marionettentheater als das älteste mit permanenter Bühne im deutschsprachigen Raum. Im Stil eines kleinen neoklassizistischen Palasts erbaut, wird es manchmal als Münchens kleinstes Opernhaus bezeichnet – mit Sicherheit ist es eines der ungewöhnlichsten Theater der Stadt. Der kleine Kartenschalter im Haus hat fast jeden Morgen geöffnet und erteilt Auskünfte über angekündigte Vorstellungen. Jeden Nachmittag werden Märchenvorstellungen für Kinder gegeben, etwa Stücke mit dem Kasperl Larifari, eine der langlebigsten Figuren aus der Feder Graf von Poccis. Er spielt die Hauptrollen in zahlreichen Stücken wie etwa in *Die Kleine Hexe*.

Sogar an der Kasse des Münchner Marionettentheaters in der Blumenstraße wird man von Marionetten empfangen.

Abends gibt es Puppenaufführungen bekannter Opern wie *Don Giovanni* und *Die Zauberflöte* von Mozart oder Offenbachs *Hoffmanns Erzählungen*, ganz im Sinne von Papa Schmids Absicht, auch Erwachsene mit seinem Marionettentheater anzusprechen. Die Aufführungen werden mit großem Aufwand betrieben, fast wie in einem konventionellen Theater, sodass ein Besuch ein besonderes Erlebnis für Jung und Alt gleichermaßen ist. Vor dem Theatergebäude steht ein Bronzedenkmal in Form einer Marionettenbühne: Eine Seite zeigt hinter einem Puppenbühnenvorhang ein Relief Graf Poccis zusammen mit einem kleinen, sich verbeugenden Kasperl, auf der anderen Seite zur Blumenstraße hin ist eine Erinnerungsplakette an „Papa Schmid" zu sehen.

München kann sich zwei weiterer Puppentheater erfreuen. Das Marionettenstudio Kleines Spiel in der Neureutherstraße 12 (3. Bezirk) wurde in den späten 1940er Jahren gegründet; seine jungen Intendanten inszenieren jeden Donnerstag Abend Stücke für Erwachsene, u. a. von Ben Jonson und Bertolt Brecht. Das zweite ist ein altmodisches Puppentheater namens Otto Billes Marionettenbühne am Bereiteranger 15 (2. Bezirk), das bei Kindern sehr beliebt ist.

Wer mehr über die Geschichte des Marionettentheaters erfahren möchte, sollte das Museum für Antike Puppen in der Gondershauser Straße 37 (12. Bezirk) und die Marionettensammlung im Münchner Stadtmuseum am St.-Jakobs-Platz 1 (1. Bezirk; s. Nr. 20) besuchen. Handgemachte Marionetten wie die des Kasperls sind in der Puppenstube in der Luisenstraße 68 (3. Bezirk; s. Nr. 42) zu erwerben.

Interessante Orte in der Nähe: 20, 21, 22, 30

24. Der Badetempel des Jugendstils

Au – Haidhausen (5. Bezirk), Müllersches Volksbad in der Rosenheimer Straße 1
S1, S2, S4, S5, S6, S7, S8 Rosenheimer Platz; Straßenbahn 15, 18, 25

Um 1900 schufen Deutschlands Künstler als kühne Antwort auf den Erfolg der französischen Art Nouveau ihre eigene Interpretation, den Jugendstil, dessen Zentrum München war (s.a. Nr. 81). Die Vertreter dieser Bewegung wendeten sich von den behäbigen historistischen Strömungen, welche in den vorangegangenen Jahrzehnten Kunst und Architektur bestimmt hatten, ab und schwelgten in der neuentdeckten Freiheit künstlerischen Ausdrucks. Jugendstil nahm nicht nur im Wohnhausbau Gestalt an, sondern auch in Form einiger bedeutender öffentlicher Gebäude wie z.B. bei der Protestantischen Erlöserkirche in der Ungererstraße 13 (12. Bezirk), die von Theodor Fischer entworfen und 1899–1901 erbaut wurde. Die Münchner Kammerspiele im Schauspielhaus in der Maximilianstraße 34–35 (1. Bezirk), die 1900–1901 nach einem Entwurf von Richard Riemerschmid ausgestattet wurden, sind eines der wenigen erhaltenen Jugendstiltheater in Deutschland und bieten einen grandiosen Innenraum, dessen Linien mit den typischen schwungvollen floralen Motiven verkleidet wurden.

Münchens ungewöhnlichster Jugendstilbau ist zweifelsohne das Müllersche Volksbad in der Rosenheimer Straße 1 am Haidhausener Ostufer der Isar. Es wurde 1897–1901 nach einem Entwurf des deutschen Architekten Carl Hocheder (1854–1917) errichtet und von Karl Müller, einem Bauingenieur und Philanthropen, finanziert. Das erst kürzlich restaurierte Bad sollten Sie, auch wenn Sie kein leidenschaftlicher Schwimmer sind, besuchen, allein um zu sehen, was seinerzeit als das schönste Schwimmbad ganz Deutschlands galt.

Das Müllersche Volksbad ist ein wahrhafter Badetempel – ein visuelles und sinnliches Vergnügen. Auch sein Äußeres ist sowohl wirkungsvoll als auch schlichtweg schön, eine exotisch anmutende Kombination eines neobarocken Uhrturms mit Kuppeln im maurischen Stil sowie Jugendstilornamenten. Innen waren ursprünglich das Damen- und das Herrenbecken streng getrennt, ersteres unter einem tonnengewölbten Dach, letzteres von einer großen Kuppel überfangen. Heute sind die Becken beiden Geschlechtern zugänglich; der eindrucksvollere Bereich ist aber der, der ehemals den Männern

Der prachtvolle Uhrturm des Müllerschen Volksbads in der Rosenheimer Straße

vorbehalten war, mit einer stuckierten Decke, die auch in einer Kirche nicht fehl am Platz erschiene. Das Gebäude spiegelt insgesamt die Ende des 19. Jahrhunderts moderne neue Vorstellung von Hygiene wider und zeugt zugleich von einer Hinwendung an die Badetradition der alten Römer. Heute bietet das Bad zudem eigene Ruhezonen, therapeutische Bäder, ein Dampfbad und im Untergeschoss sogar einen Hundesalon!

Jugendstilrelief am Müllerschen Volksbad

Wenn man das Müllersche Volksbad verlässt, sollte man einen Moment auf der nahen Ludwigsbrücke verweilen, um sich an Münchens Ursprünge zu erinnern. 1156 befahl Heinrich der Löwe, Herzog von Sachsen und Bayern (1156–1180), die Zerstörung der Zollbrücke des Bischofs von Freising, welche nördlich vom heutigen Münchner Flughafen über die Isar führte. Sie stellte die einzige Brücke über die Isar dar, daher konnte der Bischof bei den Händlern, die sie überquerten, Zoll einheben. Da über die Brücke die seit der Römerzeit bestehende, stark frequentierte Salzstraße verlief, welche Salzburg mit Westdeutschland und Frankreich verband, hatte sie dem Bistum zu Reichtum verholfen.

Heinrich sicherte diese lukrative Einnahmequelle für sich, indem er weiter südlich, in seinem Herzogtum, eine neue Brücke baute, in der Nähe der heutigen Ludwigsbrücke. Er nannte den Platz „Ze den Munichen" („Zu den Mönchen"), nach einer frühen Ansiedelung von Benediktinermönchen, die sich seit dem Jahr 1000 dort befand, wo heute die Peterskirche am Rindermarkt 1 (1. Bezirk) steht. Am 14. Juni 1158 erkannte Friedrich I. Barbarossa, Heiliger Römischer Kaiser und König von Deutschland, Heinrichs Inbesitznahme an und verlieh der neugegründeten Siedlung, die fortan München hieß, das Marktrecht. Das Wappen der Stadt ziert seit 1253 ein Mönch. 1180 wurde Heinrich das Land wieder entzogen, nachdem er sich geweigert hatte, der Armee des Kaisers zu folgen, sodass Bayern an den Wittelsbacher Otto I. (1180–1183) fiel, dem ersten der Dynastie, die bis 1918 herrschte. München unterlag fortan wieder der Zuständigkeit des Bischofs von Freising, bis es 1240 in den Besitz der Wittelsbacher kam.

Die ältesten Gebäude in dieser historisch bedeutsamen Gegend sind südlich der Ludwigsbrücke in der Lilienstraße zu finden: ein Häuserensemble aus dem 18. Jahrhundert. Hinter diesem verläuft der schnell fließende Auer Mühlbach, einer der letzten der zahlreichen Bäche, die einst das Stadtgebiet Münchens durchzogen (s. Nr. 1).

Interessante Orte in der Nähe: 14, 15, 25, 29

25. Ein Ort der Kontemplation

Au – Haidhausen (5. Bezirk), St.-Nikolai-Kirche am Gasteig in der Inneren Wiener Straße 1
S1, S2, S4, S5, S6, S7, S8 Rosenheimer Platz; Straßenbahn 15, 18, 25

Wer in Münchens Zentrum abseits der Menschenhorden eine ruhige Ecke finden möchte, etwa einen für die private Kontemplation geeigneten Ort, der ist mit der kleinen Kirche St. Nikolai am Gasteig in der Inneren Wiener Straße 1 gut beraten. Obwohl die Kirche an einer stark befahrenen Straße liegt und sich gegenüber das riesige Münchner Kulturzentrum am Gasteig befindet (welches teilweise auf jenem Grundstück liegt, auf dem sich einst der Bürgerbräukeller befand, in dem Hitler 1923 den Hitler-Ludendorff-Putsch vom Zaun brach), herrscht um die Kirche herum magische Ruhe.

Die Kirche wurde um 1200 errichtet und 1315 als Teil eines Leprosenhauses erwähnt, weshalb sie am Ostufer der Isar, außerhalb der Mauern der Altstadt, zu finden ist. Im 16. Jahrhundert wurde sie in spätgotischem Stil neu erbaut und in den Epochen der Renaissance und des Barocks jeweils um entsprechende Stilelemente erweitert; zu dieser Zeit erhielt sie auch die weißgetünchten Wände und die Zwiebelhaube, wodurch sie einer bayerischen Dorfkirche ähnlich sieht. Nach einer Beschädigung im Zweiten Weltkrieg wurde sie wieder renoviert und erhielt einen Barockaltar aus Garmisch. Sie können die Kirche jederzeit betreten und ihre Stille genießen; das Langhaus ist allerdings

Die St. Nikolai-Kirche am Gasteig in der Inneren Wiener Straße bietet Ruhe.

Neben der St. Nikolai-Kirche am Gasteig befindet sich die Altöttinger Loretokapelle.

außerhalb der Gottesdienste mit einem Gitter versperrt.

Auch die sogenannte Altöttinger Loretokapelle neben der Kirche bietet andächtige Ruhe. Sie stammt ursprünglich aus dem Jahr 1678, wurde aber 1820 neu errichtet und 1926 um einen Arkadenumgang ergänzt, in Anlehnung an die berühmte Gnadenkapelle in Altötting, eine der meistbesuchten Pilgerstätten in Deutschland. Im Inneren der Kapelle befinden sich Vitrinen voller Votivkerzen, zum Dank an die Heiligen Antonius und Juda, den Schutzpatronen der Verlorenen und Hoffnungslosen.

Straßenseitig vor der Kirche steht eine Kreuzigungsgruppe, die einmal Teil eines barocken Kalvarienbergs war, einer im 18. Jahrhundert beliebten Ausdrucksform der religiösen Andacht; er wurde so angelegt , wie ihn das Konzil von Trient während der Gegenreformation vorschrieb. Das Kreuz ist eine moderne Ergänzung, das Original wurde im Krieg zerstört.

Es gibt eine weitere Kirche im Zentrum Münchens, die Ruhe bietet: die Alt-Katholische Kirche St. Willibrord. Diese kleine Backsteinkirche, die teilweise von Bäumen verdeckt ist, steht auf einem schmalen Streifen zwischen An der Hauptfeuerwache und der stark befahrenen Blumenstraße. Sie wurde Anfang des 19. Jahrhunderts erbaut und wird von der englischsprachigen katholischen Gemeinde genutzt; für diese gibt es auf der Rückseite der Kirche auch eine kleine Leihbücherei namens The Bookshelf. Sie wurde 1992 eröffnet und wird ehrenamtlich geführt. St. Willibrord (658–739) war übrigens der erste Bischof von Utrecht.

Interessante Orte in der Nähe: 14, 25, 26

26. Kaffeetrinken mit den Einheimischen

Au – Haidhausen (5. Bezirk), der Rundgang beginnt im Johannis-Café am Johannisplatz 15
U4, U5 Max-Weber-Platz; Straßenbahn 15, 18, 19, 25

Man hört manchmal, München verfüge – so wie Berlin, Wien und die anderen großen Städte Mitteleuropas – über eine Kaffeehauskultur, die so viele Facetten biete wie das Leben selbst. In mancherlei Hinsicht mag das zutreffen, das goldene Zeitalter des Kaffeehauses endete jedoch mit Ausbruch des Zweiten Weltkriegs. Münchens Cafés erfüllen dennoch noch immer ihre Funktion, auch wenn sie heute nicht mehr die Schmelztiegel des Intellektualismus darstellen, und es macht Freude, die interessanteren unter ihnen bei einem eher ungewöhnlichen Themenrundgang zu besuchen.

Wir beginnen mit dem kleinen Johannis-Café am Johannisplatz 15, das in Haidhausen, einem früheren Arbeiterviertel, als eine Art Institution gilt, obwohl es keine zehn Jahre alt ist. Es hat fast täglich vom späten Morgen bis in die frühen Stunden des Folgetages geöffnet, obwohl es als Tagescafé bezeichnet wird, und es zieht ein sehr eklektisches Publikum an. Das familiengeführte Café vereint lange Öffnungszeiten mit geselliger Wohnzimmeratmosphäre – verblasste Tapeten und kitschige Kunstwerke prägen das Interieur. Auf der Speisekarte stehen herzhafte Imbisse wie Leberkäs' mit Ei, Würstel mit Kartoffelsalat, Fleischpflanzerl und Obatzten. Der berühmteste Gast des späten Morgens ist der Liedermacher und Sänger Gog Seidl-Carusa, dessen Lobgesang auf das Johannis-Café („Das Johannis-Café") in der Jukebox abspielbar ist. Wenn Sie das Café verlassen, können Sie noch Haidhausens französisches Viertel besuchen, das deshalb so heißt, weil seine Straßen und Plätze nach französischen Städten benannt sind (z. B. Pariser Platz und Orleansstraße) und strahlenförmig angelegt wurden, so wie in Paris.

Der nächste Halt führt uns ins Café am Beethovenplatz, das sich seit der Errichtung des Gebäudes im Jahre 1899 im Erdgeschoss des Hotels Mariandl in der Goethestraße 51 befindet (2. Bezirk). Das neogotische Haus wurde im Zweiten Weltkrieg als Verteilerstelle für Nahrungsmittel an die Außenbezirke der Stadt verwendet; danach eröffnete dort der „Femina Nightclub" der amerikanischen Besatzer. Schließlich wurde es wieder seiner ursprünglichen Bestimmung als traditionelles Kaffeehaus zugeführt, das seit jeher klassische Musikkonzerte anbietet und daher auch Münchens ältestes Konzertcafé ist.

Das legendäre Johannis-Café am Johannisplatz ist eine Münchner Institution.

Ein Café, das für seinen Kaffee und Kuchen gerühmt wird, ist das moderne, aber elegante Café Kreutzkamm in der Maffeistraße 4 (1. Bezirk) im Herzen der Altstadt. Es wurde ursprünglich 1825 von Heinrich Kreutzkamm in Dresden eröffnet, aber nachdem es 1945 bei Bombenangriffen zerstört wurde, gründete Kreutzkamms Urenkel ein Café mit demselben Namen in München. Eine beliebte Süßigkeit ist hier der nach Mandeln duftende Baumkuchen, welcher aufgeschnitten ein Muster aus konzentrisch verlaufenden dunklen und hellen Ringen zeigt, das an die Jahresringe eines Baumes erinnert.

Es gibt noch zwei weitere traditionelle Kaffeehäuser im Zentrum. Das eine ist das Café Arzmiller, welches versteckt in der Theatinerstraße 22, hinter der Theatinerkirche, liegt. Sein Angebot an Kuchen und Gebäck (wie Herrenschnitte, Nuss- und Apfeltorte) kann ohne weiters mit dem eines Wiener Kaffeehauses mithalten. Der begrünte Innenhof des Cafés bietet im Sommer einen erholsamen Zufluchtsort vor Menschenmengen. Schräg gegenüber der Theatinerkirche befindet sich das altehrwürdige Café Tambosi am Odeonsplatz 18 (vormals Café Annast). Es ist das älteste Kaffeehaus Münchens, das seit dem Ende des 18. Jahrhunderts existiert. Sein Stil kann als im besten Sinne wienerisch bezeichnet werden.

Köstliche Kuchen und exquisite Schokolade sind auch im Café Luitpold in der Brienner Straße 11 (3. Bezirk) erhältlich, einige Straßen weiter nördlich. Es wurde am 1. Januar 1888 eröffnet und gehörte einst – neben dem Café de la Paix in Paris, dem Kranzler in Berlin und dem Sacher in Wien – zu den spektakulärsten Kaffeehäusern der Welt. Höhepunkte seiner opulenten Innenräume, die einen Ballsaal, Brunnen und

Billardräume umfassten, waren eine riesige Neorenaissancekuppel und ein gewölbter langgestreckter Raum (der Palast-Café hieß), in dem 1200 Gäste gleichzeitig bewirtet werden konnten; darunter der Schriftsteller Henrik Ibsen und der Künstler Wassily Kandinsky. Das Gebäude wurde im Zweiten Weltkrieg leider stark beschädigt und infolgedessen größtenteils abgerissen, sodass heute nur noch der moderne Palmengarten auf die verlorene Pracht hinweist. Um eine Vorstellung davon zu gewinnen, wie das Gebäude einst aussah, schauen Sie sich die Sammlung Café Luitpold im Haus an; sie gilt offiziell als Münchens kleinstes Museum und behandelt die facettenreiche Geschichte des einst legendären Cafés.

Unser Rundgang endet im eleganten Café Altschwabing in der Schellingstraße 56 (3. Bezirk). Dieses ehrwürdige Etablissement, das 1887 eröffnet wurde, versetzt den Besucher in die vergangene Epoche der Münchner Kaffeehauskultur zurück, als Cafés ein Forum für kreative Diskussionen der Künstler und Intellektuellen der Stadt boten. Häufige Gäste waren u. a. die Schriftsteller Frank Wedekind, Joachim Ringelnatz und Stefan George, die Künstler Wassily Kandinsky, Franz Marc und Paul Klee sowie der Politiker Lenin. Der berühmteste Stammgast war der Autor Thomas Mann (1875–1955), der von 1891 bis 1933 in München lebte (s. Nr. 51). Auch dieses Kaffeehaus fiel den Luftangriffen der Alliierten zum Opfer, seine wunderbare neoklassizistische Innenausstattung wurde jedoch liebevoll wiederhergestellt. Es lockt die Passanten, unter seinen Lüstern Kaffee zu trinken und die Tageszeitungen zu studieren. Die Wände der Toiletten im Keller sind mit Seiten aus dem Satiremagazin *Simplicissimus* beklebt, welches hier in den frühen Jahren des 20. Jahrhunderts sicherlich genau gelesen wurde (s. Nr. 48).

Wenn Sie eine Abwechslung zu Kaffee brauchen, besuchen Sie die ungewöhnliche Friesische Teestube am Pündterplatz 2 (4. Bezirk). Der Besitzer Oswald Telfser bietet seit 1975 rund 140 Teesorten in gemütlichsten Rahmen an; die Teestube besteht aus zwei kleinen Räumen, die mit Teppichen ausgelegt und mit Polstersesseln und großen Holzsofas im friesischen Stil eingerichtet sind.

Zwar nicht als Kaffeehaus eingerichtet, aber heute als solches in Verwendung ist die ausgefallene Goldene Bar im Haus der Kunst in der Prinzregentenstraße, sicherlich einer der sonderbarsten Räume in München. Er ist mit Pseudomosaiken geschmückt, die Landkarten der Erdteile zeigen, welche für die Produktion von solchen Getränken bekannt sind, die hier einst konsumiert werden konnten. Folglich gibt es eine französische Karte mit Weinkellern zu sehen und eine Karte von Großbritannien, auf der Whisky- und Ginproduzenten eingetragen sind. Eine Ironie des Schicksals, dass sich Deutschland kurz nach der Fertigstellung einer solchen Ausstattung (1937) mit diesen beiden Ländern im Krieg befinden sollte (s. Nr. 44).

Interessante Orte in der Nähe: 24, 25, 26

27. Was von einem Glaspalast übrig blieb

Au – Haidhausen (5. Bezirk), Glaspalastbrunnen auf dem Weißenburger Platz
S1, S2, S4, S5, S6, S7, S8 Rosenheimer Platz; Straßenbahn 15, 25

Spaziert man durch den Alten Botanischen Garten, der zwischen der Elisen- und der Sophienstraße 1804–1814 auf einem halbkreisförmigen Grundriss angelegt wurde (3. Bezirk), so kann man sich kaum vorstellen, dass hier einmal ein riesiger Ausstellungspalast aus Glas und Gusseisen stand. Nachdem das ursprüngliche Gewächshaus des Gartens abgerissen wurde, errichtete man den Glaspalast als Veranstaltungsort der „Ersten Allgemeinen Deutschen Industrieausstellung", die am 15. Juli 1854 die Pforten öffnete. Am 6. Juli 1931 wurde die Konstruktion, die die gesamte nördliche Hälfte des Gartens einnahm, Opfer der Flammen.

Vom Glaspalast blieb nichts übrig außer dem „Glaspalastbrunnen", einem ornamentierten Brunnen, der das Feuer wundersamerweise unbeschadet überstand. Heute schmückt er die Mitte des Weißenburger Platzes (5. Bezirk 5), eine hübsch bepflanzte Verkehrsinsel, die von Straßen mit breiten Fußwegen umgeben ist.

Vergegenwärtigen wir uns kurz die Geschichte eines der großartigsten der verlorenen Gebäude Münchens: König Maximilian II. von Bayern (1848–1864) beauftragte den deutschen Architekten August von Voit (1801–1870) mit dem Entwurf des Palastes; Voit zeichnete auch für das ursprüngliche Galeriegebäude der Neuen Pinakothek in der Theresienstraße (1949 abgerissen) verantwortlich. Voits Vorbild war der Crystal Palace in London, der kurze Zeit zuvor, 1851, eröffnet wurde. Dieses revolutionäre Gebäude war ein Geniestreich des Glashauspioniers Joseph Paxton (1803–1865), dessen Experimente mit Glas und Gusseisen die Entwicklung dauerhafter Strukturen mit großen Spannweiten ermöglichten, die darüber hinaus schnell und leicht aufzubauen waren. Obwohl der Glaspalast nur halb so groß wie der Crystal Palace ausfiel, war er noch immer kolossale 234 Meter lang und 67 Meter breit, bei einer Höhe von 25 Metern in der Mitte.

Der Glaspalast beherbergte zahlreiche große Kunstausstellungen sowie internationale Handelsmessen, darunter die erstmals elektrisch beleuchtete „Internationale Elektrotechnische Ausstellung". Die Illumination hatte der deutsche Ingenieur Oskar von Miller ermöglicht, der eine Gleichspannungsfreileitung aus dem 50 Kilometer entfernten Miesbach bis nach München verlegte. Mit dem Strom wurde auch die Pumpe eines künstlichen Wasserfalls angetrieben, um die Anwendungsmöglichkeiten zu zeigen, die die über eine weite Strecke herbeigeleitete Elektrizität bot.

Der Weißenburger Platz wird von dem eleganten Glaspalastbrunnen geschmückt.

So wie Londons Crystal Palace brannte auch der Glaspalast schließlich ab; als Ursache wurde später Brandstiftung genannt, jedoch konnte dafür kein Motiv ermittelt werden. Zum Zeitpunkt des Brandes fand dort gerade eine Ausstellung von Gemälden der deutschen Romantik statt; mehr als 110 Bilder fielen dem Feuer zum Opfer: darunter Arbeiten von Casper David Friedrich, Moritz von Schwind, Karl Blechen und Philipp Otto Runge. Pläne eines Wiederaufbaus verwarfen 1933 die neuen Machthaber unter Hitler. Die Nationalsozialisten entschieden sich stattdessen dafür, ihr eigenes „Haus der Deutschen Kunst" in der Prinzregentenstraße 1 zu bauen, welches 1937 fertiggestellt wurde (s. Nr. 44).

1914 war der Botanische Garten in die Nähe von Schloss Nymphenburg verlegt und die restliche Fläche des ehemaligen Alten Botanischen Gartens in einen Stadtpark umgewandelt worden. Das einzige, was vom ehemaligen Alten Botanischen Garten heute noch erhalten ist, ist das freistehende neoklassizistische Portal an der Ecke Sophien-/Elisenstraße.

Interessante Orte in der Nähe: 26, 55

28. Ein historisches Volksfest

Au – Haidhausen (5. Bezirk), Auer Dult auf dem Mariahilfplatz
Straßenbahnen 25, 27; Bus 52, 152

Der bayerische Kalender ist großzügig mit religiösen Festen, anschaulichen Bräuchen, historischen Märkten sowie Volksfesten gespickt. Einer der ältesten und sagenumwobensten Jahrmärkte ist die sogenannte Auer Dult. Heute wird dieser traditionelle Markt vom Tourismusamt der Stadt München organisiert, aber seine Geschichte reicht bis ins Mittelalter zurück.

Das germanische Wort *Dult* bedeutet „Kirchenfest“ und hat also seinen Ursprung in religiösen Festen zu Ehren eines Heiligen. Um die Kirche herum wurden Stände aufgebaut und Waren für Gemeindemitglieder und Pilger feilgeboten; mit der Zeit wurde so aus dem religiösen Fest ein beliebter Markt.

1310 wurde die Jakobidult – ein Markt am St. Jakobstag – auf einer Wiese veranstaltet, auf der sich heute der St.-Jakobs-Platz befindet, und infolgedessen erstmals in der Stadtchronik erwähnt. 1791 wurde der Markt in die Kaufingerstraße und in die Neuhauser Straße verlegt, bis 1796 Kurfürst Karl Theodor von Bayern (1777–1799) das zweimal jährliche Marktrecht an die Au auf der anderen Seite der Isar vergab. Seitdem wurde die Bezeichnung Auer Dult geläufig. Die Au, deren historische Wurzeln bis ins Jahr 1340 reichen, wurde 1854 eingemeindet. Ihr früherer Name „Awe ze Gysingen“ bedeutet „Land auf dem Wasser“; hier lebten bis ins frühe 20. Jahrhundert die Armen der Stadt in kleinen Häusern, von denen sogar heute noch gelegentlich welche zu sehen sind.

Seit 1905 wird die Auer Dult dreimal im Jahr auf dem Mariahilfplatz veranstaltet, im Schatten der neogotischen Mariahilfkirche. 1839 fertiggestellt, ist sie damit das früheste Beispiel für Neogotik in Süddeutschland. Jede Dult dauert neun Tage lang, die Maidult im Mai, die Jakobidult im Juli und die Kirchweihdult im Oktober; die genauen Termine werden unter www.auerdult.de angekündigt. Mit Ausnahme einer kriegsbedingten Unterbrechung zwischen 1943 und 1946 hat die Dult sonst immer stattgefunden.

Heute strömen zu jeder Dult an die 100 000 Menschen und an rund 300 Ständen herrscht eifriges Treiben; angeboten werden überwiegend Haushaltswaren wie Küchenutensilien, Kräuter, Heilmittel und günstige Antiquitäten – vom Nachttopf bis zum Haarpflegeprodukt findet sich hier alles. Daneben gibt es auch Stände mit Speisen, Nebenattraktionen und die stets beliebten Volksfestangebote wie nostalgische Karusselle, Schießbuden, Schiffschaukeln, ein kleines Riesenrad und das Puppentheater für Kinder, mit dem berühmten Stück *Kasperl von der Au*. Vergleicht man die Auer Dult mit Münchens lautem Oktoberfest, erscheint sie einem als das echtere Volksfest und aus diesem Grund als die viel interessantere Veranstaltung. Wenn Ihr München-Besuch nicht zu Auer Dult-Zeiten fällt, erhalten Sie eine Vorstellung davon, was sie versäumen, im Museumsshop des Münchner Stadtmuseums: Hier finden Sie eines der originalen Stände dauerhaft aufgebaut.

Ein typischer Marktstand auf der dreimal jährlich stattfindenden Auer Dult auf dem Mariahilfplatz

Münchens ältester, täglich stattfindender Freiluftmarkt ist der Viktualienmarkt (1. Bezirk) auf dem gleichnamigen Platz in der südlichen Ecke der Altstadt. Der Platz wurde 1807 von König Maximilian I. von Bayern (1799–1825, bis 1806 Kurfürst Maximilian IV. Joseph) eingerichtet; auf seine Anweisung musste der Markt, zu groß für den Marienplatz geworden, hierhin übersiedeln. 140 Stände sind auf 22000 Quadratmeter verteilt; sie verkaufen hauptsächlich frisches Obst und Gemüse, Blumen, Fleisch- und Geflügelwaren. Den volkstümlichen wie den historischen Hintergrund des Marktes bilden ein Biergarten, ein aufgestellter Maibaum und der berühmte Maskentanz der Marktfrauen, der am Faschingsdienstag, dem letzten Tag vor Anbruch der Fastenzeit, stattfindet.

In München gibt es noch viele andere Märkte, beispielsweise den Elisabethmarkt in der Elisabethstraße (4. Bezirk), beide nach der Kaiserin Elisabeth von Österreich benannt, die eine Cousine von König Ludwig II. von Bayern war. Der seit 1880 existierende Markt ist dem Viktualienmarkt ähnlich, aber viel kleiner und persönlicher. Zudem gibt es zahlreiche Bauernmärkte, etwa jeden Mittwochvormittag auf dem Mariahilfplatz, sowie Flohmärkte. Der Flohmarkt Riem, der größte Bayerns, wird in der Neuen Messe München veranstaltet (15. Bezirk).

Interessanter Ort in der Nähe: 29

29. Von der Höhle in den Himmel

Ludwigsvorstadt – Isarvorstadt (2. Bezirk), Deutsches Museum auf der Museumsinsel
S1, S2, S4, S5, S6, S7, S8 Isartor; U1, U2 Frauenhoferstraße; Straßenbahn 17, 18; Bus 131

Das Deutsche Museum auf der Museumsinsel ist eines der größten und bedeutendsten technischen Museen der Welt. Es wurde im Mai 1925 als „Museum von Meisterwerken der Wissenschaft und Technik" eröffnet und illustriert jeden Aspekt der Entwicklung der Technik, von der Glasbläserei bis zum Tunnelbau, von der Papierherstellung bis zur Erfindung des Moog-Synthesizers. Wollte ein Besucher alles anschauen, müsste er über die sechs Stockwerke hinweg eine 16 Kilometer lange Strecke zurücklegen. Selbst dann hätte er noch nicht alles gesehen, da 2002 die Auto-, Motorrad- und Eisenbahnsammlung ins Verkehrszentrum des Deutschen Museums auf der Theresienhöhe 14a (8. Bezirk) verlegt wurde; und seit 1992 gibt es in der Effnerstraße 18 in Oberschleißheim eine eigene Luftfahrtausstellung in der Flugwerft Schleißheim, die auch zum Deutschen Museum gehört. Hier sind einige der ältesten erhaltenen Flugplatzbauten der Welt ausgestellt.

Bleiben wir jedoch erst einmal im Deutschen Museum auf der Museumsinsel und besuchen wir nur drei seiner außergewöhnlicheren Höhepunkte. Wir beginnen in der Bergbauabteilung, die folgerichtig im Keller des Museums untergebracht ist. Hier findet man eine eindrucksvoll realistische und historisch akkurate Rekonstruktion verschiedener Bergbauszenerien, die über eine Fläche von 3475 Quadratmeter verteilt und durch 214 Stufen miteinander verbunden sind. Die Darstellung des Kohleabbaus mit den geschwärzten Arbeitern, den mit Stützen gesicherten Schächten und schweren Maschinen ist zwar interessant – aber nun möchten wir etwas über die Salzgewinnung lernen.

Mineralsalz hat in der Zivilisationsgeschichte eine lebenswichtige Rolle gespielt, da es ursprünglich nur für Ernährungs- und Konservierungszwecke abgebaut wurde. Heute dient es zudem der Chemieindustrie als Rohmaterial und ist auch für die Produktion künstlicher Dünger in Verwendung. Unterirdische Vorkommen werden im Allgemeinen mit Wasser ausgeschwemmt und als Salzlösung an die Oberfläche gepumpt. Im 18. Jahrhundert wurden dagegen noch ganze Salzbrocken durch Ausschachtungsarbeiten abgebaut. Dieser ältere Prozess ist im Museum anhand einer atmosphärisch eindringlichen Rekonstruktion

Die Rekonstruktion einer polnischen Salzmine im Deutschen Museum auf der Museumsinsel

einer polnischen Salzmine bei Wieliczka (Krakau) dargestellt. Hier unten ist es so still, dass man beinahe zu hören vermeint, die nur von Öllampen beleuchteten Figuren flüsterten sich bei der Arbeit etwas zu.

Für ein Kontrasterlebnis steigen wir nun nicht nur wieder in den ersten Stock, sondern bis unter den Himmel hinauf. An der Decke der Luftfahrthalle ist eine einsitzige Fokker Dr. 1 Dreidecker aufgehängt, eines der prägnantesten Kampfflugzeuge des Ersten Weltkrieges. Ihre kurze Spannweite (nur 7 Meter) sowie der eindrucksvolle Auftrieb durch ihre drei Flügel sorgten für äußerste Wendigkeit und Steigfähigkeit und machten sie zum seinerzeit besten Abfangjäger. Das Flugzeug wurde im April 1917 in Betrieb genommen, jedoch schon im Mai 1918 durch die schnellere Doppeldecker-Fokker ersetzt, weil der Luftwiderstand, der durch die drei Flügel verursacht wurde, die Flug-Geschwindigkeit verringerte. Von den 320 erbauten Maschinen, die es von diesem älteren Modell gab, hat sich keine einzige erhalten; selbst die hier ausgestellte ist nur eine gelungene Replik. Die rote Farbe entspricht der Maschine, die der Rote Baron Manfred von Richthofen flog (1892–1918), und in der er im April 1918 in Nordfrankreich starb. Aufgrund Richtofens Ruhmes, er galt als einer der erfolgreichsten Flieger des Ersten Weltkriegs, wurde sein originales Flugzeug bald nach seinem Absturz von Souvenirjägern zerlegt.

Eine Replik der Fokker Dreidecker des Roten Barons hängt von der Decke des Deutschen Museums.

Das dritte ungewöhnliche Ausstellungsstück ist eine maßstabsgetreue Rekonstruktion der Höhlenmalerei von Altamira, welche im zweiten Stock zu finden ist. Altamira ist der Hügel im Nordosten von Spanien, wo die Höhle 1879 entdeckt wurde; ihre steinzeitlichen Wandmalereien sind etwa 15000 Jahre alt. An der Decke der Höhle sind zahlreiche Darstellungen von Tieren wie Bisons, Pferde und Hirschkühe zu sehen, die zu den frühesten und schönsten Beispielen paläolithischer Kunst gehören. Der Künstler verwendete natürliche Pigmentfarben wie Ocker, Mangan und Kohle und dort, wo die Struktur der Steinoberfläche einbezogen wurde, verleiht sie der Zeichnung einen dreidimensionalen Effekt.

Die echte Höhle von Altamira ist für die Öffentlichkeit leider nicht mehr zugänglich, weil die Malereien vor Temperaturschwankungen und Feuchtigkeit geschützt werden müssen. Deshalb entwickelte das Deutsche Museum eine neue Technik, um eine exakte Replik der Höhle zu schaffen. Eine Begleitausstellung über die Errungenschaften der Steinzeitmenschen wie die Erfindung von Werkzeugen und die Befähigung, Feuer zu machen, ist zusätzlich zu sehen.

Nach dem Besuch des Museums können Luftfahrtenthusiasten auch noch den Flughafen von München ansteuern, wo es einen Besucherpark mit eigener S-Bahn-Haltestelle gibt. Das Angebot des Parks reicht von einem künstlich aufgeschütteten Hügel mit einer Aussichtsplattform unter freiem Himmel bis zu einigen ausgestellten historischen Flugzeugen, darunter eine dreimotorige Fokker und eine DC-3.

Interessante Orte in der Nähe: 15, 24, 28, 30

30. Münchens verlorene Synagogen

Ludwigsvorstadt – Isarvorstadt (2. Bezirk), der Rundgang zu den Orten der ehemaligen Synagogen endet in der Reichenbachstraße 27
U1, U2 Fraunhoferstraße; Straßenbahn 27; Bus 131

Am 9. November 2006 verlegte die Israelitische Kultusgemeinde München ihre Räumlichkeiten von der Reichenbachstraße (2. Bezirk) in die neue Ohel-Jakob-Synagoge am St.-Jakobs-Platz (1. Bezirk), die einen Teil des neuerbauten Jüdischen Zentrums der Stadt bildet. Da der Antisemitismus wieder auf dem Vormarsch zu sein scheint, die jüdische Gemeinde Münchens hingegen mit 9000 Mitgliedern wieder jene Größe erreicht hat, die sie vor dem Nationalsozialismus hatte, ist die Rückholung des jüdischen Kulturlebens ins Stadtzentrum ein wichtiges Signal. Um sich die Hintergründe zu vergegenwärtigen, muss das wechselvolle Schicksal der verlorenen Synagogen Münchens betrachtet werden.

Der erste urkundliche Nachweis einer jüdischen Gemeinde datiert auf 1229, also auf gerade einmal siebzig Jahre nach der Gründung

Ein Denkmal in der Herzog-Max-Straße zeigt, wo einst eine der Münchner Synagogen stand.

Münchens. Nach einigen Pogromen wurde die Gemeinde jedoch 1442 von dem Wittelsbacher Herzog Albrecht III. (1438–1460) ausgewiesen und die erste Synagoge der Stadt in eine Kirche umgewandelt. Erst 1763 formierte sich eine neue jüdische Gemeinde, die 1816 den heute sogenannten Alten Israelitischen Friedhof in der Thalkirchner Straße gründete (s. Nr. 67). 1826 wurde eine liberale jüdische Synagoge in der Westenriederstraße im Beisein von König Ludwig I. von Bayern (1825–1848) eingeweiht.

1848 erhielten jüdische Mitbürger das Wahlrecht und infolge der Aufhebung der bezirksbezogenen Begrenzung der jüdischen Einwohnerzahl, kam es zu einem stärker werdenden Zustrom von Juden nach München, auch durch Juden aus dem Osten, die 1880 vor Pogromen in Russland flohen. Die vorhandene Synagoge war bald zu klein, weshalb 1882 König Ludwig II. (1864–1886) Land für den Bau einer neuen stiftete – für Deutschlands drittgrößte Synagoge in der Herzog-Max-Straße (1. Bezirk). Für orthodoxe Juden wurde die Ohel-Jakob-Synagoge in der Herzog-Rudolf-Straße 3 (früher Kanalstraße) eröffnet, die 1910 durch einen zweiten Friedhof in der Garchinger Straße ergänzt wurde. Eine dritte Synagoge wurde schließlich 1931 in der Reichenbachstraße 27 gebaut, diesmal für die Gemeinde der osteuropäischen Juden, welche sich ein halbes Jahrhundert zuvor um den Gärtnerplatz herum angesiedelt hatte.

Mit der Ernennung Hitlers zum Kanzler 1933 änderte sich für die Juden alles. Als Hauptstadt der Nazibewegung war der Antisemitismus in München stärker als irgendwo anders zu spüren und im Juni 1938 war die Synagoge in der Herzog-Max-Straße die erste in Deutschland, die die Nationalsozialisten abrissen (ein Granitgedenkstein wurde 1969 aufgestellt; siehe auch Nr. 5). Der nationalsozialistische Antisemitismus erreichte in der Nacht des 9. November 1938 während der Reichspogromnacht einen ersten Höhepunkt, Hitlers Sturmabteilung attackierte die Synagogen in der Herzog-Rudolf-Straße und Reichenbachstraße. Erstere musste abgerissen werden, nur mehr eine Wandtafel erinnert heute an sie; Letztere blieb erhalten, wenn auch in unbrauchbarem Zustand. Eine Zeitlang war in der Lindwurmstraße 125 (2. Bezirk) ein jüdischer Gebetsraum eingerichtet, aber auch dieser wurde abgerissen, weil er angeblich dem Bau eines U-Bahn-Tunnels im Weg war (s. Nr. 82).

Die Arisierungsstelle in der Widenmayerstraße 27 veranlasste die Zwangsevakuierung derjenigen Juden, die nicht entkommen hatten können, ihre Einweisung in Sammellager und die folgende Deportation in die Todeslager; ihre Geschäfte wurden ohne Abgeltung konfisziert (siehe die Wandtafel, die an das ehemalige Kaufhaus Uhlfelder im Rosental 16 erinnert). Von den 19000 jüdischen Bürgern, die 1933 noch in München gelebt hatten, blieben am Ende des Krieges nur 84 übrig.

Die neue Ohel-Jakob-Synagoge am St.-Jakobs-Platz

Als der Krieg vorüber war, versammelten sich die Juden, die in München blieben, in der Synagoge in der Reichenbachstraße, welche 1947 wieder geweiht wurde. Diese blieb das Zentrum der Münchner Jüdischen Kultusgemeinde bis zu ihrer Übersiedlung 2006 an den St.-Jakobs-Platz. Das ehemalige Gebäude wurde nicht besonders gekennzeichnet und schaut wie jedes andere in dieser Straße aus; die Synagoge liegt vor Blicken geschützt auf der Rückseite. Zu sehen ist gerade einmal ein Fries im Inneren des Durchgangs, der den Tempel in Jerusalem zeigt, sowie ein paar wenige Buchstaben auf der Fassade. Es ist kaum vorstellbar, dass hier bis vor kurzem auf dem gegenüberliegenden Gehsteig rund um die Uhr bewaffnete Sicherheitsbeamte standen. Vielleicht sollte diese Stelle nun auch von einem sogenannten Stolperstein gekennzeichnet werden, d.h. von einer in den Gehsteig eingelassenen Bronzetafel mit Inschrift, wie sie überall in Deutschland an Orten früheren jüdischen Eigentums aufscheinen (siehe www.stolpersteine-muenchen.de).

Interessante Orte in der Nähe: 15, 16, 23, 29

31. Ein Lob auf Starkbier

Ludwigsvorstadt – Isarvorstadt (2. Bezirk), Paulaner Bräuhaus am Kapuzinerplatz 5
U3, U6 Goetheplatz; Bus 58, 152

Bier brauen und trinken, ist in München so populär, dass ein eigenes Museum sich nur diesem Thema widmet: Das Bier- und Oktoberfestmuseum wurde in einem der ältesten Gebäude Münchens (1340) in der Sterneckerstraße 2 (1. Bezirk) eingerichtet. Obwohl viele Bierschenken der Stadt überfüllt sind, haben sie sich doch einen eigenen Charme erhalten. So z.B. das Augustinerbräu in der Neuhauser Straße 27 (1. Bezirk) mit dem ornamentalen Muschelsaal, das Hofbräuhaus am Platzl 9 (1. Bezirk) mit der Sammlung weggeschlossener Bierseidel (der Besitz eines Schlüssel ist ein vererbbares Privileg), der Augustiner-Keller in der Arnulfstraße 52 (3. Bezirk) mit den herrlichen gemauerten Lagerkellern, das Unionsbräu Haidhausen in der Einsteinstraße 42 (5. Bezirk), wo die Gäste in einem Keller neben den kupfernen Braukesseln sitzen, und Zum Flaucher in den Isarauen 8 auf der grünen Flaucherinsel (6. Bezirk), im Sommer eine Oase für Spaziergänger und Fahrradfahrer.

Das Oktoberfest, das 1810 zum ersten Mal stattfand, ist das wichtigste Datum im Kalender der Münchner Brauereien (s. Nr. 32). Das größte Volksfest der Welt zog im Jahr 2007 rund 6,2 Millionen Besucher an, die 6,7 Millionen Liter Bier tranken. Es ist jedoch nicht das einzige Fest, bei dem Bier eine große Rolle spielt. Es ist auch nicht das älteste Fest in München, da die Ursprünge der weniger bekannten Starkbierzeit bis ins Jahr 1634 zurückreichen. In diesem Jahr brauten italienische Mönche des Klosters Neudeck, die auf Einladung des Kurfürsten Maximilian I. von Bayern (1623–1651) nach München gekommen waren, am Rande der Au ihr erstes Bier – vermutlich, um sich mit dem Gebrauten während der strengen Fastenzeit zu stärken. Anfangs wussten die bereits existierenden Münchner Brauereien, die Mönche am Verkauf ihres Bieres an die Bevölkerung zu hindern; 1745 aber wurde einem Wirtshaus in der Nähe des Klosters erlaubt, das Bier der Mönche auszuschenken. Am 2. April 1751, dem Feiertag des Hl. Franz von Paola (1416–1507), der der Klosterpatron war, wurde nun den Mönchen selbst der öffentliche Verkauf ihres Biers erlaubt. Das starke, „Doppelbock" genannte Bier wurde „Sankt-Vater-Bier" getauft und kam gut an. Münchens Tradition der Starkbierzeit war somit geboren.

Aber erst 1780 erhielten die Mönche die Genehmigung, ihr Bier zu jeder Zeit und überall auszuschenken; dann freilich nahm die Produktion schnell zu. Die Mönche profitierten nicht lange davon, da 1799 Napoleon nach München kam und die Klöster an lokale Geschäftsleute verschacherte. 1813 kaufte Franz Xaver Zacherl das Kloster Neudeck und wandelte es in eine dampfbetriebene Brauerei um; die Gaststätte Salvatorkeller wurde 1861 angeschlossen. Die Starkbierzeit wurde von April auf zwei Wochen im März verlegt und der Name des Biers in „Salvator“ (lateinisch „Der Retter“) umgeändert. 1899 benannten es die Schmederer-Brüder, die neuen Besitzer der Brauerei, in Paulanerbräu um und 1928 fusionierte die Brauerei mit der Gebrüder Thomas Brauerei, woraufhin das Salvator-Paulaner-Thomasbräu entstand. Heute ist Heineken Hälfteigentümer.

Ein glänzender Kupferkessel der Mikrobrauerei im Paulaner Bräuhaus am Kapuzinerplatz

Wollen Sie mehr über die Paulanerstory erfahren, besuchen Sie die alte Zacherl-Gaststätte, den Paulaner-Keller in der Hochstraße 77 (5. Bezirk) am Nockherberg. Er ist der Veranstaltungsort des jährlich stattfindenden Starkbierfests zwischen Aschermittwoch und Karfreitag (heutzutage bietet zudem jede große Brauerei ihr eigenes Doppelbock-Bier an). Nebenan findet sich mit der Hausnummer 75 die Salvator-Paulaner-Thomasbräu-Brauerei, die Lagerbier in Flaschen und unter der Marke Paulaner Weizenbiere für den Weltmarkt produziert (Führungen werden angeboten und beginnen in der Falkenstraße 11).

Am interessantesten ist das Paulaner Bräuhaus, ein monumentales Gebäude, das 1899 am Kapuzinerplatz 5 erbaut wurde (2. Bezirk). Hinter der Bar kann man glänzende Kupferkessel einer 1990 eingerichteten Mikrobrauerei sehen. Sie ist eine von 17 ähnlichen, welche an entfernten Orten wie Peking, Kapstadt und St. Petersburg in Betrieb sind. Bei einer Führung durch die Mikrobrauerei (nur nach Voranmeldung, Tel. +49 (0)89 480 05-510, www.paulaner-consult.com) sehen Sie, wie süßer Gerstenmalz zerstoßen und mit Wasser vermengt (eingemaischt) wird, wodurch aus Stärke Zucker entsteht. Die Flüssigkeit wird dann in die Kupferbottiche – ins Sudhaus – gepumpt, auf 100 °C erhitzt und für den erfrischenden bitteren Geschmack mit Hopfen versetzt. Diese unfermentierte Flüssigkeit (die Würze) kommt dann in die Gärbehälter, wo die überaus wichtige Hefe hinzugefügt wird. Nach bis zu vierwöchiger Lagerung in kalten Kellern ist das frische Bier trinkbereit.

32. Die Stadt von oben

Ludwigsvorstadt – Isarvorstadt (2. Bezirk), die Statue der Bavaria und die Ruhmeshalle an der Theresienwiese
U4, U5 Theresienwiese; Bus 132, 134

Es gibt in München einige Orte, die eine fantastische Aussicht über die Stadt bieten. Eine der besten Aussichten eröffnet mit Sicherheit die Peterskirche am Rindermarkt 1 (1. Bezirk), welche am höchsten Punkt der Altstadt steht. Etwa 300 Stufen führen bis unter das Dach des Turmes, der Alter Peter heißt, und von dem aus Sie einen wunderbaren Blick über die Umgebung genießen. Kein Wunder, dass sich hier in der Mitte des 19. Jahrhunderts eine Feuerwachtstube befand (s. Nr. 22).

Einen ähnlichen Ausblick hat man vom Neuen Rathaus am Marienplatz 8 (s. Nr. 18) aus, gleich gegenüber, sowie von den unverwechselbaren Doppeltürmen der Frauenkirche aus dem 15. Jahrhundert am Frauenplatz 1. Die Türme selbst sehen Sie wiederum am besten von der Dach-Lounge des Hotels Bayerischer Hof. Gesetzeshalber dürfen Neubauten in München nicht so hoch sein, dass sie die Sicht auf die Frauenkirche verstellen, daher hat man von ihren Türmen aus ebenfalls freie Sicht. Interessanterweise soll der Architekt Jörg von Halsbach aus Geldmangel seine ursprünglich geplanten gotischen Türme zugunsten der heute zu sehenden oktogonalen Türme aufgegeben haben. Deren Zwiebelhauben wurden die Vorreiter für alle anderen in ganz Bayern.

Einen ungewöhnlichen Blick auf die Stadt eröffnet die Theresienwiese, wo seit bald zwei Jahrhunderten Münchens weltberühmtes Oktoberfest jedes Jahr bis zum ersten Oktobersonntag zwei Wochen lang gefeiert wird. Das erste Mal fand es 1810 als Erinnerungsfest an die Hochzeit des Kronprinzen Ludwigs, nachmals König Ludwig I. von Bayern, mit Prinzessin Therese von Sachsen-Hildburghausen (nach der die Wiese benannt wurde) statt, wofür ein großes Pferderennen samt Volksfest veranstaltet wurde.

Dies ist aber nicht die einzige Attraktion der Theresienwiese. Auf einer Anhöhe am Rande steht die neoklassizistische Ruhmeshalle, erbaut 1848–1853 nach einem Entwurf des Architekten Leo von Klenze (1784–1864), auf den auch die Propyläen am Königsplatz zurückgehen. Jeweils im Tympanon der Seitenflügel der Ruhmeshalle hat der Bildhauer Ludwig von Schwanthaler (1802–1848) Allegorien der vier bayerischen Provinzen (Bayern, Pfalz, Schwaben und Franken) geschaffen. Innen sind mehr als einhundert Marmorbüsten zu Ehren bayerischer

Die Paulskirche vom Kopf der Bavaria auf der Theresienwiese aus gesehen

Persönlichkeiten aufgestellt (die ersten weiblichen Büsten der Schauspielerin Klara Ziegler und der Schriftstellerin Lena Christ kamen erst 2000 dazu).

Vor der Ruhmeshalle führt eine breite Treppenanlage zu einer gigantischen Statue, ebenfalls ein Werk Schwanthalers. Sie ist 18,5 Meter hoch und wiegt mehr als 70 Tonnen. Die Statue aus Bronze stellt die germanische Gottheit Bavaria mit Amazonen-Ausstrahlung dar; einen Löwen zu ihren Füßen, beschützt sie den Staat mit ihrem Schwert. Sie wurde während des 25. Oktoberfestes 1850 enthüllt und wird seither Bavaria genannt.

Der Guss Ferdinand von Millers war seinerzeit ein technologisches Meisterwerk, mehr als dreißig Jahre vor dem der New Yorker Freiheitsstatue. So wie ihre amerikanische Verwandte kann auch die Bavaria inwendig über eine 120-stufige Wendeltreppe bis zu einer Miniplattform im Kopf bestiegen werden, die für höchstens zwei Personen Platz bietet. Vier kleine Fenster ermöglichen Blicke auf die unterhalb liegende Theresienwiese und auf die Stadt ringsum. (Warnung: Der Innenraum der Bavaria ist nicht für Menschen mit Platzangst geeignet und bei hohen Temperaturen ist die Luft innen fast unerträglich feucht.)

Bezeichnenderweise hatten die Nazis ihre eigenen Pläne für die Theresienwiese. Zwar wollten auch sie Pferderennen abhalten, jedoch in weitaus größerem Rahmen. Eine riesige Versammlungshalle sollte am Südende der Wiese errichtet werden, deren Tribüne Platz für 12 000 Zuschauer geboten hätte. Am westlichen Ende waren Ausstellungsgebäude und am Ostrand Sportarenen im klassizistischen Stil geplant. Wie so viele Pläne, die für das nationalsozialistische München vorlagen, kamen auch diese nie über das Stadium des Entwurfs hinaus.

33. Wo dreiste Adler hocken

Maxvorstadt (3. Bezirk), Bayerisches Landesamt für Steuern in der Sophienstraße 6
S1, S2, S4, S5, S6, S7, S8 Karlsplatz; U4, U5 Karlsplatz; Straßenbahn 18, 19, 20, 21, 27

Am 25. Juni 1945 ordnete das amerikanische Militärkommando in München die Entnazifizierung – die parallel in allen Städten des ehemaligen Deutschen Reichs in Angriff genommen wurde – an. In Folge erhielten hunderte Straßen, die im Nationalsozialismus dem Andenken an Nazigrößen gewidmet waren, wieder ihre vormaligen Namen zurück (z. B. wurde die Hermann-Göring-Straße wieder die Azaleenstraße). Entnazifizierung bedeutete auch, dass alle offensichtlich nationalsozialistischen Denkmäler sowie alle baulichen Anlagen, die den Praktiken des Nazikults gedient hatten, entfernt wurden. Diesem Auftrag wurde dort, wo eindeutiger Handlungsbedarf bestand, sorgfältig nachgekommen (z. B. die Entfernung des Denkmals für den Hitler-Ludendorff-Putsch von 1923 in der Feldherrenhalle am Odeonsplatz oder der Abbruch der Ehrentempel am Königsplatz sowie die Abnahme der Bronzeadler von der Fassade des nahen Führerbaus und des NSDAP-Verwaltungsgebäudes); unauffälligere Reminiszenzen wurden jedoch hie und da übersehen. Dass diese heute noch existieren, erinnert den Betrachter nicht nur an die Funktion so mancher Gebäude in der Nazizeit und an die Art und Weise, wie das Regime Architektur für Propagandazwecke missbrauchte, sondern auch daran, dass die Entnazifizierung Stück für Stück vorgenommen werden musste. (Die Granitplatten auf dem Königsplatz, welche die Nazis für Ihre feierlichen Paraden verlegt hatten, wurden z. B. erst 1988 ersetzt.)

In der Sophienstraße 6 (3. Bezirk), wo zwischen 1938 und 1942 für das damalige Oberfinanzpräsidium ein Gebäudekomplex errichtet wurde, ist ein bezeichnendes Beispiel erhalten. An der Fassade des Gebäudes prangt noch immer ein großer Adler aus der Nazizeit, allerdings im entnazifizierten Zustand, da das Hakenkreuz aus dem Eichenlaubkranz, den der Adler in seinen Krallen hält, herausgebrochen wurde. Im Sommer 1945 nahmen die US-Militärbehörden das Haus in Beschlag und richteten hier bald darauf das sogenannte Amerikahaus ein, mit dem Ziel der „Umerziehung" der Deutschen durch die Vermittlung demokratischer Werte (1948 zog diese Institution in den früheren Führerbau am Königsplatz). Zwischen Mai 1947 und Januar

1949 fanden hier die Zusammenkünfte des bayerischen Landtags statt; heute ist darin die Oberfinanzdirektion zu finden.

Ein Adler des Dritten Reichs ziert noch immer das ehemalige Oberfinanzpräsidium in der Sophienstraße

Man darf natürlich nicht vergessen, dass das deutsche Staatswappen – ein schwarzer Adler auf goldenem Schild – das älteste, noch in Verwendung befindliche, europäische Hoheitszeichen ist. Seine Ursprünge können bis in die Zeit germanischer Stämme zurückverfolgt werden (für die der Adler ein Symbol der Stärke, der Sonne und des höchsten altnordischen Gottes Odin war); aber genauso bis zu den Römern, die im Adler die Unbesiegbarkeit ihres Kaisers verkörpert sahen. Der Adler als Hoheitszeichen Deutschlands geht auf Karl den Großen, König der Franken (768–814), zurück, der 800 zum Kaiser gekrönt wurde und sich als direkter Nachfolger der antiken römischen Kaiser verstand. 1433 nahm der römisch-deutsche Kaiser Sigismund (1410–1437) den Doppelkopfadler als Staatszeichen an, der in verschiedenen Formen in Verwendung war, bis 1867 das Königreich Preußen wieder auf ein einköpfiges Exemplar zurückgriff. Diesen Typus behielt man während des Deutschen Reichs (1871–1918) und der Weimarer Republik (1918–1933) bei, bis die Nationalsozialisten ihn nach dem Vorbild des Adlers der römischen Legionen umgestalteten und den Eichenlaubkranz sowie das Hakenkreuz hinzufügten. 1950 griff die Bundesrepublik Deutschland wieder auf den Adler der Weimarer Republik als Staatswappen zurück und in dieser Version ist er heute als Bundesadler – mittlerweile als Staatssymbol des wiedervereinigten Deutschlands – noch immer im Einsatz.

Im Falle des Adlers in der Sophienstraße lässt die Vorgehensweise vermuten, dass man es für ausreichend hielt, anstelle des martialisch wirkenden Adlers nur das Hakenkreuz zu entfernen, trotz seiner unverwechselbaren, hageren Nazianmutung. (Vergleichen Sie ihn selbst mit dem dagegen weich erscheinenden Adler, der im Innenhof des Gebäudes den Freistaat Bayern repräsentiert.)

Es finden sich weitere Adler an verschiedenen entnazifizierten Ge-

Hakenkreuze an einem ehemaligen Nazigebäude in der Prinzregentenstraße

bäuden: am Einfahrtstor vor der ehemaligen Funkkaserne am Frankfurter Ring (12. Bezirk), an der früheren Reichszeugmeisterei der NSDAP in der Tegernseer Landstraße 210 (17. Bezirk), über einem Eingangstor des Bayerischen Nationalmuseums in der Prinzregentenstraße 3 (1. Bezirk) und im ehemaligen Luftgaukommandogebäude auf der gegenüberliegenden Straßenseite mit der Nummer 24–28. Das zuletzt genannte Beispiel ist auch aufgrund der skulpierten Stahlhelme, die in die Giebel eingearbeitet wurden, sowie der Hakenkreuze in den Eisengittern auf der Seite an der Öttinger Straße bemerkenswert. Da es das Symbol des Dritten Reiches schlechthin darstellt, schockiert es, ihm in der ehemaligen „Hauptstadt der Bewegung" noch immer zu begegnen.

Das Hakenkreuz ist ein noch älteres Symbol als der Adler; es lässt sich zuerst als dekoratives Motiv an neolithischer Keramik feststellen und dann im Hinduismus als heiliges Symbol des Sanskrits (mit der Bedeutung „etwas Gutes"). Die Nazitheoretiker griffen es deshalb auf, weil es scheinbar ihre falsche arische Abstammungslehre des deutschen Volkes unterstützte, dessen „Rasse" auf die alten Griechen und die Indoeuropäer rückführbar sein sollte. Als Hoheits(ab)zeichen stand die kraftvolle Kombination des Hakenkreuzes mit dem martialischen Adler der Nazipartei für Deutschlands Stärke und Erneuerung.

Der Autor konnte zum Glück nur zwei weitere Beispiele für noch existente Hakenkreuze im modernen München ausmachen, nämlich die sogenannten Hakenkreuzhäuser in der Hanfstaenglstraße 16–20 (9. Bezirk) und in der Donaustraße 25–31 (13. Bezirk), die jeweils über einen hakenkreuzförmigen Grundriss verfügen, weshalb man sie zugegebenermaßen nur aus der Luft als solche identifizieren kann.

Andere glauben festgestellt zu haben, dass sogar die flatternden bayerischen Fahnen, die im berühmten Hofbräuhaus am Platzl 9 (1. Bezirk) an die Decke gemalt sind, hakenkreuzförmig aussehen. Ob dem so ist, sei dahingestellt; Tatsache ist, dass an diesem Ort Hitler am 24. Februar 1920 das nationalsozialistische Parteiprogramm verkündete und am 13. August seine „grundlegende Rede" über die „Judenfrage" hielt, was bekanntlich im Holocaust endete.

Interessante Orte in der Nähe: 5, 6, 34, 40, 41

34. Ein leicht zu übersehendes Kloster

Maxvorstadt (3. Bezirk), Basilika St. Bonifaz in der Karlstraße 34
U2 Königsplatz; Straßenbahn 27

1806 erhielt Bayern den Status eines Königreichs und 1808 ergriff König Maximilian I. von Bayern (1799–1825, bis 1806 Kurfürst Maximilian IV. Joseph) Maßnahmen für die erste große städtische Erweiterung. Das neue Stadtviertel nordwestlich des Stadtzentrums wies ein rasterförmig angelegtes Straßennetz auf (das heute noch gut erkennbar ist) und wurde zu Ehren des Königs Maxvorstadt genannt.

Am Ende der Brienner Straße gelegen, die als königliche Verbindung zwischen der Residenz und dem Schloss Nymphenburg diente,

In den Überresten der Basilika St. Bonifaz in der Karlstraße befindet sich heute eine moderne Kirche.

war die Maxvorstadt auf das Forum des Königsplatzes ausgerichtet; dieser offene rechteckige Platz wird durch die Propyläen gen Westen, die Glyptothek gen Norden und die Staatlichen Antikensammlungen gen Süden begrenzt. Das Gebäudeensemble gab Maximilians Nachfolger, König Ludwig I. von Bayern (1825–1848), in Auftrag; dass seine Leidenschaft der griechischen Antike und dem antiken Rom gehörte, ist am neoklassizistischen Stil unschwer erkennbar (s. Nr. 39).

Ludwig wählte als Architekten für die Propyläen und die Glyptothek Leo von Klenze (1784–1864), der nach Preußens Hofarchitekten Karl Friedrich Schinkel der bekannteste Protagonist der neoklassizistischen Bewegung im Deutschland des 19. Jahrhunderts war. Als es jedoch um die Gestaltung der Südseite des Königsplatzes ging, wandte sich Ludwig, weil er sich mit Klenze gerade überworfen hatte, an den Architekten Georg Friedrich Ziebland. Dieser baute ein Ausstellungsgebäude in Gestalt eines spätklassischen griechischen Tempels, das 1848 vollendet wurde. 1898 bis 1916 fanden hier die Ausstellungen der Münchner Secession statt (Deutschlands Antwort auf die Jugendstilbewegung), danach übernahm die Neue Staatsgalerie und 1967 die Staatliche Antikensammlung.

So interessant das Ausstellungsgebäude und seine Inhalte auch sind, hier soll uns stattdessen das unmittelbar dahinterliegende Gebäude interessieren, das im Schatten des Königsplatzes leicht zu übersehen ist: Die Basilika St. Bonifaz wurde ebenfalls im Auftrag Ludwigs von Ziebland entworfen. 1835 bis 1848 war sie als Pfarrkirche der Maxvorstadt ungewöhnlich platziert. Ihr Eingang weist auf die Karlstraße, während sie rückseitig direkt an Zieblands Ausstellungsgebäude anschließt; damit wird auf zeitgenössische architektonische Vorstellungen angespielt, wonach man Religion mit Kunst und Wissenschaft vereinen wollte – diese Verbindung kultivierten auch die Benediktinermönche, an die die Basilika nach Ludwigs Tod überging.

Im Gegensatz zu den Bauten auf dem Königsplatz, ist die Basilika im frühchristlichen Stil gehalten, besonders angelehnt an S. Apollinare in Classe in Ravenna. Hinter der Vorhalle, die drei ionische Säulen stützen, befinden sich drei Rundbogenportale. Jenes in der Mitte wird von Skulpturen der Heiligen Petrus und Bonifazius flankiert und im Scheitel darüber ist ein kurioses Brustbild des Architekten in mittelalterlichem Gewand zu sehen. Ehe die Kirche im Zweiten Weltkrieg bei einem Bombenangriff stark beschädigt wurde, führten die Torbögen in ein breites, fünfschiffiges Langhaus von 76 Metern Länge, dessen Wände schöne Wandmalereien zierten. Besonders bemerkenswert war der offene Dachstuhl aus dichten Holzbalken, die von 66 monolithischen Säulen getragen wurden.

Von der Basilika blieben nur die Außenwände und 22 Säulen auf der Seite der Karlstraße erhalten. Glücklicherweise erhielten sich der weiße Marmorsarkophag König Ludwigs I. von Bayern (1825–1848) und der Grabstein seiner Gattin Therese unversehrt. Aus finanziellen Gründen wurden die Reste des Gebäudes stabilisiert, aber nicht wieder ergänzt. Die verlorene nördliche Hälfte des Baus wurde stattdessen mit einer neuen Wand verschlossen und um ein Seelsorge- und Bildungszentrum erweitert. In diesem kümmert sich heute ein Dutzend Mönche um die Bedürfnisse der Obdachlosen der Stadt. Die Überreste der Kirche werden als offener Andachtsort genutzt, der jeden Sonntag ein begeistertes Publikum anzieht.

Der Marmorsarkophag von König Ludwig I. von Bayern in der Basilika St. Bonifaz

Der heilige Bonifazius war übrigens ein angelsächsischer Missionar aus dem 7. Jahrhundert. Er ist als „Apostel der Deutschen" bekannt, denn er wurde nach Deutschland und Friesland geschickt, um dort das Christentum einzuführen und die kulturelle Entwicklung der heidnischen germanischen Stämme, die nach dem Zusammenbruch des Römischen Reichs in dieses Gebiet eingewandert waren, zu fördern. Bevor er von den Friesen umgebracht wurde, begründete Bonifazius die wichtigen Diözesen Freising, Regensburg, Passau und Salzburg. Ihm wird außerdem die Erfindung des Christbaums zugeschrieben, zurückgehend auf einen Tannenbaum, welcher auf wundersame Weise den Wurzeln eines Baums entsprang, der von den Germanen als Thors heilige Eiche verehrt wurde.

Interessante Orte in der Nähe: 33, 35, 37, 38, 39, 40

35. In einem florentinischen Garten

Maxvorstadt (3. Bezirk), die Galerie im Lenbachhaus in der Luisenstraße 33 (Bitte beachten Sie: Das Lenbachhaus ist bis 2012 wegen Renovierung geschlossen.)
U2 Königsplatz

Betritt man von der U-Bahnstation Königsplatz wieder die Straße, muss man sich erst einmal orientieren: Zunächst wähnt man sich anderswo, da alle Gebäude der Umgebung im klassisch-griechischen Stil gehalten sind (s. Nr. 39). Die Irritation setzt sich fort, wenn man ein paar Schritte nach Norden in Richtung Luisenstraße geht, denn dort befindet sich linkerhand das Lenbachhaus – ein florentinischer Palazzo in einem toskanisch wirkenden Garten. Dieses reizvolle, italienisch anmutende Anwesen wurde zwischen 1887 und 1891 für den bekannten deutschen Porträtmaler Franz von Lenbach (1836–1904) gebaut. Warum dieser in einem Haus mediterranen Stils wohnen wollte, lässt sich aus seiner Biografie sowie der Zeit, zu der er lebte, erfahren.

Franz von Lenbach wurde in der bayerischen Stadt Schrobenhausen geboren. Als Jugendlicher schickte man ihn auf das Polytechnikum in Augsburg, sodass er den Beruf seines Vaters ergreifen und Maurer hätte werden können. Stattdessen fand der junge Lenbach dort Zugang zur Malerei, zunächst einmal über die Tierstudien von Johann Hofner (1832–1913), dessen Werke er in Ausstellungen in Augsburg und München sah. Um seine eigenen zeichnerischen Fähigkeiten zu verbessern, kopierte er viel und wurde, wie Hofner, ein Schüler des Münchner Historienmalers Karl Theodor von Piloty (1826–1886). Im Alter von erst 22 Jahren begleitete er 1858 Piloty auf eine Studienfahrt nach Italien, die ihn tief beeindruckte. Von dieser für ihn so wichtigen ersten Reise sind einige Werke erhalten, wie *Der Hirtenknabe* (1860), der in der Schack-Galerie in der Prinzregentenstraße 9 hängt (1. Bezirk).

Nach seiner Rückkehr aus Italien hielt der reiche Kunstsammler Friedrich von Schack (1815–1894) Lenbach davon ab, für eine Professur nach Weimar zu gehen. Schacks Hauptinteresse galt zeitgenössischen Münchner Malern, und er unterstützte viele junge Künstler, die noch keine Anerkennung gefunden hatten. Zu diesen zählte auch Lenbach und Schack beauftragte ihn mit einer großen Anzahl von Kopien für seine Privatsammlung. Diese Aufgabe führte Lenbach noch im selben Jahr ein zweites Mal nach Italien, um viele Werke Alter Meister zu kopieren, sowie 1867/68 nach Spanien, wo er im Prado in Madrid, in

Das Lenbachhaus in der Luisenstraße sieht wie ein florentinischer Palazzo aus.

Granada und in der Alhambra Gemälde kopierte. So nimmt es kaum Wunder, dass er sein eigenes Haus im mediterranen Stil erbauen ließ. Parallel zu seiner Arbeit für Schack, hatte Lenbach als Gesellschaftsporträtist Erfolg. Er war häufig auf Ausstellungen in München und Wien vertreten und 1900 erhielt er den Grand Prix in Paris verliehen.

Franz von Lenbach starb 1904; 1924 verkaufte seine Witwe sein Anwesen an die Stadt München, damit dieses in eine Kunstgalerie umgewandelt würde. Als solche funktioniert das Gebäude bis heute sehr gut. Es wurde von Gabriel von Seidl (1848–1913) entworfen, dem Architekten des bayerischen Nationalmuseums in der Prinzregentenstraße und des Künstlerhauses am Lenbachplatz (1. Bezirk; s. Nr. 11 und 35).

Ein Brunnen im toskanischen Garten des Lenbachhauses

Heute vereint die Galerie im Lenbachhaus einige faszinierende Kunstsammlungen. Auch einige Werke von Lenbach sind zu sehen; die Räume würde der Künstler noch als die seinen erkennen, sind doch ihre originalen Seidentapeten und die ornamentalen Holzdecken erhalten. Daneben sind Bilder anderer Münchner Künstler ausgestellt, wie von Piloty, Carl Spitzweg (1808–1885), Franz von Stuck (1863–1928), Friedrich August von Kaulbach (1822–1903), Lovis Corinth (1858–1925) und Wilhelm Leibl (1844–1900). Die wahren Schätze des Ausstellungshauses sind aber zweifellos die expressionistischen Arbeiten der Künstlergruppe *Der Blaue Reiter*, worauf der dem ersten Anschein nach unpassende Neonschriftzug an der Neorenaissancefassade hinzuweisen scheint: „You can imagine the opposite" (s. Nr. 48). Die Leuchtschrift ist ein Kunstwerk von Maurizio Nannucci (geb. 1939), von dem in und um München mehrere Arbeiten zu finden sind.

Als Künstler mag Franz von Lenbach die klassische Welt als seine Inspirationsquelle angesehen haben, sein ehemaliges Wohn- und Atelierhaus hat er aber durchaus zukunftsweisend konzipiert, sodass es heute als reges Kunstmuseum dient. Es bietet einer umfassenden Sammlung von Werken internationaler zeitgenössischer Künstler Raum, darunter Richard Serra (geb. 1939), Jenny Holzer (geb. 1950), Joseph Beuys (1921–1986), Olafur Eliasson (geb. 1967), Dan Flavin (1933–1996), Liam Gillick (geb. 1964), Michael Heizer (geb. 1944), Asger Jorn (1914–1973), Ellsworth Kelly (geb. 1923), Anselm Kiefer (geb. 1945), Gerhard Richter (geb. 1932) und Andy Warhol (1928–1987). Jüngere, noch unbekannte Künstler werden ebenfalls gezeigt, nämlich im angeschlossenen Kunstbau oberhalb der U-Bahnstation Königsplatz, wo unser Rundgang begann.

Interessante Orte in der Nähe: 34, 36, 37, 38, 39, 40

36. Der geheimnisvolle Schutzpatron Münchens

Maxvorstadt (3. Bezirk), St. Benno-Kirche am Ferdinand-Miller-Platz
U1 Maillingerstraße; Straßenbahn 20, 21

Der Heilige Benno (1010–1106), der Schutzpatron Münchens, wirkt noch heute geheimnisvoll. Man weiß wenig über seine Herkunft, aber man nimmt an, dass er weder der sächsischen Adelsfamilie der Woldenburgs entspross noch im Kloster von St. Michael in Hildesheim ausgebildet wurde, wie Schriftquellen behaupten. Wahrscheinlicher ist, dass er ein Stiftsherr aus Goslar in Niedersachsen war und, soviel ist sicher, ihn 1066 der deutsche Heilige Römische Kaiser Heinrich IV. zum Bischof von Meißen ernannte.

Benno hat offensichtlich 1073 den Sachsenkrieg unterstützt, woraufhin ihn Heinrich IV. einsperren ließ; er wurde erst 1078 wieder freigelassen, nachdem er einen Treueschwur abgelegt hatte. Nicht lange zuvor hatte er die Treue zu seinem König gebrochen, weil er Heinrich vorgeworfen hatte, er versuche die Macht der Kirche der des Staates zu unterstellen (dabei war Heinrichs gesamte Regierungszeit dem Versuch gewidmet, einen Ausgleich zu schaffen zwischen der Wahrung der Loyalität des mächtigen Adels und der Sicherung der fortwährenden Unterstützung durch den Papst). In Folge entzog die Synode von Mainz 1085 Benno den Bischofssitz. Benno verbündete sich daraufhin mit Guibert von Ravenna, der als Gegenpapst Clemens III. von Heinrich unterstützt wurde. Nachdem er Benno die Beichte abgenommen hatte, erteilte ihm Clemens die Absolution und gab ihm einen Empfehlungsbrief an Heinrich mit, welcher ihm daraufhin sein Bistum zurückgab. Angeblich hatte dann Benno versprochen, seinen Einfluss in den Dienst eines dauerhaften Friedens mit den Sachsen zu stellen, aber er brach sein Wort abermals und schlug sich 1097 wieder auf die Seite des Papstes, indem er Urban II. als den rechtmäßigen Papst anerkannte. Daraufhin erlischt sein Name in den Quellen.

Benno wurde im Mittelalter in seinem Geburtsland Sachsen hoch verehrt, was kaum überrascht. Die Kanoniker von Meißen machten sich gemeinsam mit Georg, dem Herzog des Albertinischen Sachsens, für seine Heiligsprechung stark. Die Kirchenmänner dachten dabei an den Ruhm, den ein heilig gesprochener örtlicher Bischof ausstrahlen würde, während der Herzog auf ein Musterbistum abzielte, um die Reformation und ihr Streben nach einer Kirchenreform aufzufangen. Ihr

Eine Skulptur des Münchner Stadtpatrons in der St. Benno-Kirche am Ferdinand-Miller-Platz

Engagement war erfolgreich, denn 1523 sprach Papst Adrian VI. Benno heilig.

Dennoch blieb Bennos Rolle, die er in der Geschichte gespielt hatte, überschattet, auch noch vier Jahrhunderte nach seinem Tod, da er beiden Seiten der deutschen Reformationsdebatte als Stellvertreter galt. Luther griff Benno in seinen frühen Traktaten gegen Heiligenkulte an, katholische Reformer stilisierten ihn hingegen zum Modellfall der Orthodoxie. 1539 schändeten Protestanten Bennos Grab in Meißen, woraufhin seine Gebeine nach München gebracht wurden und die standhaft katholischen Wittelsbacher ihn zum Patron ihrer Stadt erhoben. (Bennos Reliquien kamen 1576 zunächst in die Residenz und wurden 1580 in die Frauenkirche gebracht.)

Eine moderne Skulptur vor der St. Benno-Kirche nimmt Bezug auf die Legende des Heiligen

Weitere 350 Jahre später, Ende des 19. Jahrhunderts, im schnell wachsenden München, ging Bennos Geschichte weiter. Man beschloss drei neue Pfarrkirchen zu bauen, von denen jene in der Maxvorstadt dem Heiligen Benno geweiht werden sollte. Der junge Architekt Leonhard Romeis (1854–1904) schlug einen neoromanischen, von den großen Rheinkathedralen des Mittelalters inspirierten Stil für die Kirche vor. Mit dieser Wahl wollte er die Kontinuität des Heiligen Römischen Reichs bis zum kürzlich gegründeten Deutschen Kaiserreich betonen (den gleichen Stil weisen die katholischen Kirchen St. Maximilian in der Isarvorstadt und St. Anna im Lehel auf).

Die St. Benno-Kirche steht am Ferdinand-Miller-Platz und ist an ihren zwei 64 Meter hohen Türmen, von denen einer eine astronomische Uhr aufweist, leicht zu erkennen. Die Basilika mit kreuzförmigem Grundriss wird von halbrunden Apsiden abgeschlossen. Massive neoromanische Rundbogenfenster und -tore durchbrechen ihr Mauerwerk. Der Grundstein wurde am 16. Juni 1888 gelegt, am Tag des Heiligen Bennos. 1895 datiert die Fertigstellung der Kirche, finanziert durch eine Vereinigung, die eigens für den Bau der neuen Pfarrkirchen der Stadt gegründet wurde. Hinzu kamen private Spenden, darunter auch eine großzügige des Prinzregenten Luitpold von Bayern (1886–1912) für den Tabernakel des Hochaltars: Er ist mit Bronzereliefs verkleidet, von denen eines den Heiligen Benno zeigt. Obwohl Luftangriffe 1944 die Kirche schwer beschädigten, konnte sie 1947–1953 wieder aufgebaut werden.

Vor der Kirche steht eine 1910 errichtete, 11,6 Meter hohe Säule, die eine Bronzestatue des Heiligen Bennos trägt. Aufsehen erregender ist eine moderne Aluminiumskulptur mit dem Titel *Fisch und Schlüssel* (2005) von Iskender Yediler. Das Werk zeigt Bennos ikonografische Attribute: einen Fisch, der einen Schlüsselbund im Maul hält. Nach einer Legende warf Benno, nachdem ihm sein Bistum entzogen worden war, drei Schlüssel der Kathedrale von Meißen in die Elbe, fand sie aber bei seiner Rückkehr im Magen eines frisch gefangenen Fisches wieder. Dies erklärt, weshalb Benno auf einem Glasfenster der Kirche einen Fisch hält, sowie das Fisch- und Schlüsselmosaik am Boden des Hauptschiffs und auch sein Patrozinium der Fischer.

Interessante Orte in der Nähe: 35, 37, 38

37. Steine vom Mars, Kristalle aus Bayern

Maxvorstadt (3. Bezirk), Geologisches Museum in der Luisenstraße 37
U2 Theresienstraße; Straßenbahn 27

München kann sich einer Reihe kleiner geologischer Museen rühmen, welche in der Maxvorstadt nur einige Straßen voneinander entfernt liegen. Eines darunter, das Museum Reich der Kristalle in der Theresienstraße 41 (Eingang in der Barer Straße), stellt die mineralogische Staatssammlung aus, deren Funde bis in das 18. Jahrhundert zurückreichen. Diese werden unprätentiös aber glitzernd in einem abgedunkelten Raum dargeboten. Am eindruckvollsten sind die leuchtenden Steine, sogenannte Geode (kristallgefüllte, vulkanisch entstandene Gesteinsblasen), sowie die Holzversteinerungen. Ihrem Aussehen nach vergleichsweise langweilig, jedoch nicht weniger anregend sind dagegen die Gesteinsproben marsianischer Meteoriten.

Wer über die physikalischen Kräfte Bescheid wissen will, die für die Entstehung solcher Gesteine notwendig sind, sollte als nächstes das noch kleinere Geologische Museum in der Luisenstraße 37 besuchen. Zwei Dauerausstellungen, die eher akademisch gestaltet sind, füllen einen Raum: „Bayerns steinige Geschichte" führt den Besucher Jahrmillionen in die Geschichte zurück; „Erdkruste im Wandel" behandelt die Grundlagen der Geologie, wie etwa die Entstehung von Gebirgen, Vulkanismus oder Plattentektonik. Es macht Spaß, die Schübe unterhalb jeder Vitrine zu öffnen und die darin enthaltenen Proben zu berühren. Am Ende des Museums führt eine Tür weiter in das Paläontologische Museum, dessen Fossilien genauso faszinieren wie die Steine, die diese enthalten (s. Nr. 38).

Die Plattentektonik, die heute herangezogen wird, um die Lage und das Verhalten von Vulkanen und Erdbeben zu erklären, verfügt selbst über eine wechselvolle Geschichte. Sie beruht auf der Theorie der Kontinentalverschiebung und geht auf den deutschen interdisziplinär arbeitenden Wissenschaftler und Meteorologen Alfred Lothar Wegener (1880–1930) zurück. Als er sich in der Bibliothek der Universität von Marburg umsah, an der er 1911 lehrte, fesselte ihn die Erscheinung identischer Fossilienfunde in Gesteinsschichten auf beiden Seiten der Meere. Die zeitgenössisch akzeptierte Anschauung war, dass Kontinente fix und früher lediglich durch Landbrücken verbunden waren, über die sich Tiere verbreitet hatten. Wegener schlug dagegen vor, dass sich die Kontinente vor 180 Millionen Jahren von einem einzigen Ur-

München verfügt über zwei kleine Museen für Geologie.

kontinent ablösten, den er *Pangaea* nannte (was etwa „Allesland" bedeutet).

Ab 1912 setzte er sich öffentlich für diese revolutionäre Theorie des „Kontinentaldrifts" ein, führte allerdings umstrittene Beweise dafür an. Am erstaunlichsten erschienen Wegeners Behauptungen, Gebirgsketten in Afrika und Südamerika könnten exakt in eine Linie gebracht werden, Kohlevorkommen seien deckungsgleich in Europa wie in Nordamerika vorhanden, sowie dass identische, versteinerte Tiere an beiden Ufern der Meere gefunden worden seien, über die sie niemals hätten schwimmen können. Die Beweisführung war Nebensache, aber sie deutete deutlich darauf hin, dass eine einzige Urlandmasse existiert haben musste, welche sich teilte.

Leider gelang es Wegener nicht, die Kräfte, die diese Verschiebung auslösen, befriedigend zu erklären, und so schlug er irrtümlicherweise Zentrifugalkräfte vor, die die Bewegung der Kontinente bis zu den Äquatoren verursacht haben sollten. In der Folge wurde seine Theorie von vielen Wissenschaftlern abgelehnt und Wegener starb 1930 in Vergessenheit geraten in Grönland.

Erst als man in den 1960er Jahren das Phänomen der Spaltung des Meeresboden entdeckte, ein Resultat der Wärmekonvektion im Erdmantel, wurde Wegeners These der Kontinentalverschiebung wieder aufgenommen und für richtig befunden, womit man die Theorie der Plattentektonik verifizierte. Der unbesungene Pionier war somit rehabilitiert und wurde schnell als Stifter einer der großen wissenschaftlichen Erkenntnisse des 20. Jahrhunderts anerkannt. Wegener selbst hätte im Geologischen Museum wohl das Geoforum gefallen, das auf einer Tafel allminütlich über aktuelle geologische Erkenntnisse berichtet.

Interessante Orte in der Nähe: 34, 35, 38, 39, 40

38. Versteinerte Vögel und Riesenhirsche

Maxvorstadt (3. Bezirk), Paläontologisches Museum in der Richard-Wagner-Straße 10
U2 Königsplatz

Wer das Paläontologische Museum München besucht, das versteckt in der Richard-Wagner-Straße 10 liegt, wird zunächst viele Stundenten in den umliegenden Straßen sowie in den Eingängen bemerken. Die Hörsäle der Ludwig-Maximilians-Universität liegen nämlich in der unmittelbaren Umgebung. Das Kommen und Gehen der Studierenden belebt das Museum, welchem man ansonsten fälschlicherweise nur ein Minderheiten-Publikum zugetraut hätte. Ganz im Gegenteil sollte das Paläontologische Museum jeden ansprechen, von Kindern, die Dinosaurierfans sind, bis hin zu ernsthaften Wissenschaftlern. Doch wer das Museum gleich in der Früh besucht, hat es sehr wahrscheinlich für sich alleine.

Das Gebäude, in dem es sich seit 1950 befindet, wurde 1899–1902 nach einem Entwurf des deutschen Architekten Leonhard Romeis (1854–1904) erbaut. Als Vertreter eines rückwärtsgewandten Historismus zog er zur Inspiration eine eklektische Palette an Vorbildern heran und da der Bau ursprünglich als königliche Kunstgewerbeschule diente, wird der Eingang von dekorativen Motiven verziert.

Sein Inneres bietet überraschenderweise für ein Museum ideal geeignete Räume, insbesondere die Haupthalle, ein glasgedeckter Innenhof mit Arkaden. Hier werden die großen und beliebtesten Exponate gezeigt, wie ein versteinerter *Triceratops*, ein Säbelzahntiger, ein gigantisches wolliges Mammut (mit intakten Stoßzähnen) sowie eine Flugeidechse, die an der Decke aufgehängt ist.

Zwei Exemplare der sogenannten „Megafauna“ ziehen hier besondere Aufmerksamkeit auf sich. Das erste ist das Skelett eines Riesenhirsches (*Megaloceros giganteus*), der in einem irischen Torfmoor gefunden wurde und dessen Geweihe enorm sind. Sie haben fünf Meter Spannweite und wiegen 45 Kilogramm. Solche Geweihe schließen aus, dass der Hirsch ein Waldbewohner war; man geht davon aus, dass er eine der Tundra ähnliche Steppenlandschaft besiedelte, die sich im Spätpleistozän über Europa bis nach Asien erstreckte. Mit dem Ende der Eiszeit kam es zur Ausbreitung von Wäldern, woraufhin der Lebensraum des Hirschen schrumpfte, bis sein letztes Rückzugsgebiet Irland darstellte, wo er vor etwa 10 000 Jahren ausstarb (daher rührt sein be-

Das eindrucksvolle versteinerte Skelett eines Riesenhirsches im Paläontologischen Museum in der Richard-Wagner-Straße

kannter, aber missverständlicher Name „Irischer Elch"). Das zweite Beispiel ist der *Bradysaurus*, ein tapsiges, Pflanzen fressendes Reptil aus der an Fossilfunden reichen Karoo-Wüste in Südafrika. Mit seinem charakteristischen, merkwürdig knubbligen Schädel und seiner knöchernen Haut wird er in das permische Zeitalter vor rund 250 Millionen Jahren datiert.

Es gibt im Museum aber noch viel mehr als große Tiere; äußerst bemerkenswert ist etwa die riesige Sammlung filigraner Fossilien aus feinkörnigem bayerischen Solnhofener Kalkstein im ersten Stock. Der Autor Alois Senefelder (1771–1834) verwendete als erster speziell behandelte Platten dieses Steins für den lithografischen Druck, den er 1797 erfand (s. Nr. 5). Der darauffolgende Abbau von Kalkstein für Lithografieplatten brachte spektakuläre Fossilien ans Licht, die 150 Millionen Jahre zurückdatiert werden, von der großen Seelilie *Saccocoma* bis zum *Archaeopteryx*, dem frühesten bekannten Vogel. Der *Archaeopteryx lithographica* soll die fehlende Verbindung zwischen Sauriern und Vögeln darstellen und wird oft als Nachweis von Darwins Evolutionstheorie angesehen. Alle zehn bekannten Exemplare des Archaeopteryx stammen aus der Solnhofener Gegend. Das Münchner

In München befinden sich zwei Archaeopteryx-Versteinerungen, von denen weltweit nur zehn bekannt sind.

Exemplar wurde 1991 entdeckt und erhielt den Namen *Archaeopteryx bavarica*, weil es offenbar zu einer etwas kleineren Gattung gehört. Der Vogel wurde wahrscheinlich von einem Sturm in die warmen und salzigen subtropischen Lagunen getragen, die neben dem nördlichen Ufer des sogenannten Tethysmeeres lagen, eines urzeitlichen Meeres, das dem Mittelmeer vorausging. Hier versank sein Körper und unter feinen Schichten aus Lehm versteinerte er allmählich.

Ein Objekt, das leider nicht mehr zu besichtigen ist, ist das Skelett eines 94 Millionen Jahre alten *Spinosaurus aegyptiacus*, das 1944 bei einem Luftangriff zerstört wurde. Diesen extrem seltenen Dinosaurier fand 1912 der heute unbekannte deutsche Paläontologe Ernst Stromer (1870–1952) in der Bahariyya-Senke in Ägypten, einer Oase, die etwa 300 Kilometer südwestlich von Kairo liegt. Er weist einen 1,75 Meter langen Schädel und bis zu zwei Meter lange Stacheln auf, kein Wunder also, dass er es nach Hollywood schaffte: in *Jurassic Park III* (2001) gibt er den Hauptdarsteller.

Von alten Steinen noch immer nicht genug? Dann besuchen Sie noch das Geologische Museum nebenan; Sie können es direkt über das Paläontologische Museum betreten oder seinen Eingang in der Luisenstraße 37 wählen (s. Nr. 37).

Interessante Orte in der Nähe: 34, 35, 37, 39, 40

39. Isar-Athen

Maxvorstadt (3. Bezirk), Glyptothek am Königsplatz 3
U2 Königsplatz; Bus 20, 21, 27

König Ludwig I. von Bayern (1825–1848) war ein begeisterter Bewunderer der klassischen Welt und ein so leidenschaftlicher Philhellene, dass er 1825 anordnete, man dürfe das bis dahin mit „i" geschriebene „Baiern" zukünftig nur noch mit dem griechischen Buchstaben Ypsilon, also „Bayern", schreiben. Damit sollte das enge Band zwischen Bayern und Griechenland betont werden, nachdem Ludwigs zweiter Sohn Otto der erste Herrscher des – nach seinem Befreiungskrieg gegen die Türkei (1821–1829) – gerade wieder unabhängigen griechischen Staates wurde.

Noch als Kronprinz hatte Ludwig zweimal Rom besucht und dort klassische Skulpturen von internationaler Bedeutung erworben. 1816 beauftragte er den bayerischen Hofarchitekten Leo von Klenze (1784–1864) damit, ein Gebäude zu entwerfen, in dem seine Sammlung der Öffentlichkeit zugänglich gemacht werden könne. 1830 wurde an der Nordseite des Königsplatzes die sogenannte Glyptothek eröffnet, benannt nach dem griechischen Wort *glypte*, das „geschnitzter Stein" bedeutet. Ein Rundgang durch Ludwigs Glyptothek ist ein Vergnügen und hinterlässt einen bleibenden Eindruck, nicht zuletzt weil man ihre ruhigen Galerien meist nur mit wenigen anderen Besuchern teilen muss.

Die Glyptothek am Königsplatz imitiert einen klassischen griechischen Tempel.

Neben Meisterwerken wie dem Barberinischen Faun und dem Alexander Rondanini sind drei Räume den Skulp-

Skulpturale Fragmente von der griechischen Insel Ägina, die König Ludwig I. von Bayern sammelte

turen gewidmet, die Ludwig vom Aphaia-Tempel (um 510–480 v. Chr.) auf der griechischen Insel Ägina erhielt. Der Raum Nr. 7 enthält dessen rekonstruierten Westgiebel, während Raum Nr. 9 den Ostgiebel zeigt; das Thema beider Giebelfelder ist der Kampf der mythischen Vorväter von Ägina in den zwei Trojanischen Kriegen um die Stadt Troja, unter Aufsicht ihrer Schutzgöttin Athena, die jeweils in der Mitte steht. Im dazwischenliegenden Raum Nr. 8 sind Fragmente der Dachdekoration des Tempels und Objekte ausgestellt, die im Tempelheiligtum gefunden wurden; diese wiederum lassen sich auch genüsslich vom anschließenden Café der Glyptothek aus betrachten. Bei schönem Wetter kann man im Innenhof sitzen, einer der idyllischsten und ungewöhnlichsten Plätze in München.

In jedem Raum der Glyptothek sind Schwarz-Weiß-Fotografien ausgestellt, die die ornamentalen Wandmalereien ihrer Innenräume vor dem Krieg zeigen. Die heutige unverputzte Backsteinwand mag in unseren Augen die Wirkung antiker Räume besser nachempfinden; die verputzten, bunten Wände kamen dieser jedoch näher; genauso wie die reinweißen Steinskulpturen des Tempels von Aphaia uns als näher am Original erscheinen, jedoch wurde nachgewiesen, dass sie einst bunt bemalt waren. Ein kleines Holzmodell eines Teils des Aphaia-Tempels in Raum Nr. 7 zeigt eine Rekonstruktion ihrer Farbigkeit.

Nach Preußens Hofarchitekten Karl Friedrich Schinkel, war Leo von Klenze der wichtigste Vertreter der neoklassizistischen Architektur im Deutschland des 19. Jahrhunderts. Gemeinsam mit Ludwig I. entwarf er München als das neue Athen. Weitere Werke von ihm sind die Alte Pinakothek, die Ruhmeshalle, Teile der Residenz und ein Großteil der Gebäude in der Ludwigstraße, welche Ludwigs große Liebe zur italienischen Renaissance bezeugen. Am Königsplatz ist der neoklassizistische Effekt jedoch am stärksten, wo Klenze nicht nur die Glyptothek, sondern auch die Propyläen entwarf, eine monumentale Toranlage an der Westseite, die 1854–1862 erbaut wurde. Schon 1815 hatten Ludwig und Klenze die Gebäude für den Königsplatz entworfen, von denen ein jedes jeweils eine der architektonischen Ordnungen des antiken Griechenlands zeigen sollte: die Glyptothek die anmutige ionische, die Propyläen die schwerfällige dorische (deren originale Giebelfiguren sind übrigens auf dem Bahnsteig der U-Bahnhaltestelle Königsplatz ausgestellt). Klenze hätte wahrscheinlich auch das Gebäude an der Südseite entworfen, wenn er sich nicht zeitweise mit seinem manchmal widerspenstigen Auftraggeber überworfen hätte, weshalb hier der Architekt Georg Friedrich Ziebland um den Entwurf eines Ausstellungsgebäudes gebeten wurde, in dem sich heute die Staatlichen Antikensammlungen befinden (s. Nr. 34). Dieser Bau wurde 1848 fertiggestellt und zeigt die korinthische und folglich dritte griechische Säulenordnung.

Ein weiteres Gebäude, das Leo von Klenze für König Ludwig I. erbaut hat und das wie die Glyptothek seine Wandmalereien durch den Zweiten Weltkrieg verlor, ist die Allerheiligen-Hofkirche am Marstallplatz. Sie wurde kürzlich restauriert und bietet heute einen kulturellen Veranstaltungsort. Ihre nackten Ziegelwände wirken wie die der Glyptothek warm und ruhig. Gleich nebenan befindet sich der leicht zu übersehende Kabinettsgarten mit hübschen Blumenbeeten und modernen Wasserspielen.

Interessante Orte in der Nähe: 34, 35, 37, 38, 40

40. Wie München aussehen hätte können

Maxvorstadt (3. Bezirk), Fundamente der Ehrentempel am Königsplatz
U2 Königsplatz; Bus 20, 21, 27

Zwischen 1933 und 1945 war München wie Berlin, Hamburg, Nürnberg und Linz als „Kulturhauptstadt des Führers" auserkoren. Diese Städte sollten architektonisch völlig neu konzipiert werden, München sollte beispielsweise zur Hauptstadt der Parteiverwaltung und „Hauptstadt der Bewegung" umgebaut werden. Von den zahlreichen Plänen dafür verließen nur wenige jemals das Zeichenbrett; andernfalls würde München heute ganz anders aussehen.

Adolf Hitler wollte den Architekten Paul Ludwig Troost (1878–1934) mit Münchens Umgestaltung beauftragen. Troost hatte sich bereits beim Umbau des Braunen Hauses in der Brienner Straße und von Hitlers Wohnung am Prinzregentenplatz sowie durch den Entwurf für das Haus der Deutschen Kunst in der Prinzregentenstraße bewährt (s. Nr. 41, 44, 53). Seine neoklassizistisch angehauchte Annäherung an die Architektur, welche sich durch Schmucklosigkeit bei gleichzeitiger Anspielung an moderne Elemente auszeichnete, wurde als idealer nationalsozialistischer Architekturstil angesehen.

Troost wurde auch mit dem Entwurf der wichtigsten Büros der Reichsleitung in der Maxvorstadt beauftragt. Dieses großflächig angelegte Gebäudeprojekt umfasste den Führerbau in der Arcisstraße 12 (Hitlers offizieller Amtssitz in der Stadt, wo 1938 das Münchner Abkommen unterzeichnet wurde) und das nahe, identische NSDAP-Verwaltungsgebäude auf Nummer 10 (Meiserstraße). Zwischen diesen beiden Bauten befanden sich, die Brienner Straße flankierend, die sogenannten Ehrentempel, ein Paar Kolonnadentempel, welche Troost für die Aufbahrung der Särge der 16 „Märtyrer der Bewegung" konzipierte, die 1923 bei Hitlers gescheitertem Putschversuch gefallen waren. Das Ensemble wurde durch den Plattenbelag des Königsplatzes komplettiert, der sich vor den Parteigebäuden und den Tempeln erstreckte, und ein gigantisches Naziforum sowie den Platz für feierliche Paraden schlechthin bildete.

1934 starb Troost jedoch unerwartet und nach dem Krieg wurden seine Werke sorgfältig entnazifiziert; die Ehrentempel wurden beispielsweise abgerissen und nur deren Fundament sichtbar beibehalten. Verwahrlost und verlassen regen sie an, nicht nur darüber nachzudenken, wie die Nazis Architektur für ihre politische Überhöhung einsetzten, sondern auch, wie München ausgesehen hätte, wenn die deutschen Kriegsanstrengungen nicht den Bau weiterer Gebäude unmöglich gemacht hätten.

Der ehemalige Führerbau in der Arcisstraße war Adolf Hitlers offizieller Amtssitz in München.

1938 wurde der Architekt Hermann Giesler (1898–1987) zum „Generalbaurat der Hauptstadt der Bewegung" ernannt. In direktem Konkurrenzkampf mit seinem Rivalen Albert Speer in Berlin adaptierte er Troosts bereits vorliegende Pläne für die Stadt, vergrößerte aber deren Ausmaße um ein Vielfaches. Wie in Berlin lag der Fokus des zur Gänze unrealisierten Planes auf einem Paar sich kreuzender Boulevards (oder Achsen), die von einigen riesigen Parteigebäuden und öffentlichen Einrichtungen gesäumt gewesen wären. Die bedeutendere wäre die Ost-West-Achse gewesen, welche sich entlang der Landsberger Straße hingezogen hätte, und zwar vom Karlsplatz aus in Richtung eines projektierten SA-Forums und eines Autobahnkreuzes am Rande der Stadt. An ihrer Kreuzung mit der Friedensheimer Brücke war ein neues Bahnhofsgebäude mit einer kolossalen Kuppel vorgesehen, in welche die Frauenkirche mit Leichtigkeit hineingepasst hätte. Der Hauptbahnhof aber wäre abgerissen und durch ein über 300 Meter hohes Turmdenkmal der Bewegung ersetzt worden. Am 2,5 Kilometer langen Boulevard zwischen diesen beiden Endpunkten, der „Großen Achse", wäre das weltgrößte Opernhaus entstanden. Vor dem neuen Bahnhof plante der Architekt Ernst Sagebiel in Form eines 93 Meter hohen Eingangstors zur Großen Achse zwei Hochhäuser, von denen eines das zentrale Verlagsgebäude der NSDAP, das andere ein „Kraft durch Freude"-Hotel geworden wäre.

Gleichermaßen imposant wäre die Nord-Süd-Achse ausgefallen, die von einer „Stadt der Soldaten" zu einem Sportforum auf der The-

Was von Hitlers Ehrentempeln am Königsplatz übrig blieb.

resienwiese geführt hätte (s. Nr. 32). Weitere Projekte umfassten das „Neue Odeon" im Hofgarten, das Haus der Deutschen Architektur gegenüber des existierenden Hauses der Deutschen Kunst, die Umgestaltung des Odeonsplatzes zu einem weiteren Paradeplatz und den Bau einer monumentalen NSDAP-Kanzlei in der Gabelsbergerstraße (parallel zur Alten Pinakothek). Weiter draußen an der Kreuzung der Gabelsberger- mit der Türkenstraße war sogar schon Hitlers Mausoleum geplant, nach dem Vorbild des römischen Pantheons, allerdings durch eine Brücke mit einem Forum für Parteitreffen auf der anderen Straßenseite verbunden. Stattdessen wurden angeblich die erbärmlichen Überreste des Diktators lange nach Kriegsende von den Russen verbrannt und ohne Zeremonie in der Elbe versenkt.

Interessante Orte in der Nähe: 33, 34, 38, 39, 41

41. Das Schicksal des Braunen Hauses

Maxvorstadt (3. Bezirk), der frühere Standort des Braunen Hauses in der Brienner Straße
U2 Königsplatz; Straßenbahn 27

1988 begann man endlich, die 22 000 Granitplatten abzutragen, durch deren Verlegung Adolf Hitler 1935 den Königsplatz in einen Paradeplatz sowie in den Nazikultort schlechthin umgestalten hatte lassen. Eine der Steinplatten wird im Münchner Stadtmuseum am St.-Jakobs-Platz (1. Bezirk) aufbewahrt.

Die Alliierten hatten angeordnet, alle Nazidenkmäler in München bis spätestens 1946 abzureißen, aber als es zur Entnazifizierung des Königsplatzes kam, warfen Kritiker ein, dass diese Maßnahmen die letzten Zeugnisse der ehemaligen Rolle Münchens als „Hauptstadt der Bewegung" auf bedenkliche Weise auslöschen würden. Deshalb schlugen Mitglieder der linksgerichteten Stadtregierung vor, ein NS-Dokumentationszentrum einzurichten, um eine permanente historische Institution zu schaffen, die die Verbindung der Stadt zu ihrer Vergangenheit aufrechterhalten und gewährleisten sollte. Das leere Grundstück in der Brienner Straße 45, gleich neben dem Königsplatz, das sie dafür zur Bebauung vorschlugen, wurde jedoch kontrovers diskutiert, da sich dort zwischen 1931 und 1937 die nationale Zentrale der NSDAP befunden hatte.

Sie wurde salopp als das Braune Haus bezeichnet, womit auf die Farbe der Uniformen der Nationalsozialisten angespielt wurde, die man immer häufiger zu sehen bekam. Hitler und seine Unterstützer zogen hier ein, nachdem ihre vorige Hauptniederlassung in der Schellingstraße 50 zu eng geworden war (s. Nr. 46). Die imposante Villa, ursprünglich das Palais Barlow, verkaufte ihnen die Witwe des englischen Großkaufmanns William Barlow. Hitlers Lieblingsarchitekt Paul Ludwig Troost (1878–1934) baute die Büroräume um, die Finanzierung übernahm der reiche Industrielle Friedrich „Fritz" Thyssen (1873–1951). Über der Türe wurde das Motto „Deutschland, Erwache" angebracht. Am 30. Juni 1934 verhörte Hitler hier Ernst Röhm, den Führer der Sturmabteilung, dem er unterstellte, eine Verschwörung anzuzetteln. Röhm wurde dann im Münchner Gefängnis Stadelheim ermordet.

1937 zog Hitler um die Ecke vom Braunen Haus in den eigens für ihn erbauten Führerbau in der Arcisstraße weiter; mit Blick über den

Die Stelle, an der sich das Braune Haus in der Brienner Straße befand; im Hintergrund der ehemalige Führerbau

Königsplatz wurde dieser nun das zeremonielle wie bürokratische Zentrum des nationalsozialistischen Münchens. Das Braune Haus behielt die Partei für Verwaltungszwecke und zur Aufbewahrung der sogenannten Blutfahne, die die Nationalsozialisten beim fehlgeschlagenen Putsch von 1923 mitgeführt hatten. Die blutbesprenkelte Fahne wurde in der Folge zu einem makaberen heiligen Relikt hochstilisiert.

Bei alliierten Luftangriffen wurde das Braune Haus im Januar 1945 weitgehend zerstört (ebenso das sogenannte Schwarze Haus auf der anderen Straßenseite direkt gegenüber, in dem die die Nazis unterstützende päpstliche Botschaft untergebracht war). Der Schutt wurde 1947 abgetragen und man ließ nur die verfüllten Keller und einige dem Fundament vorgelagerte, kaputte Stufen stehen. Seitdem beließ man das leere Grundstück, auf das nur eine Tafel an der Ecke Brienner-/Arcisstraße hinweist, in diesem Zustand.

Erst im Dezember 2005 gab die Bayerische Staatsregierung schließlich ihre Zustimmung, dieses Grundstück für die Errichtung des neuen Dokumentationszentrums zu nutzen. Diese Entscheidung kam dem in deutschen Städten zunehmenden Wunsch entgegen, nicht nur Mahnmale für Naziopfer zu errichten, sondern auch an die Orte zu erinnern,

Archivaufnahmen des Braunen Hauses auf einer Infotafel am Königsplatz

an denen es zu den Verbrechen gekommen war. Die Entscheidung wurde hinausgezögert, da die konservativen Mitglieder der Staatsregierung das Projekt nicht in dieser Form mittragen wollten – sie fürchteten, dass es Fragen nach ihrer politischen Vergangenheit aufwerfen würde. Dieses scheinbar unbeeinträchtigte Stück Land, das seine Rolle in der Vergangenheit für immer mit Makel behaftet, erschien jedoch als perfekt geeigneter Ort für ein Zentrum, in der die Ignoranz gegenüber Münchens dunkelstem Kapitel seiner Geschichte bekämpft werden sollte. Im April 2008 gab nun der Münchner Stadtrat den Startschuss zur Realisierung des NS-Dokumentationszentrums. Wenn auch Hitler nicht viel Zeit im Braunen Haus verbracht haben mag – denn er bevorzugte seinen Stammplatz im Café Heck am Odeonsplatz 6 –, bleibt die Bedeutung des Gebäudes aufrecht, da von dort aus die Nazipartei während der 1930er Jahre operierte.

Interessante Orte in der Nähe: 33, 40, 42

42. Ein ungewöhnlicher Einkaufszettel

Maxvorstadt (3. Bezirk), der Rundgang durch die Läden beginnt bei Otto Pachmayr in der Theresienstraße 33
U2 Theresienstraße, U3, U4, U5, U6 Odeonsplatz; Straßenbahn 27; Bus 154

Wenn auch die Hauptstraßen in europäischen Großstädten heutzutage alle einander ähnlich sehen, weil sie überall von den gleichen mächtigen Markengeschäften in Beschlag genommen werden, gibt es in München doch noch eine gewisse Anzahl unabhängiger, oft hochspezialisierter Läden. Diese stellen Bastionen des Lokalkolorits dar und zeichnen sich durch engagiertes, gut ausgebildetes Verkaufspersonal aus. Man findet sie nicht nur in der Altstadt, sondern auch in den anderen Stadtvierteln, wo wir diesen Rundgang beginnen wollen.

Der Otto Pachmayr Getränkehandel in der Theresienstraße 33 (3. Bezirk) füllt ab und vertreibt seit 1867 Mineralwasser. Das Unternehmen besteht noch immer in seinen ursprünglichen Räumen, deren Wände mit alten Werbeplakaten und altertümlichen Gegenständen für die Getränkeherstellung geschmückt sind. Pachmayr stellt auch noch eine eigene Limonadenmarke her und bietet einen Nachfüllservice für Sodasiphons an.

In Otto Pachmayrs Getränkehandlung in der Theresienstraße: Ein Gerät, mit dem man Kohlensäure zusetzte

Ein paar Straßen weiter in der Luisenstraße 68 gibt es die Puppenstube, deren Besitzerin Gertraud Stadler seit den frühen 1970er Jahren antike Porzellanpuppen in ihrer Werkstatt repariert sowie Puppen an Kinder, Puppenspieler und Sammler verkauft. (Wer sich für Puppen besonders interessiert, wird auch an dem Puppenhaus in der Blutenburgstraße 63 [9. Bezirk] Gefallen finden. Dort gibt es eine eindrucksvolle Sammlung handgemachter Puppenhäuser und Miniaturgegenstände.)

Wir bleiben in der Maxvorstadt, gehen nun aber südwärts und kommen zu Kremer Pigmente in der Barer Straße 46 (3. Bezirk). Der Laden hat tausende verschiedene Pigmentfarben in Pulverform auf Lager und ist daher der maßgebliche Spezialist, an den sich seit über dreißig Jahren Künstler und Restauratoren wenden.

Porzellanpuppenfamilie in der Puppenstube in der Luisenstraße

Noch weiter südlich befindet sich das Tonnadel-Paradies Friedrich Gleich, etwas versteckt in einem Hinterhof in der Landwehrstraße 48 (2. Bezirk). Dabei handelt es sich um ein faszinierendes Spezialgeschäft für jeden Typ von Plattenspielernadeln. Seine Wände sind mit winzigen Behältern überzogen, welche die Nadeln und weitere audiofonetische Ersatzteile enthalten; zudem gibt es eine Sammlung alter Radios und Grammofone zu sehen.

Unsere Tour in der Altstadt beginnen wir bei Romi Senn-Hodel in der Kreuzstraße 5 (1. Bezirk): eine winzige Galerie originaler, bemalter und geätzter Jugendstil- und Art Deco-Glasfenster aus der Zeit von 1880–1930. Alle zum Verkauf angebotenen Objekte wurden zuvor in der eigenen Werkstatt in Hausen restauriert.

Östlich davon, in der Sendlinger Straße 62, stellt das Tea House ein Paradies für Teetrinker da; es wartet mit 750 Sorten aus der ganzen Welt auf, von den klassischen First Flush Darjeeling- bis zu 25 Jahre alten aromatischen Formosa Oolong-Tees. Ganz anders, aber nichtsdestoweniger spezialisiert ist die Seilerei Kienmoser weiter unten in der Sendlingerstraße 36, gut versteckt in einem Innenhof.

Im südlichen Teil der Altstadt befindet sich der Original Oberbayerische Kräuter- & Wurzel-Sepp in der Blumenstraße 15. Dieses traditionelle Kräutergeschäft wurde 1887 gegründet und ist stets von Kunden belagert, die gerade auf Beratung und Produkte warten. Die Behälter an den Wänden sind mit Kräutern für Anwendungen und

Ein antiker Medizinschrank in der Orlando Apotheke in der Ledererstraße

Tees gefüllt. Man bemerkt den Laden schon aus einiger Entfernung, allein schon wegen des Kräuterduftes, der durch die Straße zieht.

Parallel zur Blumenstraße verläuft die Müllerstraße, wo unter der Hausnummer 39 der auf antikes Spielzeug spezialisierte Laden Spielart zu finden ist – ein Muss für jeden, der sich gern mit Wehmut an seine Kindheit erinnert. Dessen Sortiment wird durch Modellbahnen Wagner, einen Spezialisten für Modelleisenbahnen, in der Sendlinger Straße 1 wunderbar ergänzt. Wie in einer winzigen Schatzkammer sind die Wände mit Glasvitrinen vollgestellt, in denen Minilokomotiven und Schienenfahrzeuge zu bewundern sind.

Unser Rundgang durch ungewöhnliche Läden endet im Herzen Münchens. Zwischen den großen Markengeschäften und Fastfood-Restaurants befindet sich Stempel-Berger in der Dienerstraße im Rathaus. Dieses Geschäft, das seit über sechzig Jahren traditionelle Gummistempel setzt und herstellt sowie Türschilder anfertigt, ist ein wahres Unikat. Moderner, aber in seiner Branche auch gut sortiert ist das nahe Kurzwarengeschäft Geknöpft & Zugenäht im Kaufhaus Ludwig Beck in der Burgstraße 7, das Gummibänder, Knöpfe und bunte Garne und Fäden bereithält. Ebenfalls zeitgemäß ausgestattet, aber nicht ohne Sinn für Historie ist die Orlando Apotheke in der Ledererstraße 4, unsere letzte Station. Diese hat eine ihrer Auslagen für ein kleines Apothekenmuseum freigemacht, wo Gerätschaften für die Tablettenherstellung, Mörser und Stößel, medizinische Flaschen sowie ein hölzerner Apothekerschrank mit für verschiedene Medikamente beschrifteten Schüben zu sehen sind.

Interessante Orte in der Nähe: 40, 41, 42

43. Sich Geschichte antrinken

Maxvorstadt (3. Bezirk), Alter Simpl in der Türkenstraße 57
U3, U6 Universität; Straßenbahn 27; Bus 154

Zwei der historischen Kneipen in München, die Geschichte machten, sind in der Maxvorstadt nur eine Straße voneinander entfernt zu finden. Der Alte Simpl in der Türkenstraße 57 eröffnete 1903 und bot in den Jahren vor dem Ersten Weltkrieg den Intellektuellen und den Kreativen der Stadt einen Treffpunkt zum Ideenaustausch. Kabarettisten, Künstler, Schriftsteller und Denker waren allesamt Stammgäste (s. Nr. 48). Die meisten von ihnen lasen auch das Satiremagazin *Simplicissimus*, das 1896 von dem Verleger Albert Langen (1869–1909) gegründet wurde; noch heute hängen hier einzelne Seiten des *Simplicissimus* gerahmt an der Wand. Das unverwechselbare Logo des Magazins, ein Hund, der seine Ketten zerreißt, steht für die Freiheit von Wort und Bild auf dessen Seiten (s. Seite 229). Der Verleger erlaubte, eine verkürzte Abwandlung des Titels zusammen mit einer leicht veränderten Version des Logos (der Hund beißt nun eine Champagnerflasche auf) für die gastronomische Einrichtung zu verwenden.

Die Nazis schlossen den Alten Simpl während des Zweiten Weltkriegs, da seine Besitzer offensichtlich zu links ausgerichtet waren. Das Gebäude wurde bei Luftangriffen stark beschädigt, die Fassade, das große Oberlicht sowie der Bühnenraum, der einst auf der Rückseite bestand, wurden völlig zerstört (das kann anhand von alten Fotografien, die im Nebenzimmer ausgestellt sind, nachvollzogen werden). In den 50er Jahren baute man das Lokal glücklicherweise wieder auf, freilich vom Stil her viel schlichter. Ornamentale Stuckgesimse, die vom ursprünglichen Gebäude übrig geblieben sind, schmücken einen engen Verbindungsgang. Nach einem kurzen Dasein als Nachtclub etablierte sich der Alte Simpl schließlich wieder als Treffpunkt für ein gemischtes Publikum, von Künstlern und Studenten bis zu Angestellten und Touristen. Sie alle schätzen die angenehme Gesprächsatmosphäre sowie das Angebot an Getränken und das Essen ohne Firlefanz.

Gleich um die Ecke des Alten Simpl befindet sich in der Schellingstraße 54 der ehrwürdige Schelling-Salon, ein Café-Restaurant im Wiener Stil, das seit seiner Eröffnung 1872 im Besitz der selben Familie ist. Es wurde von Fridoline und Silvester Mehr gegründet, örtlichen Unternehmern, die auch eine Kantine am Ostbahnhof betrieben. Der Schelling-Salon lag ideal an der noch pferdebetriebenen Straßenbahn-

Alte Fotos erinnern im Alten Simpl in der Türkenstraße an die gute alte Zeit.

strecke, auf der eine durstige Trauergemeinde zum 1868 eröffneten Alten Nordfriedhof in der nahen Arcisstraße hingekarrt und wieder abgeholt wurde. 1911 übernahm Engelbert Mehr als jüngster Gastronom der Stadt die Geschäfte. Er ging in die Geschichte ein, weil er Hitler seine Räumlichkeiten für dessen frühen politischen Aktivitäten verwehrte, weshalb der zukünftige Diktator auf die Osteria Bavaria ausweichen musste, ein Restaurant, das ein paar Häuser weiter unter der Nummer 62 zu finden war (heute ein Italiener). Diejenigen, die in den Schelling-Salon kommen durften, waren Lenin, Bertolt Brecht, Rainer Maria Rilke, Wassily Kandinsky, Henrik Ibsen und Franz Marc.

Der Schelling-Salon überstand den Zweiten Weltkrieg unversehrt, ein Glücksfall, nachdem die Verlagsbüros und die Druckerei der offiziellen NSDAP-Zeitung, des *Völkischen Beobachters*, gleich in der Nähe, in der Schellingstraße 39–41 lagen, welche bei Luftangriffen der Alliierten gezielt bombardiert wurden. Viele der Bücher des zentralen Verlagshauses (Franz Eher Verlag) der Partei wurden hier gedruckt, darunter beispielsweise Hitlers *Mein Kampf* mit einer Auflage von zehn Millionen. Die letzte Ausgabe des *Völkischen Beobachters* datiert auf den 30. April 1945, auf den Tag, an dem die Amerikaner die Stadt befreiten, und enthielt ganz typisch einen Artikel über die „erfolgreiche" deutsche Verteidigung Münchens, der „Stadt der Bewegung". Die Ausgabe gelangte jedoch nie an den Kiosk.

Die heutige Kundschaft genießt hier die offenbar stehengebliebene Zeit und so finden sich im Schelling-Salon genauso Studenten, die an einem der halben Dutzend Billardtischen spielen, wie ältere Pärchen bei einem romantischen Abendessen.

Interessante Orte in der Nähe: 42, 44, 45, 46

44. Wunden der Erinnerung

Maxvorstadt (3. Bezirk), das „Wunden der Erinnerung"-Denkmal an der Ecke Ludwig-/Schellingstraße
U3, U6 Universität; Bus 154

Im Gegensatz zu Berlin sind an den Gebäuden Münchens so gut wie keine Spuren mehr von der großflächigen Zerstörung durch den Zweiten Weltkrieg sichtbar. Das liegt daran, dass es in München viel weniger Straßenschlachten als in der Reichshauptstadt gegeben hat und dass die Schäden, die durch die Bombenangriffe der Alliierten Luftwaffe verursacht worden waren, durch einen der konservativsten Wiederaufbaupläne Deutschlands gewissermaßen zum Verschwinden gebracht wurden. Es ist heute kaum vorstellbar, dass am Ende des Krieges fast die Hälfte der Stadt in Schutt und Asche lag. Im August 1945, zur Besatzungszeit der Amerikaner, beschloss der Stadtrat von München eine Rekonstruktion der Stadt, die alte Traditionen sowie die ursprünglichen Straßenzüge und das historische Stadtzentrum wahren sollte. Im Unterschied zu anderen deutschen Städten wies München wenig Industrie auf, weshalb der Wiederaufbau nach dem Krieg die pittoresken Straßenzüge der königlichen Residenzstadt des 19. Jahrhunderts wiedererstehen ließ.

Vor dem Hintergrund einer allumfassenden Rekonstruktion wie dieser, initiierten die Künstler Andreas von Weizsäcker und Beate Passow 1993–1995 das europaweite Kunstprojekt „Wunden der Erinnerung". Ihr Ziel war nicht, Denkmäler im traditionellen Sinne an zentralen Orten zu errichten, sondern eher unaufdringliche Installationen vor noch erhaltenen Kriegsschäden zu schaffen, die sie an Nebenschauplätzen fanden. Diese Kunstwerke veranlassen Passanten dazu, ruckartig stehen zu bleiben, und sie rufen gleichzeitig den brutalen Konflikt, der dort seine Spuren hinterlassen hat, in Erinnerung; aufgrund der neuartigen Herangehensweise vermögen sie aber auch schlichtweg zu überraschen. Bücher in einem tschechischen Stadtarchiv, die von Schüssen durchlöchert wurden, Spuren von Artilleriebeschuss an einer Brücke in den Niederlanden, von Bomben beschädigte Bäume in Belgien, Schusskerben an einer Wand in einer Wiener Seitenstraße – all diese markanten Zeugnisse des größten Krieges der Welt wurden von den Künstlern mit einer Glasscheibe verblendet, auf der, in der Sprache des jeweiligen Landes, immer das Gleiche zu lesen steht: „Wunden der Erinnerung".

Ein „Wunden der Erinnerung"-Denkmal an der Ecke Ludwigs-/Schellingstraße

München weist drei solche Wunden auf: Die erste an der Ecke Ludwig-/Schellingstraße, an der Wand der Bibliothek der Ludwig-Maximilians-Universität, wo die Widerstandsgruppe der Weißen Rose ihre gegen die Nazis gerichteten Flugblätter verteilte (s. Nr. 45). Die roten Ziegelsteine der Wand zersplitterten bei einer Bombenexplosion oder durch eine Maschinengewehrsalve.

Die zweite Wunde Münchens ist in der Arcisstraße zu finden, an einer Bronzeskulptur, die vor der Westfassade der Alten Pinakothek steht, welche im Zweiten Weltkrieg ebenfalls sichtlich stark in Mitleidenschaft gezogen wurde. Jedoch finden sich hier die Spuren der Erinnerung an dem bronzenen Pferd mit Reiter, welches samt zahlreichen Einschusslöchern erhalten wurde, um dem Betrachter die Brutalität des Krieges zu vergegenwärtigen.

Münchens dritte Wunde befindet sich auf der Rückseite des Hauses der Kunst (ehemals „Haus der Deutschen Kunst") in der Prinzregentenstraße 1, des einzigen Ausstellungshauses, das während des Dritten Reichs gebaut und von Firmen wie BMW, Volkswagen, Siemens und Krupp finanziert wurde (die originale Ehrentafel für die Stifter wird in der Eingangshalle gezeigt). Entworfen hat es Hitlers bevorzugter Architekt Paul Ludwig Troost (1878–1934) und es verkörpert den repetitiven, unproportionierten neoklassizistischen Stil, den die Partei für sich reklamierte. Es blieb zwar vom Bombenhagel verschont, wurde jedoch von Maschinengewehr- und Schrapnelleinschüssen beschädigt.

Es ist interessant, die Wirkung, die diese Installationen auf Passanten ausüben, mit der konventioneller Denkmäler zu vergleichen,

Das „Wunden der Erinnerung"-Denkmal vor der Alten Pinakothek in der Arcisstraße

etwa jenem des offiziellen Münchner Kriegerdenkmals in der östlichen Ecke des Hofgartens. Es wurde 1924 in einem abgesenkten Areal vor der Bayerischen Staatskanzlei – dem früheren Armeemuseum – zum Andenken an die Opfer des Ersten Weltkrieges aufgestellt, später aber den Toten beider Weltkriege gewidmet. Das Denkmal besteht aus der Skulptur eines jungen toten Soldaten, der von einem immens großen Steinblock bedeckt wird, auf dem die Inschrift zu lesen ist: „Sie werden auferstehen". Moderner mutet dagegen das Denkmal für die Opfer des Nationalsozialismus an, das sich am östlichen Ende des Maximiliansplatzes befindet. Seine Form symbolisiert eine Gefängniszelle, in der eine ewige Flamme für die Freiheit brennt. Zudem stellt es ein maßvolles Mahnmal für die Sinti und Roma unter den Opfern des Naziregimes dar.

Interessante Orte in der Nähe: 43, 45, 46

45. Gedenkstätten für die Weiße Rose

Maxvorstadt (3. Bezirk), Denkstätte Weiße Rose, Ludwig-Maximilians-Universität am Geschwister-Scholl-Platz 1
U3, U6 Universität; Bus 154

Die meisten Münchenbesucher werden schon einmal von der tapferen Sophie Scholl (1921–1943) und der Weißen Rose gehört haben, der Widerstandsgruppe, die aus fünf Studenten und ihrem Philosophieprofessor von der Münchner Universität bestand und sich gegen den Nationalsozialismus in Deutschland wendete. Die Gruppe war für eine anonyme Flugblattkampagne verantwortlich, die von Juni 1942 bis zur Verhaftung ihrer Mitglieder im Februar 1943 zum aktiven Widerstand gegen das Hitlerregime aufrief. Nach Verhören durch die Gestapo wurden sie zu Tode verurteilt und hingerichtet. Die Mitglieder, die sich v. a. durch ihr christliches Werteverständnis zum Widerspruch aufgefordert fühlten, wurden im Nachkriegsdeutschland zu Ikonen stilisiert.

Jedoch dürften nicht viele derjenigen, die München besichtigen, auch schon einmal die hervorragende „Denkstätte Weiße Rose" am – zu Ehren von Sophie und ihrem Bruder Hans so benannten – Geschwister-Scholl-Platz 1 besucht haben (3. Bezirk). Sie befindet sich in einem Raum unterhalb des Atriums der Ludwig-Maximilians-Universität, wo das Ende des kurzen Lebens von Sophie Scholl besiegelt wurde.

Ehe man die Universität aufsucht, führt ein kurzer Umweg in die Franz-Josef-Straße 13 (4. Bezirk), wo eine Wandtafel an jenem Gebäude angebracht ist, in dem die Scholls als Studenten lebten. Denn von hier aus transportierten sie am 18. Februar 1943 den Koffer voller Flugblätter zur Universität. Eine Protestveranstaltung gegen die Regierung, die kurz zuvor in der Kongresshalle des Deutschen Museums auf der Museumsinsel stattgefunden hatte, hatte sie ermutigt. Folgt man dem Weg, den sie einst einschlugen, tritt man vor ein ungewöhnliches Denkmal in Form von Flugblättern aus Keramik, die vor dem Haupteingang der Universität in den Bodenbelag eingelassen wurden, gerade so, als ob diese dort eben hingeworfen worden wären.

Als sie das Universitätsgebäude betreten hatten, ließen die Scholl-Geschwister in der Eingangshalle Flugblattstapel zurück, damit die Studenten sie nach Vorlesungsschluss dort finden würden. Da Sophie noch einige übrig hatte, warf sie den letzten Stapel über dem Atrium in die Luft. Dies sah der Portier der Universität und verständigte die Polizei, woraufhin die Geschwister und Christoph Probst, ihr Kamerad von

Ein Denkmal im Pflaster vor der Ludwig-Maximilians-Universität erinnert Passanten an die tapfere Sophie Scholl.

der Weißen Rose, verhaftet wurden. Zeugen der Verhaftung berichteten später, dass sie sich ohne Gegenwehr abführen ließen.

Der Denkmalraum dokumentiert den Fortgang der Geschichte. Dort wird geschildert, wie die drei in der Gestapo-Zentrale im früheren Wittelsbacher Palais in der Brienner Straße 20 verhört wurden (an dem Gebäude, das heute an dessen Stelle steht, weist eine Wandtafel auf die Gestapo-Zentrale hin). Danach wurden sie in den Justizpalast in der Prielmayerstraße gebracht, wo ihnen der Prozess gemacht, ihre Schuld festgestellt und das Todesurteil über sie verhängt wurde. Noch am gleichen Tag wurden sie im Stadelheimer Gefängnis in der Stadelheimer Straße 12 (17. Bezirk) mit der Guillotine hingerichtet; auch dort wurde ein Denkmal für sie errichtet. Danach wurden sie auf der Rückseite des sich nebenan befindlichen Friedhofs am Perlacher Forst begraben. Die Lage des Grabs (73–1–18/19) ist auf dem Plan am Haupteingang deutlich gekennzeichnet. Seit 1996 ist in der nördlichen Ecke des Hofgartens ein schwarzer Granitkubus, auf dem einige ihrer Aussagen eingraviert sind, in Gedenken an Sophie Scholl und die Weiße Rose platziert.

Ebenfalls im Hauptsitz der Gestapo in der Brienner Straße wurde Johann Georg Elser (1903–1945) verhört, der 1939 im Alleingang einen Anschlag auf Hitler im Bürgerbräukeller in der Rosenheimer Straße verübte (dort stehen heute das Hotel Hilton sowie das Münchner Kulturzentrum Gasteig). Elser, dem Goebbels unterstellte, für den britischen Geheimdienst zu arbeiten, wurde verhaftet und in das Konzentrationslager Sachsenhausen gebracht, wo er für einen Schauprozess bereitgehalten wurde. Als Deutschlands Kriegsniederlage unmittelbar bevorstand, ordnete Hitler persönlich Elsers Hinrichtung in Dachau an.

Interessante Orte in der Nähe: 43, 44, 46

46. Eine unbescholtene Adresse?

Maxvorstadt (3. Bezirk), die ehemalige Zentrale der Nationalsozialistischen Partei in der Schellingstraße 50
U2 Theresienstraße, U3, U6 Universität; Straßenbahn 127; Bus 154

Es gibt in München viele unscheinbare Gebäude, die für den Aufstieg der Nationalsozialistischen Partei eine wichtige Rolle spielten. Manche sind Privatadressen, wie das Wohnhaus in der Knöbelstraße 38 (1. Bezirk), wo Heinrich Himmler, der Reichsführer der SS, geboren wurde, oder die Villa in der Zuccalistraße 4 (9. Bezirk), wo Reinhard Heydrich, der Leiter des SS Sicherheitsdienstes, lebte. Andere sind öffentliche Gebäude wie beispielsweise am Karolinenplatz 2 (3. Bezirk), von wo aus Gertrud Scholtz-Klinks Nationalsozialistischer Frauenbund die deutschen Frauen aufrief, für den Führer zu gebären. Diese und viele ähnliche Adressen stechen durch nichts hervor, und doch wäre es gefährlich, sie ganz zu vergessen. Wie der Philosoph George Santayana (1863–1952) einmal bekanntermaßen sagte: „Wer sich nicht an die Vergangenheit erinnert, ist dazu verurteilt, sie zu wiederholen."

Vielleicht die wichtigste dieser unauffälligen Adressen ist die Schellingstraße 50 (3. Bezirk), wo die Nazipartei von 1925 bis 1931 ihren Hauptsitz hatte, ehe sie ihn in das Braune Haus in der Brienner Straße verlegte (s. Nr. 41). Bevor sie in die Schellingstraße zog, war die Partei schon unter zwei anderen Adressen zu finden. Die erste war ein kleiner, gemieteter Raum im früheren Sterneckerbräu im Tal 54 (heute Nummer 38; 1. Bezirk), welchen die Deutsche Arbeiterpartei DAP benutzte, nachdem Adolf Hitler Ende 1919 in deren Reihen aufgenommen wurde (jetzt befinden sich Läden in den besagten Räumlichkeiten; s. Nr. 13). Im Januar 1920 verlegte die Partei ihr Hauptquartier in die Corneliusstraße 12, wo sie sich einen Monat später in Nationalsozialistische Deutsche Arbeiterpartei (NSDAP) umbenannte. Die Nazipartei nahm zu dieser Zeit so viele Mitglieder auf, dass sie im November 1923 – angesichts der ruinösen Inflation, die die Kriegsreparationszahlungen mit sich brachten – versuchte, die Regierung in München ihrer Ämter zu entheben.

Hitlers Putschversuch scheiterte und provozierte nicht wie beabsichtigt einen deutschlandweiten Aufstand gegen die Regierung. Stattdessen wurde die Nazipartei zeitweise für illegal erklärt, ihre Büros in der Corneliusstraße geschlossen (und schließlich aufgelöst) und Hitler inhaftiert. Obwohl er wegen Hochverrates für schuldig befunden wurde, also eines Vergehens, das mit dem Tode bestraft werden konnte, wurde Hitler im Dezember 1924 freigelassen und machte sich sofort daran, seiner Partei neue Geschäftsräume zu verschaffen. Nun bot Hitlers Leibfotograf Heinrich Hoffmann (1885–1957) der Partei ein dutzend Räume im Rückgebäude seines Ateliers in der Schellingstraße 50 an. Heute ist es ein Wohnhaus, das zwar noch immer durch einen ramponierten Steinadler über dem Eingang hervorsticht; jedoch erinnert nichts daran, dass hier Hoffmann viele Atelierbilder von Hitler anfertigte, mit deren Hilfe er seinen demagogischen Stil perfektionierte. Hier lernte Hitler auch die 17-jährige Eva Braun kennen, die in Hoffmanns Fotoatelier arbeitete.

Dieses harmlos aussehende Gebäude in der Schellingstraße war einst das Hauptquartier der Nazipartei.

Die Nazipartei wurde im Februar 1925 im Bürgerbräukeller in der Rosenheimer Straße (5. Bezirk), von wo 1923 der misslungene Putschversuch ausgegangen war, neu gegründet.

Nachdem die Mitgliederzahl wieder stieg, machte sich die Partei daran, sich deutschlandweit zu organisieren. Einige der neuen angeschlossenen Organisationen erhielten Büros in der Schellingstraße 50, darunter die Sturmabteilung (SA), die Schutzstaffel (SS) sowie die Hitlerjugend. Im September 1930 erhielt die Nazipartei bei den Reichstagswahlen 18,3 % der Stimmen, die sie zur zweitgrößten Partei Deutschlands machten.

Interessante Orte in der Nähe: 43, 44, 45

47. Schwabings grüne Oase

Maxvorstadt (3. Bezirk), der Alte Nordfriedhof in der Arcisstraße 45
U2 Josephsplatz; Bus 154

Nachdem Münchens Bevölkerung in der 2. Hälfte des 19. Jahrhunderts stark zunahm, entstand auch ein neuer Bedarf an Friedhöfen. Um mehr Platz für Wohngebäude zu gewinnen und die sanitären Verhältnisse zu verbessern, wurden die alten Friedhöfe im Stadtzentrum aufgelassen und durch größere in den Vorstädten ersetzt. Heute verfügt München über 29 Friedhöfe verschiedener Größen, darunter viele, die zu dieser Zeit von Architekten wie Arnold Zenetti (1824–1891) und Hans Grässel (1860–1939) angelegt wurden.

Für seine Zeit typisch war Zenettis Alter Nordfriedhof in der Arcisstraße, der 1866 bis 1868 angelegt wurde und Platz für 7000 katholische und protestantische Gräber bot. 1933 planten jedoch Hitlers Architekten, die Isabella- und die Luisenstraße, die jeweils zu den Seiten des Friedhofs endeten, zu verbinden, damit sich bis zum Naziforum auf dem Königsplatz eine durchgehende Achse erstreckte (s. Nr. 40). Tatsächlich wurden nach 1939 keine Gräber mehr vergeben, da Hitler vorhatte, sich dort einen neuen städtischen Wohnsitz einzurichten.

Nach starken Beschädigungen durch Luftangriffe der Alliierten wurde der Alte Nordfriedhof nicht wieder in Betrieb genommen. Stattdessen wurde er in einen ungewöhnlichen öffentlichen Park umgewandelt, der heute eine grüne Oase im geschäftigen Schwabing darstellt. Hinter der hohen Backsteinmauer treffen sich Leute zum Picknick oder Sonnenbaden unter Bäumen, Jogger drehen ihre Runden und Kinder spielen fröhlich zwischen Grabsteinen, ein für unvorbereitete Besucher überraschender Anblick. Obwohl bis 1939 nur 800 Grabstellen belegt waren, befinden sich viele darunter, die ornamentalen Skulpturenschmuck aufweisen, der es heute noch Wert ist, betrachtet zu werden. Zenetti selbst, dessen architektonische Hinterlassenschaft auch einige Münchner Krankenhäuser sowie den Rindermarkt und einen Teil der Kanalisation umfasst, ist ironischerweise nicht hier, sondern auf dem Alten Südfriedhof in der Thalkirchner Straße (2. Bezirk) begraben, den der Alte Nordfriedhof ursprünglich ersetzen hätte sollen (s. Nr. 68).

Ein schönes Beispiel für einen Friedhof von Hans Grässel, dem 1914 für seine Bemühungen der Orden *Pour le Mérite* verliehen wurde, liegt weiter draußen an der Ungererstraße. Der dortige Nordfriedhof ist viel größer als der von Zenetti und formaler konzipiert. Er wird von einer

Kunst und Natur auf dem Alten Nordfriedhof in der Arcisstraße

niedrigen Steinmauer umfasst und sein Wegenetz ist symmetrisch wie ein Gitter angelegt, das von großen schattenspendenden Bäumen gesäumt wird. Er ist typisch für das starre „Totenstadt"-Konzept, dem Grässel später mit seinem naturalistischen Waldfriedhof abschwor (s. Nr. 69). Unter den Grabsteinen, die etwas weniger kunstvoll ausgearbeitet sind, als jene auf dem Alten Nordfriedhof, finden sich einige von (un)bekannten Rollenträgern der Geschichte, namentlich Traudl Junge (1920–2002), die junge Sekretärin Hitlers, der er im Berliner Führerbunker seinen letzten Willen und sein Testament diktierte, ehe er sich umbrachte; Eduard Dietl (1890–1944), einer der Generäle, die Hitler bevorzugt behandelte und der als erster Soldat das Eichenlaub zu seinem Eisernen Kreuz verliehen bekam; Paul Ludwig Troost (1878–1934), Hitlers Münchner Lieblingsarchitekt (sein Familienname wurde nachträglich vom Grabstein getilgt); und Max Wünsche (1915–1995), ein Mitglied der SS Leibstandarte Adolf Hitler, des persönlichen Leibwächterregiments des Diktators.

Eine interessante Begebenheit trug sich auf dem Nordfriedhof im Mai 1945 zu, als dort die US-Armee ein temporäres Internierungslager einrichtete, wo 114 hochrangige Nazis auf ihren Prozess warten mussten. Unter ihnen befand sich Hitlers Leibfotograf Heinrich Hoffmann, Münchens ehemaliger Bürgermeister Karl Fiehler und der NSDAP-Regionalleiter Karl Lederer. Ende 1948 wurde das Lager, nachdem der Entnazifizierungsprozess abgeschlossen war, aufgelöst und alle Spuren, die es hinterlassen hatte, beseitigt. Heute herrscht hier friedliche Stille, von mehr als fünfzig Singvogelarten abgesehen, die eine Informationstafel auf dem Friedhof auflistet und denen man hier lauschen kann.

Interessante Orte in der Nähe: 46, 48

48. Als München leuchtete

Schwabing-West (4. Bezirk), frühere Künstlerwohnungen in der Ainmillerstraße 32, 34 und 36
U3, U6 Giselastraße; Straßenbahn 27; Bus 53

Es ist manchmal schwer zu glauben, dass München, nur wenige Jahrzehnte ehe Hitler dessen politische und kulturelle Bühne in Beschlag nahm, ein wichtiges Zentrum der freidenkerischen Moderne war. Um mit der zunehmend säkularisierten, industrialisierten und urbanisierten Gesellschaft des späten 19. Jahrhunderts klar zu kommen, wendeten sich einige Münchner Künstler und Schriftsteller von den traditionellen und den offiziell anerkannten Mitteln ab und fanden zu höchst originellen eigenen Ausdrucksformen.

Das geografische Zentrum dieser neuen Bewegung war der Vorort Schwabing, ein früheres Dorf, das älter als München ist und erst 1891 eingemeindet wurde. Es war aber durch den Bau der Ludwigstraße während der Regentschaft von König Ludwig I. von Bayern (1825–1845) schon an München angebunden. Die Ludwigstraße beginnt nördlich der Feldherrnhalle und wird bis zum Siegestor von monumentalen Gebäuden gesäumt, u. a. von der Ludwig-Maximilians-Universität (erbaut 1840), der Bayerischen Staatsbibliothek (1843) und der Akademie der Bildenden Künste (1884). Zwischen den 1890er Jahren und 1914 war diese Gegend nicht nur bei Studierenden und Akademikern beliebt, sondern auch die Künstler sorgten für ein kurzes goldenes Zeitalter der Stadt. Zu dieser Zeit schrieb Thomas Mann in seiner Novelle *Gladius Dei* (1902), dass „München leuchtete".

Geht man heute in Schwabing umher, wird schnell klar, dass die Tage, als man hier *la vie bohème* zu leben pflegte, schon lange vorbei sind, und dass die Künstler und Schriftsteller mittlerweile in billigere Viertel wie Haidhausen fortgezogen sind. Dennoch gibt es noch immer ein paar Adressen, wo mit ein wenig Fantasie noch etwas von dem Geist dieser Zeit erhascht werden kann, etwa im Café Altschwabing in der Schellingstraße 56, im Schelling-Salon in der Schellingstraße 54 und im Alten Simpl in der Türkenstraße 57 (s. Nr. 26 und 43). Um diesem Vorhaben nachzukommen, besuchen wir nun aber nur eine einzige Straße, die Ainmillerstraße, da dort vor einem Jahrhundert drei von Schwabings kreativsten Einwohnern lebten und arbeiteten.

Der erste war der Künstler Paul Klee (1879–1940), der in der Ainmillerstraße 32 wohnte. Anstelle einer gewöhnlichen Wandtafel sind hier

Ein Hinweis darauf, wo der Künstler Paul Klee in der Ainmillerstraße wohnte

zur Erinnerung der Name des Künstlers und die Zeitspanne, während der er hier lebte (1906–1921), auf den Gehsteig gemalt. Klee, der über zwei Ateliers in Schwabing verfügte, war nicht nur Maler, sondern auch ein unkonventioneller Lehrer sowie ein inspirierender Autor. Nachdem er München verlassen hatte, erhielt er vielbeachtete Ausstellungen in Paris und in New York.

Daneben, unter der Nummer 34, weist eine Bronzetafel auf das Wohnhaus des Dichters Rainer Maria Rilke (1875–1926) hin, der hier 1918–1919 lebte. Wie andere in München ansässige talentierte Schriftsteller, etwa der Stückeschreiber Frank Wedekind (1864–1918) und der Romanschriftsteller Thomas Mann (1875–1955), der seinen großen Roman *Die Buddenbrooks* in Schwabing abfasste, lieferte Rilke auch Beiträge für das satirische, antiautoritäre Wochenmagazin *Simplicissimus.* In den faszinierenden Antiquariaten der Maxvorstadt, beispielsweise im Antiquariat Hammerstein in der Türkenstraße 37, bei Heinrich Hausner in der Schellingstraße 17 oder im Antiquariat J. Kitzinger in der Schellingstraße 25 finden sich noch immer Ausgaben des *Simplicissimus.* Zufällig kam auch der schicksalsgläubige englische Dichter Rupert Brooke (1887–1915) Anfang des Jahres

Alte Ausgaben des Simplicissimus zieren die Auslage des Antiquariats Hammerstein in der Türkenstraße.

1911 nach München, um Wedekinds Werke ins Englische zu übersetzen.

Der dritte ehemalige Protagonist der Ainmillerstraße war der Künstler Wassily Kandinsky (1866–1944), der gemeinsam mit der expressionistischen Künstlerin Gabriele Münter (1877–1962) von 1908 bis 1914 in der Nummer 36 wohnte; daran erinnert jedoch vor Ort kein Hinweis. Der in Russland geborene, zunächst vom Impressionismus beeinflusste Kandinsky wandte sich später der reinen und energetischen Abstraktion zu, indem er klare Farben und geometrische Formen verwendete, mit denen er einen emotionalen Impuls bewirken wollte. 1911 gründete er mit dem Expressionisten Franz Marc (1880–1916), der in der Schellingstraße 33 wohnte, die Künstlergruppe *Der Blaue Reiter*. Ihr gehörten außerdem Paul Klee, Gabriele Münter, Marianne von Werefkin (1860–1938), Alfred Kubin (1877–1959), Alexej Jawlensky (1864–1941) und August Macke (1887–1914) an. Sie wurden durch die künstlerische Befreiung, die die Jugendstil-Bewegung mit sich gebracht hatte, ermutigt, welche ebenso das Erscheinungsbild einiger Straßen der Umgebung verändert hatte (s. Nr. 81).

Kandinsky selbst ist es zu verdanken, dass Schwabings kulturelle Bedeutung in einen breiteren Kontext eingebettet wurde, da er den Vorort als „eine geistige Insel in der großen Welt, in Deutschland, meistens in München selbst" bezeichnet hatte. Diese Geistigkeit wurde nach dem Ersten Weltkrieg bekanntlich eingedämmt.

Interessante Orte in der Nähe: 47, 81

49. Trümmerbergbesteigung

Schwabing-West (4. Bezirk), Luitpoldhügel im Luitpoldpark
U2, U3 Scheidplatz; Straßenbahn 12

Geht man in Münchens Zentrum spazieren, kann einem niemand den Gedanken verübeln, der Stadt wären einschneidende Zerstörungen durch die alliierten Luftangriffe im Zweiten Weltkrieg erspart geblieben. Doch das ist ein Irrtum. Über siebzig Bombenangriffe gingen über München nieder, nicht nur, weil es die „Hauptstadt der Bewegung", sondern auch, weil es ein wichtiges Zentrum der deutschen Rüstungsindustrie war (s. Nr. 72). Als die Amerikaner sie am 30. April 1945 betraten, bestand mehr als die Hälfte der Stadt nur noch aus Ruinen. 3,5 Million Brand- und Sprengbomben hatten 81 500 Wohnungen zerstört und 300 000 Einwohner obdachlos gemacht. Jedoch stimmte der neue Stadtrat bereits im August für die Rekonstruktion des Zentrums in seiner „alten Form". Folglich wurden die alten Fassaden beibehalten und dahinter neue Gebäude hochgezogen. Deshalb sieht München heute noch fast so aus wie vor hundert Jahren.

Ehe jedoch der Wiederaufbau beginnen konnte, mussten geschätzte fünf Millionen Kubikmeter Schutt aus den Straßen geräumt werden. Wie auch in Berlin und anderen deutschen Städten oblag den sogenannten Trümmerfrauen die Aufgabe, den Schutt auf wiederverwertbare Steine zu durchkämmen; denn am Ende des Krieges war Münchens Bevölkerung um 40 000 Menschen geschrumpft und diejenigen, die noch am ehesten bei Kräften schienen, waren die Frauen (viele Männer waren entweder tot oder in Gefangenschaft). Alle zwischen 15 und 65 Jahren wurden zwangsverpflichtet, Ziegelsteine, Bretter und Balken einzusammeln, damit man sie wiederverwenden konnte. Bis in die 1950er Jahre waren die Trümmerfrauen, die zunächst nur mit einer Handvoll Kartoffeln und gelegentlichen Nahrungsmittelzuwendungen bezahlt wurden, ein gewohntes Bild auf den Straßen.

Bald wurde jedoch klar, dass die Schuttmenge zu groß war, um sie wiederaufzubereiten. Daraufhin schüttete man an ausgewählten Plätzen rund um die Stadt sogenannte Trümmerberge auf, die später in die Landschaft integriert wurden. In einer ebenen Stadt wie München sind diese geografischen Anomalien noch heute deutlich sichtbar.

Von den größten Münchner Trümmerbergen ist der 37 Meter hohe Luitpoldhügel vielleicht der interessanteste. Unter einer dünnen grasbewachsenen Erdschicht liegt etwa eine Million Kubikmeter Schutt. An

Ein einfaches Kreuz steht am höchsten Punkt des Luitpoldhügels, einem künstlich aufgeschütteten Trümmerberg.

seinem höchsten Punkt, den man auf mehreren sich durch Bäume hindurch- und hinaufwindenden Wegen erreichen kann, steht ein Kreuz, das die folgende Inschrift trägt: „Betet und gedenket all der unter den Bergen von Trümmern Verstorbenen!“ Von der nahen Aussichtswarte hat man einen schönen Blick auf die Skyline der Stadt.

Südlich des Hügels erstreckt sich der friedliche Luitpoldpark, dessen Haupteingang an der Karl-Theodor-Straße zu finden ist, im Stil englischer Landschaftsgärten. Hier steht auf einem hohen Obelisken Folgendes zu lesen: „Zum 12. März 1911, dem Tag an welchem seine königliche Hoheit Prinzregent Luitpold von Bayern im 25. Jahre einer reich gesegneten Regierung das 90. Lebensjahr vollendet hat, widmet diese Säule und diesen Hain von neunzig Linden die dankbare Haupt- und Residenzstadt.“ Der bei der Bevölkerung sehr beliebte Prinzregent Luitpold hatte zunächst von seinen Neffen König Ludwig II. von Bayern den Thron empfangen (nachdem dieser 1886 für unzurechnungsfähig erklärt wurde), um dann für seinen ebenfalls geisteskranken Neffen König Otto I. von Bayern (1886–1913) zu regieren.

Ferner gibt es im Park das Bamberger Haus, einen Gartenpavillon, der ein Café und eine Galerie beherbergt; das Haus wurde im Krieg beschädigt und daraufhin restauriert. Außerdem steht an der Ecke Karl-Theodor-/Brunnerstraße ein charmanter Heiligenschrein, dessen Bilder von Maria und Jesus mit Kerzen und künstlichen Rosen geschmückt sind.

Gleich westlich vom Luitpoldpark liegt der Olympiapark, wo Münchens älteste Trümmerberge aufgeschüttet wurden. Der Olympiaberg ist sogar noch größer als der Luitpoldhügel und enthält angeblich auch Schutt vom Münchner U-Bahn-Bau. Er erstreckt sich über 87 Hektar Grundfläche, ist breiter angelegt als der Luitpoldhügel und wurde mit Wegen, kleinen Wäldchen und begrünten Böschungen gestaltet. Von seinem Gipfel hat man einen wunderbaren Blick auf die unterhalb liegenden, ehemaligen Olympiaeinrichtungen; auf dem Platz um diese herum findet jedes Jahr das seit 1988 veranstaltete Tollwood Openair Musikfestival statt.

50. Ein privates Museum für Gegenwartskunst

Bogenhausen (13. Bezirk), Sammlung Goetz in der Oberföhringer Straße 103 (Hinweis: Die Privatsammlung ist nur nach Voranmeldung geöffnet, Tel. +49 (0)89 959 39 69-0, www.sammlung-goetz.de)
U4 Richard-Strauss-Straße, von dort im Bus 188 zum Bürgerpark Oberföhring

München ist für das breite Angebot zahlreicher Kunstsammlungen bekannt, die in vielen verschiedenen eklektischen Ausstellungshäusern beheimatet sind, welche neoklassizistisch sein können (Glyptothek, Schack-Galerie und Haus der Kunst) oder der Neorenaissance angehören (Alte Pinakothek), bis hin zu italianisierenden (Lenbachhaus) und postmodernen Gebäuden (Neue Pinakothek und Pinakothek der Moderne). Die vielleicht ungewöhnlichste von allen ist jedoch die Sammlung Goetz, ein privates Museum für Kunst der Gegenwart, das versteckt im Wohngebiet von Oberföhring liegt, also weit entfernt von Münchens kulturellem Zentrum.

Das erstaunliche und ziemlich überraschende Gebäude der Sammlung Goetz wurde 1993 von den Schweizer Architekten Jacques Herzog und Pierre de Meuron erbaut, die für den Umbau des Tate Museum of Modern Art in London oder die Münchner Allianz Arena berühmt sind. In Zusammenarbeit mit der Kunstsammlerin Ingvild Goetz schufen die Architekten eine einfache, aber verblüffende minimalistische Konstruktion aus zwei gleich großen rektangulären, übereinander geschichteten Räumen, die auf den Garten ausgerichtet und gegen die nahe Straße gewendet sind. Die Proportionen des oberen Raumes werden von einem umlaufenden Band von Milchglasfenstern bestimmt. Diese tauchen das Innere in eine geradezu substanzielle Helligkeit. Der obere Raum ist aus Birkenholz; der untere Raum aus Beton wirkt, als sei er in den Boden versenkt, da nur seine verglaste Fläche über die Erde ragt. Diese ästhetische Maßnahme wurde auch deshalb ergriffen, da Höhe und Ausdehnung des Gebäudes durch die Bauverordnung begrenzt wurden.

Von außen scheint das Obergeschoss ohne sichtbare Stützen auszukommen und wirkt, als würde es schweben. Es wird von zwei für den Betrachter unsichtbaren, u-förmigen Trägerbauten an beiden Enden des Gebäudes verankert, von denen einer das Treppenhaus enthält, das die beiden Ausstellungsebenen miteinander verbindet. An das Trep-

Dieses beeindruckende Gebäude beherbergt die Sammlung Goetz, ein Museum für Kunst der Gegenwart in Oberföhring.

penhaus anschließend folgt im Erdgeschoss eine Kombination aus Eingangshalle, Büro und Bibliothek, welche wie darin eingehängt erscheint. Am anderen Ende des Gebäudes sind in Entsprechung dazu der Depot- und der Technikraum zu finden.

Der Ausstellungsbereich umfasst im Obergeschoss drei nahezu quadratische Räume. Die hohen, asketisch wirkenden Innenwände sind mit naturweißem Gips verputzt, wodurch die Aufmerksamkeit des Betrachters auf die Exponate gelenkt wird. Die Fensterbänder sorgen dabei für ein weiches und gleichmäßiges Tageslicht, wobei sie so hoch liegen, dass sie den Blick ins Freie und damit die Zerstreuung durch äußere Eindrücke verwehren. Das untere Geschoss funktioniert ähnlich, scheint jedoch viel größer als die laut Grundrissplan ausgewiesenen 24,2 × 8 Meter zu sein, welche als Grundfläche notwendig sind, um ein Maximum an Betrachterstandpunkten einnehmen und die Exponate angemessen betrachten zu können. Das unbestimmte Gefühl, hier der räumlichen Orientierung verlustig zu gehen, ist beabsichtigt und zielt darauf ab, den Besucher von seinen gewohnten Umwelteindrücken loszueisen.

Die Sammlung an sich lotet Kunst aller Gattungen von den 1960er Jahren bis in die Gegenwart aus, von Zeichnungen, Gemälden, Grafiken, Skulpturen und Fotografien bis zu Video- und Filmarbeiten, raumgreifenden Installationen und Mehrfachprojektionen. Zweimal jährlich stellt Ingvild Goetz einen Querschnitt aus ihrer eigenen Sammlung aus, darunter Werke von Matthew Barney, Mike Kelley oder Thomas Zipp. Die Sammlerin sagte einmal in einem Interview: „Ich habe prinzipiell immer die jüngere Generation gesammelt." Ihre Ausstellungen konzentrieren sich vorwiegend darauf, die Entwicklung eines individuellen kreativen Ausdrucks zu zeigen, und betonen ihr ausdrückliches Ziel, die Autonomie und die kreative Kraft der Kunst sowie der Künstler zu fördern, die unsere soziale Realität in Frage stellen. Folglich korrigiert sie vorgefasste Meinungen und Sichtweisen durch Kunst, sowohl in ästhetischer als auch in politischer Hinsicht, da sie der Auffassung ist, dass „der Sammler, der Werke kauft, die ihn persönlich bewegen und beschäftigen, durch seine Sammlung gewissermaßen ein neues Gesamtkunstwerk erschafft." Goetz weicht dabei auch Kontroversen nicht aus; nachdem sie 1969 in Zürich eine Ausstellung veranstaltet hatte, die Waffenlieferungen der Schweiz an Angola kritisierte, wurde ihr die Aufenthaltsgenehmigung entzogen.

2000 baute der Münchner Architekt Wolfgang Brune in Rücksprache mit Herzog & de Meuron ein früheres Depot, das an das Museum anschloss, in einen Medienraum um, der BASE103 heißt. Dieser ist mit dem Hauptgebäude durch einen mit Filz verkleideten Korridor verbunden. Der Anbau wird v. a. für die Vorführung der Filmbestände der Sammlung genutzt.

Zusätzlich zu den themenbezogenen Ausstellungen bietet die Sammlung Goetz eine Bibliothek mit ca. 6000 Büchern, die sich mit der Kunst der zweiten Hälfte des 20. und des frühen 21. Jahrhunderts beschäftigen. Für Studierende, die das Glück haben, in dieser einmaligen Umgebung arbeiten zu dürfen, ist diese eine besonders wertvolle Quelle.

51. Wo Thomas Mann lebte

Bogenhausen (13. Bezirk), Thomas-Mann-Villa in der Poschingerstraße 1 (Hinweis: nicht zugänglich)
Straßenbahn 18 oder Bus 188 bis Herkomerplatz, dann dem Gustl-Waldau-Steig bis zur Poschingerstraße folgen; Bus 187 bis Poschingerstraße

Während das westliche Ufer der Isar, die ganz München durchquert, Mauern und stark befahrene Straßen umsäumen, steigt die Böschung des Ostufers gemächlich an und weist teils dicht bewaldete Gebiete auf, die alte herrschaftliche Villen bergen. Eine davon ist die sogenannte Thomas-Mann-Villa in der Poschingerstraße 1 (13. Bezirk), in der der Autor von 1914 bis 1933 lebte. Obwohl sie erst kürzlich rekonstruiert wurde, stellt sie ein historisches Zeugnis vom Leben Thomas Manns als auch jener Zeit dar.

Thomas Mann (1875–1955) wurde 1875 in Lübeck als zweiter Sohn eines Getreidehändlers geboren. Nach dem Tod seines Vaters 1891 zog die Familie in den Münchner Vorort Schwabing um, wo Mann kurzzeitig für eine Versicherungsfirma tätig war, ehe er an der Universität Literatur und Kunst belegte. Zu dieser Zeit schrieb er bereits für das Satiremagazin *Simplicissimus* (s. Nr. 48). Später widmete sich Mann ausschließlich dem Schreiben und veröffentlichte 1901 erst 25-jährig seinen ersten großen Roman *Die Buddenbrooks*. Bevor ihn Hitler verbot und verbrannte, wurde er allein in Deutschland über eine Million mal verkauft. Diesem Erfolg folgten weitere wie etwa *Der Tod in Venedig* und ermöglichten es Mann, die neu gebaute Villa an der Isar zu kaufen, wo er mit seiner Frau Katia und ihren gemeinsamen sechs Kindern lebte. Das dreistöckige Gebäude verfügte über eine Bibliothek sowie über französische Fenster, die sich auf einen weitläufigen Garten öffneten, womit es bis zum letzten Zoll das typische Heim deutscher Bourgeoisie verkörperte.

Die Thomas-Mann-Allee wurde zu Ehren des Autors benannt.

Manns zweiter großartiger Roman, *Der Zauberberg*, wurde 1924 veröffentlicht; 1929 erhielt er den Nobelpreis für Literatur. Der erste Band seiner Trilogie *Joseph und seine Brüder* folgte 1933, in dem Jahr, in dem er, als Reaktion auf Hitlers Ernennung zum Reichskanzler, ins Schweizer Exil ging. Von dort aus zog er 1938 nach Amerika, wo er schließlich Werke wie *Dok-*

Die Thomas-Mann-Villa in Bogenhausen lag in Isarnähe und wurde kürzlich rekonstruiert

tor Faustus und *Der Erwählte* schrieb. Nachdem er aus der Stadt, die er einst für deren Freiheit der Meinungsäußerung lobte, verbannt worden war, erhielt er für seine Villa keine Entschädigungszahlung und die SS nutzte diese als Mütterheim für ihr Lebensborn-Programm. Im Zweiten Weltkrieg wurde sie zerstört und die Ruinen schlussendlich 1948 an Mann restituiert. 1949 besuchte er Deutschland zum einzigen und letzten Male und zog sich dann wieder in die Schweiz zurück, von wo aus er 1952 den Verkauf seines Münchner Heims veranlasste.

Zwischen 1953 und 2002 stand auf dem Gelände von Manns Villa ein Neubau, der 2006 jedoch abgerissen wurde. An seiner Stelle folgte ein Privatgebäude, dessen Äußeres der Erscheinung der Mannschen Villa gleicht. Die uferseitige Straße wurde zudem zu Ehren des Autors in Thomas-Mann-Allee umbenannt.

Thomas Manns sechs Kinder waren allesamt literarisch oder künstlerisch tätig, wobei unter ihnen Erika (1905–1969) und Klaus (1906–1949) am erfolgreichsten wurden. 1933 gründeten sie in einem Münchner Keller das antifaschistische Kabarett *Die Pfeffermühle*, welches sie in Amerika, nachdem sie vor der politischen Verfolgung geflohen waren, wiedereröffneten.

Die Thomas-Mann-Allee setzt sich im Norden als Heinrich-Mann-Allee fort, zu Ehren Manns älterem Bruder. Heinrich Mann (1871–1950) wurde 1933 aus Nazideutschland verjagt, weil er die Autoritätsgläubigkeit der Wilhelminischen Gesellschaft literarisch aufs Korn genommen hatte. Heute erinnert man sich vor allem an seinen Roman *Professor Unrat*, der die Vorlage für den Film *Der Blaue Engel* (1930) mit Marlene Dietrich in der Hauptrolle lieferte.

Interessanter Ort in der Nähe: 52

52. Drei tapfere Gottesmänner

Bogenhausen (13. Bezirk), Denkmal für Alfred Delp in der Kirche St. Georg am Bogenhausener Kirchplatz 1
U4, U5 Max-Weber-Platz, dann Straßenbahn 18 bis Sternwartstraße

Die Namen von Sophie und Hans Scholl sowie die weiteren Mitglieder der studentischen Widerstandsbewegung Die Weiße Rose kommen einem in den Sinn, wenn man an diejenigen denkt, die in München dem Naziregime die Stirn boten (s. Nr. 45). Aber es gab noch mehr, die Widerstand leisteten, insbesondere drei tapfere Männer, die aufgrund ihres christlichen Werteverständnisses nicht stumm bleiben konnten.

Einer davon war der Jesuitenpater Alfred Delp (1907–1945), der in München Philosophie und Theologie studiert hatte und 1937 zum Priester geweiht wurde. 1941 wurde er Pfarrer der charmanten Rokokokirche St. Georg am Bogenhausener Kirchplatz, wo er gegen die Nazis predigte. Seine Privaträume wurden alsbald ein Treffpunkt für viele, die mit seiner Auffassung sympathisierten. 1942 fand er in den Kreisauer Kreis Eingang, einer politischen Widerstandsgruppe um Helmuth James Graf von Moltke (1907–1945), nach dessen Anwesen in Schlesien der Zirkel benannt war. Gemeinsam hingen sie einer Vision von einem auf christlich-sozialen Prinzipien gegründeten Deutschland an und ab 1943 setzten sie aktive Maßnahmen, um das Regime zu Fall zu bringen. Nachdem von Moltke verhaftet wurde, scharrten sich die Mitglieder um Claus Schenk Graf von Stauffenberg (1907–1944), der am 20. Juli 1944 einen beinahe erfolgreichen Bombenanschlag auf Hitler durchführte. Acht Tage später wurde auch Delp verhaftet und des Hoch- und Landesverrats für schuldig befunden. Am 2. Februar 1945 wurde er in der berüchtigten Haftanstalt Berlin-Plötzensee hingerichtet; seine letzten Worte, die er dem Gefängniskaplan zuflüsterte, lauteten: „In einer halben Stunde weiß ich mehr als Sie." Heute befindet sich an der Westfassade von St. Georg ein Epitaph sowie vor dem Kirchentor ein Denkmal für Alfred Delp.

Ein weiterer mutiger Jesuitenpater war Rupert Mayer (1876–1945), der sich in der Michaelskirche in der Neuhauser Straße 6 (1. Bezirk; s. Nr. 6) offen gegen die Nazis aussprach. Mayer war in München wohlbekannt, nachdem er im Ersten Weltkrieg als erster Feldkaplan mit dem Eisernen Kreuz für Tapferkeit ausgezeichnet worden war. Sein erstes öffentliches Bekenntnis gegen die Nazis wurde 1923 während eines Parteitreffens der NSDAP im Bürgerbräu laut. Das Thema lautete „Kann ein Katholik Nationalsozialist sein?" und Mayer schlug das Publikum vor den Kopf, als er sagte: „Sie haben mir zu früh applaudiert, denn ich werde Ihnen nun klar sagen, dass ein deutscher Katholik niemals Nationalsozialist sein kann." Obwohl ihn 1936 die Nazis von seiner Kanzel verbannten, predigte Mayer weiterhin und wurde zu einigen Monaten Gefängnis verurteilt. 1939 kam er ins Konzentrationslager Sachsenhausen in der Nähe Berlins und verbrachte die restliche Kriegszeit in Hausarrest im Kloster Ettal, südlich von München. Die Nazis ließen ihn am Leben, weil sie fürchteten, dass man ihn andernfalls zum Märtyrer stilisieren würde. Die Anspannung war für den Pater jedoch zuviel und er erlitt kurz nach dem Krieg, als er wieder in seiner ehemaligen Kirche predigen durfte, einen Herzinfarkt. Er ist, wie auch Delp, Namensgeber einiger Schulen und 1987 wurde er von Papst Johannes Paul II. selig gesprochen. Sein Grab ist in der unteren Kirche der Bürgersaalkirche in der Neuhauser Straße 14 (1. Bezirk) zu finden, neben einer Bronzebüste, die durch die Berührung der Pilger ganz abgegriffen ist.

Ein Denkmal für den Geistlichen Alfred Delp vor der Kirche St. Georg in Bogenhausen

Der dritte Mann, der Mut bewies, war der Journalist Fritz Gerlich (1883–1934). Er war zum Katholizismus konvertiert und von 1920 bis 1928 Chefredakteur der Tageszeitung *Münchner Neueste Nachrichten*, in der er offen seine Gegnerschaft gegenüber dem Nationalsozialismus aufgrund seiner christlichen Überzeugung thematisierte. Desgleichen tat er ab 1930 in der katholischen Wochenzeitung *Der Gerade Weg*. Als Hitler 1933 Kanzler wurde, verhaftete man Gerlich und brachte ihn ins Konzentrationslager Dachau, wo er in der „Nacht der langen Messer" während des Röhm-Putsches ermordet wurde, einer Aktion der Nazis, bei der sie sich umfassend ihrer politischen Gegner entledigten. Eine Gedenktafel an der Ecke Sendlinger Straße/Färbergraben, wo Gerlich festgenommen worden war, wurde von der *Süddeutschen Zeitung*, die den *Münchner Neuesten Nachrichten* im Oktober 1945 nachfolgte, veranlasst.

Interessante Orte in der Nähe: 51, 53

53. Geli, Eva und Unity

Bogenhausen (13. Bezirk), Adolf Hitlers ehemalige Wohnung am Prinzregentenplatz 16
U4 Prinzregentenplatz; Bus 54, 100, 159 bis Prinzregentenplatz

Ein Rundgang zu allen Münchner Adressen, unter denen einst der Diktator Adolf Hitler residierte, gäbe das Thema einer ungewöhnlichen Stadtführung ab; diese wäre umso interessanter, wüsste man einige Details über das Leben dreier Frauen, die hier in den 1920er und 30er Jahren mit Hitler in Berührung kamen.

Wir beginnen in der Schleißheimer Straße 34 (3. Bezirk), wo Hitler zuerst im Mai 1913 nach seiner Ankunft aus Wien lebte; von hier aus meldete er sich im August 1914 freiwillig für die Bayerische Armee (eine Wandtafel, die daran erinnerte, wurde 1945 entfernt). Nach dem Ersten Weltkrieg kehrte Hitler nach München zurück, wo er von 1918 bis 1920 in der Kaserne seines Regiments in der Lothstraße 29 (3. Bezirk) hauste; zu dieser Zeit trat er der Deutschen Arbeiterpartei DAP bei, die 1920 in Nationalsozialistische Deutsche Arbeiterpartei (NSDAP) umbenannt wurde. Nach seiner Entlassung aus der Armee im März 1920 zog er in die Thierschstraße 41 (1. Bezirk), wo er bis 1929 im ersten Stock seiner Vermieterin wohnte (auch hier gab es einmal eine Wandtafel). Zu dieser Zeit organisierte er den gescheiterten Putsch von 1923, der zu seiner Verhaftung führte, schrieb *Mein Kampf* und gründete 1925 die NSDAP neu.

Hitlers letzte Wohnadresse in München war von 1929 bis zu seinem Tod 1945 eine 9-Zimmer-Wohnung im zweiten Stock am Prinzregentenplatz 16 (13. Bezirk). Heute ist dort eine Polizeidienststelle, damals jedoch bot das Erdgeschoss des Hauses Quartiere für Hitlers SS-Wachen und im ersten Stock waren Gästezimmer eingerichtet; im Keller gab es Küchen und einen großen Luftschutzbunker, der 1942 eingerichtet wurde. Von den zahlreichen Ereignissen, die sich hier abspielten, darunter etwa 1937 Mussolinis und 1938 Neville Chamberlains Besuch, betreffen die merkwürdigsten zweifellos Hitlers Halbnichte „Geli" Raubal.

Angelika Maria Raubal (1908–1931) kam 1927 nach München, um hier Medizin zu studieren, und wohnte zunächst in einer Pension, die sich in der Königinstraße 43 befand. Anfang desselben Jahres wurde ihre verwitwete Mutter, Hitlers Halbschwester, Haushälterin im Berghof, in Hitlers Refugium in der Nähe von Berchtesgaden. Als er Raubal dort

Adolf Hitlers ehemalige Wohnung am Prinzregentenplatz liegt heute über einer Polizeidienststelle.

kennenlernte, war er von ihrer sorglosen Art eingenommen, und die beiden trafen sich daraufhin häufiger in München. Schnell machten Gerüchte über eine Affäre die Runde. Von August 1928 bis November 1929 mietete Hitler eine Wohnung für Raubal, die in der Nähe seiner eigenen in der Thierschstraße lag, und nach seinem Umzug wohnte sie in seiner Wohnung am Prinzregentenplatz. Am 19. September 1931, als Hitler gerade auf dem Weg nach Hamburg war, wurde Raubal in ihrem Zimmer auf der Rückseite des Gebäudes tot aufgefunden, Hitlers Walther-Pistole lag neben ihr. Noch heute sind, trotz zahlloser Theorien, die Umstände ihres Todes ungeklärt; man vermutet Selbstmord aufgrund Hitlers eifersüchtiger Vereinnahmung, er soll ihr verboten haben, nach Wien zu fahren, bis hin zu Mord auf Hitlers Anweisung, weil sie von ihm schwanger gewesen sein soll und ihn dadurch in gefährliche Verlegenheit gebracht hätte.

Möglicherweise brachte sich Raubal um, weil Hitler, oder „Onkel Alf", wie sie ihn nannte, seine Aufmerksamkeit zunehmend der 17-jährigen Eva Braun (1912–1945) widmete. Die in ihrem Elternhaus in der Isabellastraße 45 geborene Münchnerin war 12 Jahre lang Hitlers Gespielin und schließlich einen Tag lang seine Frau. Sie war politisch uninteressiert und nahm niemals die Parteimitgliedschaft an, sodass sie außerhalb Hitlers engstem Vertrautenkreis der breiten Öffentlichkeit bis nach dem Krieg unbekannt war. Braun hatte Hitler zum ersten Mal im Oktober 1929 getroffen, als sie als Sekretärin für Heinrich Hoffmann arbeitete, Hitlers offiziellem Fotografen, dessen Studio sich in der Schellingstraße 50 befand (s. Nr. 46).

Häufig wird vergessen, dass Brauns Selbstmord, den sie gemeinsam mit Hitler im Berliner Führerbunker beging, bereits ihr dritter Versuch

Eva Brauns Adresse von 1936 bis zu ihrem Tod in Berlin 1945

war, sich das Leben zu nehmen. Das erste Mal wollte sie im November 1932 ihrem Leben ein Ende setzen, damals wurde sie mit einer Kugel im Genick in der Wohnung ihrer Eltern in der Hohenzollernstraße 93 gefunden. Wie ein verzweifelter Versuch, Hitlers Aufmerksamkeit zu gewinnen, wirkte auch der Selbstmordversuch im Mai 1935, diesmal mit einer Überdosis Schlaftabletten. Um einem Skandal vorzubeugen, mietete Hitler für sie eine Wohnung in der Widenmayerstraße 42 (1. Bezirk), wo sie von August 1935 bis März 1936 lebte, ehe er ihr von den Erlösen aus dem Verkauf von Werbeaufnahmen eine Villa in der Wasserburger Straße 12 (heute Delpstraße) kaufte. Das Haus, eines der ersten in München mit Fernsehanschluss, blieb bis 1945 Eva Brauns Eigentum.

Eine weitere Verehrerin in Hitlers Umfeld war die Engländerin Unity Valkyrie Mitford (1914–1948), die 1934 nach München kam, um eine höhere Schule in der Königinstraße 121 (12. Bezirk) zu besuchen. Fasziniert von ihrem zweiten Namen, ihrer Vorliebe für schwarze Kleidung sowie ihrer angeblichen Herkunft aus der Stadt Swastika in Ontario, wo ihre aristokratische Familie Goldminen besaß, wurde Hitler auf sie aufmerksam und lud sie in der Osteria Bavaria in der Schellingstraße 62 an seinen Tisch ein. Nach vielen weiteren Verabredungen versorgte sie Hitler ebenfalls mit einer Wohnung in der Agnesstraße 26 (4. Bezirk). Im April 1935 initiierte Mitford ein Mittagessen in Hitlers Wohnung am Prinzregentenplatz mit Sir Oswald Mosley, dem Gründer der British Union of Fascists. Mitfords Schwester Diana heiratete Mosley 1936 in Hitlers Beisein im Berliner Haus des nationalsozialistischen Propagandaministers Joseph Goebbels.

Unity Mitford forderte bei Hitler häufig die Pflege einer guten Beziehung ihrer beider Länder ein und sie war außer sich, als Großbritannien dazu gezwungen war, Deutschland den Krieg zu erklären. Daraufhin fügte sie sich im Englischen Garten einen Kopfschuss zu. Auf Hitlers Anweisung wurde sie, schwer verwundet, in einer Klinik in der Nußbaumstraße 20 (2. Bezirk) untergebracht, wo sie im Koma lag. 1940 kehrte sie nach England zurück, erholte sich jedoch nie wieder vollständig und starb 1948 an Meningitis.

Interessante Orte in der Nähe: 52, 54

54. Bombensicheres München

Bogenhausen (13. Bezirk), Kunstbunker Tumulka in der Prinzregentenstraße 97a
U4 Prinzregentenplatz; Bus 100 bis Prinzregentenplatz

Am Morgen des 5. August 1933 waren in ganz München Sirenen und Kirchturmglocken zu hören: Tieffliegende Kampfbomber simulierten einen Luftangriff, indem sie eine Ladung harmloser Papierbomben abwarfen. Bei der darauffolgenden Einsatzbesprechung wurde betont, dass ein echter Luftangriff einen Großteil des Zentrums zerstört sowie viele Einwohner getötet hätte.

Sieben Jahre später, im Mai 1940, begann der Luftkrieg, als die britische Luftwaffe das Ruhrgebiet bombardierte. Im Juni desselben Jahres wurde auch München aufgrund seiner Bedeutung für die deutsche Rüstungsindustrie angegriffen (s. Nr. 72). Obwohl das Zentrum anfangs von schwerem Beschuss verschont blieb, weil es am Rande des Aktionsradius der alliierten Luftwaffe lag, führte die unmittelbare Bedrohung dazu, dass in ganz Deutschland in größter Eile ein Programm für Luftschutzbunkerbau in die Tat umgesetzt wurde. Weil dafür geschätzte 200 Millionen Kubikmeter Beton benötigt wurden, handelte es sich dabei um das größte Bauprojekt der Geschichte.

1942 begann die britische Armee, Flugzeuge mit einer größeren Reichweite zu benutzen und ab dem Frühjahr 1944 griffen amerikanische Bomber München regelmäßig untertags an, während die englischen Kampfflugzeuge den Angriff nach Einbruch der Dunkelheit fortsetzten. Da hochrangige Nazis über persönliche Luftschutzbunker verfügten, hatten diese die Luftangriffe kaum zu fürchten (s. Nr. 64). Alle gewöhnlich Sterblichen mussten aber ihr Glück in einem der über dreißig überfüllten zivilen Luftschutzräume der Stadt versuchen. Bei den über 70 Angriffen in der Nacht des 25. Aprils 1945 wurden allein 870 000 Brandbomben über München abgeworfen, woraufhin das Leuchten der brennenden Stadt noch von den Alpen aus zu sehen war.

Am Ende des Kriegs standen die Luftschutzbunker unversehrt da, während die Stadt in Schutt und Asche lag – und die meisten davon stehen noch heute. Ein typisches Beispiel können Sie an der Ecke Blumen-/Corneliusstraße besichtigen, im südlichen Teil der Altstadt. Mit seinen 1,3 Meter breiten Wänden und dem zwei Meter dicken Dach konnte dieser quadratische Bunker 750 Personen Schutz bieten. Interessanterweise wurde er mit unnötigen architektonischen Details ver-

Der Kunstbunker Tumulka ist ein ehemaliger ziviler Luftschutzbunker in der Prinzregentenstraße.

ziert, wie einer Balustrade am Eingang sowie einem roten Ziegeldach. Diese sorgten jedoch dafür, dass er aus der Luft nicht so leicht identifizierbar war und dass sich die ansässige Bevölkerung nicht ängstigte.

Ähnliche Exemplare sind in der Müllerstraße 7 (5. Bezirk), Quellenstraße 2 (5. Bezirk), an der Ecke Ungerer-/Crailsheimstraße (12. Bezirk) und am Albert-Beyerle-Platz (19. Bezirk) zu sehen. Ebenfalls stämmige, aber oktogonale Varianten stehen am Anhalter Platz (11. Bezirk), in der Schleißheimer Straße (3. Bezirk), in der Sonnwendjochstraße 54a (14. Bezirk) und vor dem S-Bahnhof Allach (s. Nr. 72).

Sehr ungewöhnlich erscheint eine Reihe von Wohnblocks in der Prinzregentenstraße, die jeweils mit einem quadratischen Luftschutzbunker abgeschlossen werden, am nördlichen Ende der Wilhelm-Tell-Straße bis zur Brucknerstraße (13. Bezirk). Diese Wohnanlage wurde von den Nationalsozialisten als probeweiser Vorgriff auf ihre nicht verwirklichte „Neue Südstadt" erbaut, welche 14500 Wohnungen zwischen Ramersdorf und Giesing bieten sollte. Einzig diese Anlage aus Hitlers geplanter, großangelegter Neukonzeption von München wurde realisiert. Der Luftschutzbunker in der Prinzregentenstraße 97a wird heute als Kunstbunker Tumulka geführt. Diese öffentliche Institution für zeitgenössische Kunst bietet die seltene Gelegenheit, einen der Münchner Luftschutzbunker des Zweiten Weltkriegs von innen zu besichtigen. Befindet man sich jedoch erst einmal im Inneren des fensterlosen Gebäudes, denkt man nicht mehr an seine historischen Hintergründe, da die hier ausgestellte Kunst die volle Aufmerksamkeit beansprucht, welche von der Art ist, wie sie unter Hitler mit Sicherheit verfolgt worden wäre.

Nach dem Krieg wurden einige der Bunker in München als Herbergen für heimatlose Flüchtlinge eingesetzt, die meisten aber wurden einfach ihrem Schicksal überlassen oder aufgrund ihrer konstanten Innenraumtemperatur als Lagerhäuser, Archive und Geräteräume neuen Zwecken zugeführt. Eine Ausnahme stellt der achteckige Bunker an der Ecke Claude-Lorrain-/ Sachsenstraße (18. Bezirk) dar, der sehr erfolgreich in ein Wohnhaus umgebaut wurde.

Das Wort Bunker, das genau genommen einen befestigten Militärposten und keinen zivilen Schutzraum bezeichnet, wurde im allgemeinen Sprachgebrauch übrigens erst im Herbst 1940 geläufig. Der kleinste Bunker konnte gerade ein paar Personen aufnehmen; er wurde aufgrund seiner runden Form Kugelbunker genannt; ein gut erhaltenes Exemplar dieser Art können Sie im Innenhof des Münchner Stadtmuseums am St.-Jakobs-Platz sehen (1. Bezirk).

Ein sogenannter Kugelbunker im Münchner Stadtmuseum am St.-Jakobs-Platz

An den Kalten Krieg finden sich in München sehr wenige „Andenken". In der Hessstraße 120, am westlichen Rand von Schwabing (4. Bezirk), gibt es einen ehemaligen zivilen Schutzraum, der im Falle eines nuklearen Kriegsangriffs 3000 Leute hätte aufnehmen können. Er wurde weit in den Boden versenkt und verfügte über 12 000 Quadratmeter Wohnraum. Der Bunker wurde bis in die späten 1990er Jahre instand gehalten, danach in Büros für das Notfall- und Katastrophenschutzprogramm umgewandelt; derzeit wird er von der städtischen Feuerwehr genutzt und kann nicht besichtigt werden.

Interessante Orte in der Nähe: 52, 53

55. Huldigung der schlichten Kartoffel

Berg am Laim (14. Bezirk), Kartoffelmuseum im OTEC-Haus in der Grafinger Straße 2
U4, U5 Ostbahnhof

„Morgens rund, Mittags gestampft, Abends in Schreiben, Dabei soll's bleiben. Es ist gesund", schrieb der große deutsche Dichter Goethe über die schlichte Kartoffel. Daher erscheint es passend, dass eine deutsche Stadt über ein Kartoffelmuseum verfügt, welches gleich um die Ecke vom Ostbahnhof in der Grafinger Straße 2 liegt. Es ist das einzige Museum der Welt, das sich ausschließlich mit den sozialen, politischen und künstlerischen Einflüssen dieses wichtigen Gemüses beschäftigt. Es wurde 1996 eröffnet, ein Jahr bevor sich die Einführung der Kartoffel in Deutschland zum 350sten Mal jährte. Die private Sammlung steht unter der Schirmherrschaft der Stiftung Otto Eckart, des ehemaligen Chefs der Pfanni Werke.

In München befindet sich das einzige Kartoffelmuseum Europas.

Dem Museum gelingt es auf sehr clevere Weise, ein vordergründig nicht sehr anspruchsvolles Thema spannend aufzubereiten. Die Ausstellung ist in acht sehr gut bekömmliche Abschnitte aufgeteilt. Im ersten Raum wird die Geschichte der Kartoffel gezeigt, vom kostbaren Objekt der Verehrung bei den Peruanischen Inkas bis hin zu ihrer „Entdeckung" durch Christoph Columbus. Ebenfalls erwähnt wird König Friedrich der Große von Preußen, der im 18. Jahrhundert die Kartoffel in Deutschland einführte, sowie Benjamin Thompson, Graf Rumford (1753–1814), der in München nicht nur für die Kartoffel warb, sondern sie auch im

Englischen Garten anpflanzte. Daraufhin folgen Abschnitte, die die naturkundliche Geschichte der Kartoffel sowie die Ernte und den Verkauf illustrieren. Man erfährt interessante Details, wie etwa dass es weltweit über 1000 verschiedene Sorten von Kartoffeln gibt und dass das deutsche Wort Kartoffel vom italienischen *tartuffuli* abstammt, da die Italiener die Kartoffel zunächst für eine Trüffelart hielten.

Wein, Bier, Essig und Schnaps können aus Kartoffeln hergestellt werden.

Im fünften Raum des Museums wird es besonders interessant, da dort die zahlreichen Verarbeitungsmöglichkeiten, die die Kartoffel schon erlebte, gezeigt werden, welche weit über ihren Einsatz als einfache Speise hinausgehen: als Essig, Bier, Kaffee, Schnaps, Brot, Käse, Wurst, Papier, Seife, Kerzen und Gas – um nur ein paar wenige Produkte zu nennen. Im nächsten Raum wird man wiederum überrascht, da dort denkwürdige und neuartige Gegenstände ausgestellt sind, die vom Erscheinungsbild der Kartoffel inspiriert wurden, darunter beispielsweise Dekorationen aus Silberfolie, die von Kartoffeln abgeformt wurden und 1755 Berlins ersten Weihnachtsbaum schmückten, und sogar ein kartoffelförmiges Telefon ist vorhanden!

Der vorletzte Raum trägt den Titel *Fürstenspeise und Arme-Leute-Essen* und darin hat man einen einzigen Tisch für beide Extreme gedeckt. Es erinnert an die Entwicklung, die die Kartoffel in Europa nahm, nämlich von der königlichen Delikatesse zur Armenspeise, wobei die weitverbreitete Popularität und die Vielseitigkeit dieses wichtigsten aller Anbauprodukte betont werden. Schließlich präsentiert im Flur des Museums ein Bildschirm zeitgenössische Kunstwerke aus den reichen Beständen des Museums, welche auf irgendeine Weise mit der Kartoffel zu tun haben: Ölgemälde, Aquarelle, Fotografien sowie Werbeaufnahmen.

Wer weitere ungewöhnliche Museen in München besuchen möchte, dem sei das Alpine Museum (s. Nr. 14), das Spielzeugmuseum (s. Nr. 17) und das Deutsche Jagd- und Fischereimuseum (s. Nr. 7) anempfohlen. Am seltsamsten ist das Zählermuseum in der Franzstraße 9 (12. Bezirk), das über 700 Stromzähler zeigt, von Thomas Edisons erstem elektrolytischen Modell aus 1881 bis zu modernen elektronischen Messgeräten der 1980er Jahre.

Interessanter Ort in der Nähe: 27

56. Ein fast vergessener Flughafen

Trudering – Riem (15. Bezirk), der ehemalige Flughafen München-Riem in der Olof-Palme-Straße
U2 Messestadt-West

Der Tower des ehemaligen Flughafens München-Riem

1992 wurde Münchens früherer internationaler Flughafen in Riem geschlossen und in ein weitläufiges Messegelände umgewandelt, in die Neue Messe München. Es erstreckt sich auf über 200 000 bebauten Quadratmetern und bietet heute internationalen Ereignissen ausreichend Raum. Bei der Besichtigung kann man sich kaum vorstellen, dass sich hier ursprünglich ein Flughafen befunden hat, auf dem immerhin einst 12 Millionen Passagiere abgefertigt wurden.

Um sich die Geschichte des Flughafens München-Riem zu vergegenwärtigen, verlässt man am besten die U-Bahn-Station Messestadt-West in Richtung der Olof-Palme-Straße, der man Richtung Norden folgt. Dabei passiert man zur Rechten das Messezentrum und zur Linken einen verblüffenden, modernen Wassergarten, der heute überraschenderweise verwildert ist. (In einem der Teiche befindet sich das Kunstwerk *Gran Paradiso* [1997] von Stephan Huber, das aus zwei Reihen maßstabsgetreuer Bergmodelle besteht.) Am Ende der Straße befinden sich die einzigen Gebäude, die vom alten Flughafen erhalten geblieben sind: ein roter Backsteintower und links davon die ursprüngliche Ankunftshalle, die sogenannte Wappenhalle. Beide stehen heute unter Denkmalschutz.

Reichsluftfahrtsminister Hermann Göring veranlasste 1936 den Bau neuer Flughäfen in Berlin, München und Stuttgart. Das Büro des Architekten Ernst Sagebiel (1872–1970) war mit der Umsetzung betraut. Der Flughafen Berlin-Tempelhof war zum Zeitpunkt seiner Erbauung der größte in Europa. Münchens neuer Flughafen ersetzte den damals dreißig Jahre alten Landeplatz Oberwiesenfeld (wo sich heute das Olympische Dorf befindet) und wurde in der Nähe des Dorfes Riem auf ähnliche Weise wie Tempelhof angelegt. Entlang eines weiten ovalen Landeplatzes erstreckte sich das über 1,7 Kilometer lange Flughafengebäude über gekurvtem Grundriss. In der Mitte des Gebäudes befand sich die 13 Meter hohe Ankunftshalle, die noch erhalten ist. Am 25. Oktober 1939 landete in München-Riem das erste Flugzeug auf dem zu seiner Zeit modernsten Flughafen der Welt, womit an diesem Ort sowohl die zivile als auch die militärische Luftfahrt eingeläutet war. Im April 1945 wurde hier auch die Staffel des als Fliegerass gefeierten Generalleutnants Adolf Galland stationiert, welche mit der neuen Me 262 ausgestattet war, dem ersten Kampfjet mit Düsentriebwerk der Welt. Kurz darauf verwandelten alliierte Luftangriffe einen Großteil des Flughafens in Ruinen.

Die Ankunftshalle des ehemaligen Flughafens München-Riem

Nach dem Krieg wurde der Flughafen München-Riem wiederaufgebaut und ab 1948 als erster Flughafen in Deutschland für zivile Luftfahrt genutzt. Leider kam der Flughafen am 6. Februar 1958 wieder in die Schlagzeilen, als eine Chartermaschine kurz nach dem Start abstürzte. Das Unglück ist heute im englischen Sprachraum als „Munich Air Disaster“ bekannt, da sich unter den 23 Passagieren, die ums Leben kamen, acht Mitglieder der Fußballmannschaft Manchester United befanden.

Die Landebahn des Flughafens München-Riem wurde mehrmals verlängert, zuletzt 1969 auf 2804 Meter. Allerdings war bereits seit 1963 klar, dass eine weitere Verlängerung unmöglich war und dass Riem letztendlich geschlossen und anderswo ein neuer Flughafen gebaut werden müsse. Trotz eines Bombenanschlags 1982 auf Passagiere, die nach Israel unterwegs waren und obwohl es bekannt war, dass seine Rollhilfen-Anlagen nicht mehr einwandfrei arbeiteten, wurde der Flughafen Riem mehr schlecht als recht weiterbetrieben; bis in der Nacht des 17. Mai 1992 das gesamte Unternehmen an seinen neuen Standort in der Nähe von Erding umzog und fortan „Franz-Josef-Strauß-Flughafen“ hieß (benannt nach dem ehemaligen bayerischen Ministerpräsidenten). Bis zum Umbau in das Messezentrum 1995 wurden die Gebäude des alten Flughafens als ungewöhnlicher Ort für Musikveranstaltungen genutzt, beispielsweise fand dort 1994 das letzte Konzert der Rockband Nirvana statt.

57. Ein merkwürdiger Gedenkstein im Wald

Ramersdorf – Perlach (16. Bezirk), der Schweden-Gedenkstein im Truderinger Wald
U2 Trudering, dann Bus 194 bis Nauestraße

Im Truderinger Wald ist ein merkwürdiger Gedenkstein versteckt, der in keinem Führer verzeichnet ist. In den Wald in Neuperlach, am östlichen Rand von München, gelangt man, indem man an der U-Bahn-Station Trudering den Bus 194 bis zur Nauestraße nimmt. Von hier führt ein Weg, der „Breites Geräumt" heißt, direkt nach Süden in den Wald, der durch seine naturbelassene Schönheit überrascht. Der zweite Weg nach links führt nach kurzer Strecke zu dem Gedenkstein (rechts gegenüber der Abzweigung befindet sich eine ehemalige Kiesgrube, die einen idyllischen, fischreichen See abgibt, welcher von einem Schilfgürtel gesäumt wird).

Der Gedenkstein besteht aus einer schlanken Säule, die auf einer quadratischen Basis steht. Eine schmale Tafel auf der Basis informiert Spaziergänger, dass es sich hierbei um den „Schweden-Gedenkstein" handelt (auf Karten ist er manchmal als „General Horn Schwedensäule" eingetragen). Der Gedenkstein ist eine Replik, deren Original, das um 1500 datiert, sich seit den 1950er Jahren im Marstallhof des Münchner Stadtmuseums am St.-Jakobs-Platz befindet (1. Bezirk).

Warum diese Säule aber ausgerechnet an dieser Stelle im Wald aufgestellt wurde, bleibt ein Rätsel. Vielleicht kennzeichnet sie eine Grenze oder stellt ein Denkmal an eine vergessene Tragödie dar, eine Pestsäule oder vielleicht sogar ein Andenken daran, dass der heilige römische Kaiser Karl V. 1530 hier an einer Jagd teilnahm? Noch rätselhafter ist, wie die Säule zu ihrem Namen kam; ein lokales Gerücht, das sich hartnäckig hält, besagt, dass die Säule das Grabmal des Soldaten und Politikers Gustav Horn kennzeichne. Horn war einer der fähigsten Feldherren des schwedischen Königs Gustav II. Adolf (1594–1632), der im Dreißigjährigen Krieg (1618–1648) sein zunächst nur regional bedeutendes Königreich zu einer der europäischen Großmächte machte. Dass Horn in Wirklichkeit 1657 starb und in Stockholm begraben wurde, tut der fantasievollen Legende keinen Abbruch.

Was auch immer die Wahrheit sein mag, der merkwürdige Stein bietet einen Anstoß, sich an eine wichtige und zeitweise blutige Phase der bayerischen Geschichte zu erinnern. Der Dreißigjährige Krieg wurde 1618 in Prag durch einen Aufstand von Protestanten gegen die katholische Kirche entfacht. Vor diesem Hintergrund wurde Herzog Maximilian I. von Bayern (1597–1623) 1623 zum Kurfürsten (1623–1651) erhoben, im Gegenzug für seine Unterstützung der katholischen Liga des Heiligen Römischen Habsburgerkaisers. Trotz dieser Allianz hatte Gustav II. Adolf 1630 damit begonnen, nach Norddeutschland vorzustoßen, wo er sich alsbald mit den Protestanten zusammenschloss. Bei der ersten Schlacht von Breitenfeld (1631) schlug er eine katholische Armee, die seinen sächsischen Alliierten Schaden zugefügt hatte. Zusammen mit Frankreich plante er nun, in den Rest des Heiligen Römischen Reiches vorzudringen, und so fiel er im März 1632 in Bayern ein.

Dieser seltsame Gedenkstein befindet sich in einem Wald in Neuperlach.

Bei der Schlacht bei Rain am Lech bewirkte er den Rückzug seiner katholischen Gegner; Münchens Besetzung stellte den Höhepunkt des Feldzugs Gustav II. Adolfs dar.

Da sein Land verwüstet war, erwirkte Maximilian Friedensverhandlungen. Glücklicherweise war Gustav II. Adolf von der Wittelsbacher Residenz so beeindruckt, dass er München von der Zerstörung ausnahm – darüber war Maximilian wiederum so erleichtert, dass er die Mariensäule auf dem Marienplatz errichten lies. Als Gustav II. Adolf bei der Schlacht von Lützen getötet wurde, entschied sich Maximilian für eine Frankreich-freundliche Haltung, was die Politik Bayerns bis zur Deutschen Vereinigung 1871 prägte.

58. Eine experimentelle Brauerei

Ramersdorf – Perlach (16. Bezirk), Forschungsbrauerei in der Unterhachinger Straße 76
S6 Perlach; Bus 55, 139 bis Pfanzeltplatz

Am bekanntesten ist München wohl für sein reiches Erbe an Brauereien. Die Stadt bietet zahllose Bierschenken und -gärten, in denen flüssige Köstlichkeiten verkostet werden können. Für etwas Abwechslung sei ein Ausflug in den Vorort Perlach empfohlen, wo neben den S-Bahn-Gleisen, inmitten von Gemüsegärten, eine Mikrobrauerei im Familienbetrieb ein paar einzigartige Gebräue ausschenkt.

Nach 25 Jahren im Brauereigewerbe machte der Braumeister Gottfried Jakob seinen Traum wahr und eröffnete 1930 seine private Forschungsbrauerei in der Unterhachinger Straße 76. Sein Ziel war es, obwohl das Reinheitsgebot von 1516 bis heute die Zutaten auf Gerstenmalz, Hefe, Hopfen und Wasser beschränkt, neue Brautechniken zu entwickeln und in der Folge Bier von besserer Qualität zu erzeugen. Die Ergebnisse wurden von ortsansässigen Gästen in einem kleinen an die Brauerei angeschlossenen Lokal probiert. Aufgrund seiner zahlreichen schriftlichen Aufzeichnungen und Patente war es Jakob gelungen, die Ergebnisse seiner Forschung an seine Nachkommen weiterzugeben. Dank dieses einzigartigen Erbes ist ein Besuch in der Forschungsbrauerei heute etwas ganz Besonderes.

Die Forschungsbrauerei wird heute von dem Enkel des Gründers, Stefan Jakob, geführt und kann es leicht mit den Produkten der Münchner Braugiganten aufnehmen, wenngleich sie bewusst klein geblieben und von Massenproduktion weit entfernt ist. Sie bietet einige einzigartige, hochqualitative Biere an, insbesondere das wunderbar hopfige Pilsissimus (5,2 %), ein leichtes, gelbgoldenes Helles mit feiner Schaumkrone und das berühmte St. Jakobus Blonder Bock (7,5 %), ein körperhaftes, honigfarbenes Starkbier (Doppelbock). Letzteres wird traditionell eine

In der Perlacher Forschungsbrauerei wird Bier nur in Keferloher Keramikkrügen serviert.

Woche vor der Starkbierzeit der Stadt getrunken, die offiziell am 19. März beginnt (St. Josefstag; s. Nr. 31).

In der Forschungsbrauerei wird das Bier in Keferloher Keramikkrügen serviert, welche im oberbayerischen Ort Keferloh in Grasbrunn hergestellt werden; sie werden eigens dafür entworfen, Bier kalt zu halten und seine Frische zu bewahren (die Einlagerung von Salzpartikeln beim Brennen der Keramik hält die Kohlensäure länger im Bier). Gäste können das Bier entweder im gemütlichen Bräustüberl (wo die allerersten Biere verkostet wurden) genießen oder im begrünten Biergarten neben dem Brauereiturm, der einige große Gärbottiche aus Kupfer enthält. Die traditionelle Anpflanzung von Kastanienbäumen in Biergärten hält angeblich nicht nur die Gäste, sondern auch den darunterliegenden Bierkeller kühl.

Das Gebäude der Forschungsbrauerei ziert der Name ihres berühmtesten Bieres.

Man kann in der Forschungsbrauerei auch essen, ihre Küche bietet eine feine Auswahl bayerischer Spezialitäten wie Surhaxn mit Weinkraut, Münchner Tellerfleisch mit Meerrettich und frische Grillhendl. Es wird außerdem alles für die Brotzeit angeboten, wie Obatzter mit Brezen und Rettich, Presssack, Leberkäse, Bauernspeck, Leberwurst und Brathering.

59. Die Geheimnisse von Ramersdorf – Perlach

Ramersdorf – Perlach (16. Bezirk), der Rundgang beginnt an der Kirche St. Maria Ramersdorf in der Ramersdorfer Straße 6
U5 Innsbrucker Ring, U2 Karl-Preis-Platz; Bus 55, 155

Der Stadtbezirk Ramersdorf – Perlach liegt weit draußen, fern von Münchens Zentrum sowie von den inneren Stadtvierteln, sodass nicht allzu viele Touristen hierhin kommen. Diejenigen, die sich doch hierhin verirren, werden wahrscheinlich mit der U-Bahn rausfahren und entweder am Innsbrucker Ring oder am Karl-Preis-Platz aussteigen. Von hier aus führt ein kurzer Fußmarsch direkt in das ehemalige Dorf Ramersdorf. Es stellt eine Ruheinsel dar, die inmitten stark befahrener Straßen und geschäftiger Industriegebiete liegt.

Die Wallfahrtskirche St. Maria Ramersdorf

Unser erstes Ziel finden wir gleich neben dem im Dorf unvermeidlichen Maibaum in der Ramersdorfer Straße, nämlich die Pfarrkirche St. Maria Ramersdorf. Sie ist eine der ältesten Walfahrtskirchen Bayerns. Seit dem 15. Jahrhundert kommen die Pilger hierher, ursprünglich um eine Reliquie des Heiligen Kreuzes anzubeten, die in einer kostbaren Monstranz aufbewahrt wird. Ab 1465 drängte sich jedoch ein anderes verehrungswürdiges Objekt in den Vordergrund, nämlich die thronende Madonna, die der bekannte Münchner Bildschnitzer Erasmus Grasser (um 1450 – um 1518) schuf (s. Nr. 20). Die Fassade der Kirche hat ihren ursprünglichen gotischen Charakter bewahrt, während die Innenausstat-

In Ramersdorf entstand Deutschlands erste nationalsozialistische Wohnsiedlung.

tung samt den stuckierten gotischen Gewölben barockisiert wurde. Hat man den winzigen Friedhof, der die Kirche umgibt, durchquert, lohnt ein Besuch im nahen Alten Wirten; ein Gasthaus mit begrüntem Biergarten, welches einst vor allem von Pilgern auf ihrem Weg zwischen Salzburg und Augsburg frequentiert wurde.

Direkt am Alten Wirt führt die stark befahrene Rosenheimer Straße vorbei; auf der gegenüberliegenden Seite findet sich ein weiterer Geheimtipp der Gegend. Die Ramersdorfer Wohnsiedlung, die von Chiemgau-, Wilram-, Hohenaschauer- und Rosenheimer Straße gesäumt wird, wurde 1934 anlässlich der Deutschen Siedlungsausstellung in München eröffnet. Ursprünglich galt sie als Muster- oder Modellsiedlung, da sie als Ergebnis eines 1932 ausgeschriebenen Architekturwettbewerbs hervorging, der mit dem Ziel veranstaltet worden war, gut gebaute, günstige Familienunterkünfte für das deutsche Volk zu schaffen. Unter der Leitung des Münchner Siedlungs- und Wohnungsbaureferenten sowie NSDAP-Mitglieds Guido Harbers nahmen über 20 Architekten teil, die insgesamt 192 Häuser bauten. Somit entstand die erste nationalsozialistische Modellsiedlung im Deutschen Reich. Zu Harbers Bedauern etablierten sich die Häuser nicht als Prototypen für den zukünftigen Hausbau des Landes, wohl weil ihre Baukosten als zu hoch eingeschätzt wurden. Heute wird die Ramersdorfer Mustersiedlung als historisches Baudenkmal geschützt und ihre original bestehenden Fassaden sowie die großen Gärten (die ursprünglich der Selbstversorgung dienen sollten) für die Nachwelt erhalten.

Südöstlich der Siedlung liegt der Neue Südfriedhof, in der Hochäckerstraße im ehemaligen Dorfkern von Perlach, den man am besten mit dem Bus 55 erreicht. Er wurde 1977 als Ergänzung zum Friedhof am Perlacher Forst (17. Bezirk) eröffnet. Was historische oder berühmte Grabmäler betrifft, hat er wenig zu bieten. Sein bekanntester Toter ist Lou van Burg (1917–1986; Grab Nr. 305-1-140), der seine Bühnenlaufbahn im Paris der 1950er Jahre begonnen hatte, wo er u.a. mit Josephine Baker auftrat. Während der 1960er und 70er Jahre erlangte er als Fernsehmoderator „Onkel Lou“ sowie als Moderator der Sendung *Der Goldene Schuss* Berühmtheit; nachdem aber seine Affäre mit seiner Assistentin bekannt wurde, feuerte ihn der Sender.

Für Historiker interessanter ist die Tatsache, dass der älteste Nachweis menschlicher Besiedlung in Perlach auf dem Gelände des Neuen Südfriedhofs gefunden wurde: eine keltische Kultstätte aus dem 5. Jh. v. Chr. Ein Friedhof zwischen der nahen Weddigen- und der Schmidbauerstraße wurde im 7. Jh. n. Chr. errichtet, was auf die erste Besiedelung von Perlach deutet. Im 18. Jahrhundert war das Dorf schließlich groß genug für den Bau einer neuen Barockkirche, welche noch heute am Pfanzeltplatz steht.

Unser Rundgang endet in der Forschungsbrauerei in der Unterhachinger Straße 76, einer als Familienbetrieb geführten Brauerei, die für ihre einzigartigen Biere und ihre traditionelle bayerische Küche bekannt ist (s. Nr. 58).

60. Auf Schiene gebracht

Ramersdorf – Perlach (16. Bezirk), MVG-Museum in der Ständlerstraße 20
S5, S6, U2 Giesing, weiter zu Fuß oder mit dem halbstündlich abfahrenden historischen Museumsbus; Straßenbahn 27 Schwanseestraße; Bus 139, 144, 145

Wer sich für die Geschichte des öffentlichen Verkehrswesens in München interessiert, besucht in der Regel das Verkehrszentrum des Deutschen Museums auf der Theresienhöhe 14a (8. Bezirk), welches in der Tat über eine schöne Sammlung verfügt. Weniger bekannt ist das MVG-Museum in der Ständlerstraße 20, das offizielle Museum der Münchner Verkehrsgesellschaft.

Es liegt passenderweise in einem Teil der Hauptwerkstätten der MVG, die 1918 erbaut wurden, und zeigt in erster Linie die Geschichte des Münchner Straßenbahnnetzes sowie 15 historische Straßenbahnzüge, außerdem aber auch zwei Busse und einen einzelnen U-Bahn-Waggon. Ein Paar der seltenen Münchner Oberleitungsbusse wurde

Trambahnen und Bus im faszinierenden MVG-Museum

Besucher des MVG-Museums können in diese historische Trambahn einsteigen.

zusätzlich angekauft, diese harren jedoch noch ihrer Restaurierung. In der lichtdurchfluteten, luftigen Ausstellungshalle wurden die verschiedenen Fahrzeuge großzügig platziert und mit zugehörigen Objekten wie Signale, Uniformen und Modelle in Zusammenhang gebracht. Für ein Spezialmuseum wie dieses ist es besonders lobenswert, dass alles auf Deutsch und Englisch ausgeschildert ist.

Unter den weiteren Exponaten befindet sich eine Auswahl an Wartungsfahrzeugen und Dienstwägen, darunter ein Schneepflug, der sich durch seine orangefarbene Lackierung vom Rest der traditionell weiß und blau gehaltenen Flotte unterscheidet. In den kleineren Räumen neben der Haupthalle können Sie die Ausstattung der ehemaligen Straßenbahnwerkstatt in der Westendstraße besichtigen, wo noch bis vor kurzem Ersatzteile für ältere Straßenbahnzüge handgefertigt wurden; zudem eine rekonstruierte Schmiede von 1934. Die Wartung moderner Straßenbahnen wird in einer Besichtigungsgrube unter einem der Fahrzeuge veranschaulicht. Ein Kuriosum ist die Sammlung von Achsbrüchen in einer Vitrine! Der bereits erwähnte U-Bahn-Waggon enthält einen Fahrsimulator, sodass die Museumsbesucher selbst ausprobieren können, wie es sich anfühlt, eine U-Bahn zu steuern (s. Nr. 82). Das MVG-Museum wird gänzlich von Enthusiasten betrieben, die an ihren Wochenenden die Fahrzeuge restaurieren. Unter der Woche sind die gleichen MVG-Ingenieure in den Werkstätten tätig, um die aktive Fahrzeugflotte intakt zu halten.

Das Münchner Straßenbahnsystem besteht heute aus 10 Linien, 95 Wägen, 71 Kilometern Schienen und 148 Haltestellen. Obwohl es in den 1980er Jahren etwas an Beliebtheit einbüßte, erlebt dieses saubere und effiziente Transportmittel gegenwärtig wieder einen Aufschwung. Interessanterweise spricht man in München häufiger von der „Trambahn" als von der „Straßenbahn". Die älteste motorisierte Straßenbahn, die im Museum gezeigt wird, ist die mit der Nummer 256 – sie wurde 1899 gebaut. Anlässlich des 100-jährigen Jubiläums des Münchner Straßenbahnnetzes wurde sie soweit restauriert, dass sie heute wieder betrieben werden kann. Hin und wieder ist sie auf der Straße zu sehen, ebenso wie eine von Pferden gezogene historische Straßenbahn.

Eine Replik einer solchen Pferdebahn kann man auch im U-Bahnhof Max-Weber-Platz sehen; sie soll die Passanten an Münchens erste Pferdebahnstrecke erinnern, die an dieser Stelle zwischen 1882 und 1899 Münchens erste Pferdestraßenbahnstrecke verlief, ehe die Wägen elektrifiziert wurden. Das Straßenbahndepot, das einst hier stand, bot 54 Wägen und 180 Pferden Platz; deren ehemalige Ställe wurden später in Büros umgewandelt. 1988 wurde hier die U-Bahnlinie U4/U5 angeschlossen, welche die westlichen Viertel Laim und Westend mit dem Zentrum sowie den östlichen Stadtvierteln und Vororten wie Haidhausen, Bogenhausen, Ramersdorf, Berg am Laim und Neuperlach verbindet.

Die Freunde des Münchner Straßenbahnmuseums sowie die Gesellschaft für Straßenbahngeschichte sind in einem Nebengebäude des MVG-Museums zu finden. Ihre Bibliothek umfasst 3500 Bände über Straßenbahnen und Züge.

Zwischen Mai und September bietet das MVG-Museum geführte Rundfahrten mit den historischen Straßenbahnen an. Sie starten an einer gesonderten Straßenbahnhaltestelle am Sendlinger Tor jeweils um 11, 12, 13 und 14 Uhr. Weitere Informationen sind unter www.mvg-mobil.de zu finden.

61. Kriegserinnerungen auf dem Ostfriedhof

Obergiesing (17. Bezirk), Ostfriedhof an der Ecke Tegernseer Landstraße/St.-Bonifatius-Straße
U4, U5 Max-Weber-Platz, dann mit der Straßenbahn 15 oder 25 zum Ostfriedhof; Straßenbahn 27

Münchens Ostfriedhof auf den sanften Ausläufern des Nockherbergs nahm als Grabstätte des Münchner Vororts Au seinen Ausgang. Während des 19. Jahrhunderts wurde er zu einem städtischen Friedhof erweitert. Seine Grabstätten sind klassisch an einem Gitternetz von Straßen und Wegen ausgerichtet. Heute bietet diese „Totenstadt" über 35 000 Gräbern Platz, darunter denen einiger Persönlichkeiten wie des Psychiaters Dr. Bernhard von Gudden (1824–1886), der neben seinem Patienten König Ludwig II von Bayern (1864–1886) im Starnberger See ertrunken war. Auch die österreichische Schauspielerin Barbara Valentin (1940–2002), die deutsche Jayne Mansfield genannt, liegt hier begraben, an deren Beziehung mit dem Sänger Freddie Mercury man sich noch erinnern mag. Außerdem findet man hier das Grab von Ludwig Franz Hirtreiter (1939–1999), besser bekannt als Schlagersänger unter dem Namen Rex Gildo.

Leider hat der Ostfriedhof auch eine dunkle Seite, die auf die Zeit des Dritten Reichs zurückgeht. Es ist kaum bekannt, dass während Hitlers Amtszeit als Deutschlands Reichskanzler hier 3996 Opfer aus Konzentrationslagern eingeäschert wurden. Viele davon kamen aus dem Lager in Dachau am Rande von München, das im März 1933 eingerichtet wurde und bis zur Befreiung im April 1945 durchgehend in Betrieb war. Als erstes Konzentrationslager auf deutschem Boden bot es das Vorbild für alle, die noch folgen sollten.

Eine weitere, wenig bekannte Tatsache ist, dass hier 1946 – eine ironisch wirkende Wendung des Schicksals – auch die Körper eines Dutzends deutscher Kriegsverbrecher eingeäschert wurden, welche bei den Nürnberger Kriegsverbrecherprozessen zum Tod durch den Strang verurteilt worden waren. Unter ihnen befand sich Hitlers vermeintlicher Nachfolger und Luftwaffenkommandeur Reichsmarschall Hermann Göring (1893–1946), der Generalfeldmarschall Wilhelm Keitel (1882–1946), der deutsche Außenminister Joachim von Ribbentrop (1893–1946) und der SS-Führer und Chef der Sicherheitspolizei Ernst Kaltenbrunner (1903–1946), also die höchstrangigen Nazis, die vor

Das Krematorium auf dem Ostfriedhof in Obergiesing

Gericht gebracht wurden. Während sich heute vor dem Krematorium ein kleines Denkmal für ihre Opfer befindet, wurden ihre sterblichen Überreste ohne Zeremonie in die Isar geschüttet, sodass eventuellen Sympathisanten keinerlei Grab als etwaiger Gedenkort zur Verfügung steht.

Andere, die ebenfalls unter dem Banner der Nazis Karriere machten, hatten mehr Glück und erhielten ein konventionelles Grab auf dem Ostfriedhof. Aus leicht nachvollziehbaren Gründen werden deren Gräber nicht auf der Liste beachtenswerter Gräber an den Eingängen aufgeführt. Darunter befindet sich das Grab des Nachtjäger-Fliegerasses Werner Streib (1911–1986), des SS-Generals Johann Rattenhuber (1897–1957) und des SS-Obergruppenführers Julius Schaub (1898–1967), der schon 1923 am Münchner Putsch teilgenommen hatte und ab 1940 Hitlers loyaler Chefadjutant war; nach dem Krieg führte Schaub bis zu seinem Tod 1967 eine Apotheke in München. Ebenfalls hier begraben liegen die Schauspieler Joe Stöckel (1894–1959) und Wastl Witt (1882–1955), welche beide in *SA-Mann Brand* (1933) mitwirkten, dem ersten Nazipropagandafilm im Spielfilmformat (s. Nr. 63).

Ein Grab, das vielleicht in die Listen an den Eingängen aufgenommen werden sollte, ist jenes von Rudolf Christoph Freiherr von Gersdorff (1905–1980), das versteckt im nordöstlichen Teil des Friedhofs

Das Grab von Rudolf Christoph Freiherr von Gersdorff, der 1943 versuchte, Hitler zu ermorden

liegt (Nr. 152-1-12a). So wie auf allen städtischen Friedhöfen in Deutschland sind die Gräber des Ostfriedhofs „Ruhezeiten“ unterworfen, d.h. ihre Belegung wird für 25 bis 50 Jahre gewährt, wenn vorausbezahlt wurde. Wird die Zahlung nach dieser Frist nicht wiederholt, wird das Grab eingeebnet und neu vergeben; Ausnahmeregelungen bestehen für Ehrengräber, für deren Aufrechterhaltung, wenn notwendig, der Staat aufkommt. Von Gersdorffs Grab ist solch ein Ehrengrab, die Aufzeichnungen im Friedhofsbüro zeigen deutlich den roten Stempel „Bekannte, Berühmt“ hinter seinem Namen. Der Grund dafür ist, dass von Gersdorff versucht hatte, Hitler umzubringen.

Als hochdekorierter Wehrmachtsoffizier hatte von Gersdorff am Polenfeldzug, an der Schlacht gegen Frankreich und am Russlandfeldzug teilgenommen. Aufgrund der menschlichen Verbrechen der Nazipartei geriet er zunehmend in Konflikt mit den ihm erteilten Befehlen wie etwa Hitlers Anweisung, alle unter den sowjetischen Kriegsgefangenen befindlichen politischen Kommissare der Roten Armee zu ermorden. Von Gersdorff gehörte schließlich einem engen Kreis von Sympathisanten um den Oberst im Generalstab Henning von Tresckow an. Am 21. März 1943, als er Hitler bei einer Inspektion erbeuteter sowjetischer Waffen in Berlin begleiten sollte, steckte von Gersdorff zwei Bomben mit Zeitzünder in seine Manteltaschen, in der Absicht, den Diktator zu töten und dabei den eigenen Tod in Kauf zu nehmen. Unerwarteterweise kürzte Hitler jedoch den Rundgang ab und von Gersdorff verpasste die Gelegenheit zum Attentat. Da er wieder an die Ostfront kam, wurden der Gestapo von Gersdorffs Aktivitäten nicht bekannt, sodass er einer der wenigen Widerstandskämpfer der deutschen Wehrmacht gewesen ist, die den Krieg überlebten. Sein Kollege Tresckow sah die Bedeutung des versuchten Attentats darin, „dass die deutsche Widerstandsbewegung vor der Welt und vor der Geschichte den entscheidenden Wurf gewagt hat“.

Interessanter Ort in der Nähe: 28

62. Seltenen Tieren auf der Spur

Untergiesing – Harlaching (18. Bezirk), Tierpark Hellabrunn in der Tierparkstraße 30
U3 Thalkirchen; Bus 52

Münchens Tierpark Hellabrunn wurde 1911 eröffnet und war der erste Zoo der Welt, der die Gehege der Tiere nach den Kontinenten ihrer Herkunft gruppierte. In jedem Bereich wurde zudem versucht, die Käfige und die Pavillons, in denen die Tiere gehalten werden, so zu gestalten, dass sie deren natürlichem Lebensumfeld möglichst ähnlich sind. Der Zoo befindet sich am Ufer der Isar und erstreckt sich auf einem Areal von 3,6 Quadratkilometern, das vom Auer Mühlbach durchzogen ist. Zahlreiche Bäume und ruhige Haine machen den Tierpark Hellabrunn zweifellos zu einem der weltweit schönsten.

Die meisten Besucher, insbesondere Familien mit Kindern, werden wohl direkt auf die bekannten Favoriten zusteuern: auf Löwen und Tiger, Elefanten und Nashörner, Schimpansen und Pinguine. Wer wollte sie eines Besseren belehren! Jedoch sollte man nicht vergessen, dass der Tierpark Hellabrunn Weltruf in der Zucht seltener, vom Aussterben bedrohter Tierarten genießt. Folgt man den Spuren dieser seltenen Tierarten, kann man zudem leichterdings den Besucherhorden ausweichen.

Unser Rundgang beginnt am an der Isar liegenden Eingang des Zoos, der von der U-Bahnhaltestelle Thalkirchen aus gut erreichbar ist. Folgt man dem Weg geradeaus in die europäische Abteilung, ist rechter Hand eine kleine Herde persischen oder mesopotamischen Damwilds (*Dama mesopotamica*) zu sehen. Diese zierlichen Kreaturen, von denen man noch nicht weiß, ob sie eine Unterart des europäischen Damwilds oder eine eigene Spezies ausbilden, waren einst in Südeuropa und Nordafrika verbreitet. Sie weisen den gleichen, weiß gesprenkelten walnussbraunen Pelz wie die europäischen Exemplare auf, aber sie sind von größerer Statur und haben ein anders geformtes Geweih. Da sie stark gejagt wurden, finden sich nur noch im westlichen Iran und in Israel in freier Wildbahn lebende Tiere.

Überquert man den vor einem liegenden Fluss und nimmt die nächste Abzweigung nach rechts, kommt man zu einem Gehege mit Przewalski-Pferden (*Equus [ferus] przewalski*), die auch als Asiatische oder Mongolische Wildpferde bezeichnet werden. Sie sind nach dem General Nikolai Przhevalsky (1839–1888) benannt, einem Entde-

Eine Herde der seltenen Przewalski-Pferde im Tierpark Hellabrunn

ckungsreisenden und Naturkundler, der im Auftrag des russischen Zaren unterwegs war. Als der Zar gerüchteweise von der Existenz eines stämmigen Wildpferdes mit aufgerichteter Mähne und einem schwarzen Streifen auf dem Rücken hörte, wurde Przhevalsky 1881 nach Zentralasien entsandt, um danach zu suchen. Bis 1900 wurden 54 Fohlen für aristokratische Sammlungen und Tiergärten in ganz Europa eingefangen. Im 20. Jahrhundert ging die natürliche Population, aufgrund von Bejagung, harten Wintern, Wasser- und durch das Grasen domestizierter Herden verursachten Futtermangel, jedoch stark zurück. Nachdem die letzte wild lebende Herde 1967 in der Mongolei gesichtet worden war, wurde in den Niederlanden eine Stiftung gegründet, um das Pferd vor dem Aussterben zu bewahren. Der globale Bestand beträgt heute etwa 2000 Pferde und wurde durch die Zucht gefangen lebender Tiere erreicht, deren Vorfahren die ursprünglich importierten Fohlen waren. Es gelang, einige davon wieder in der freien Wildbahn heimisch zu machen.

Im nächsten Gehege auf der linken Seite ist eine europäische Rarität zu sehen, nämlich der alpine Steinbock (*Capra ibex*). Er ist ein hervorragender Kletterer, der oberhalb der Baumgrenze in den europäischen Alpen heimisch ist. Er wurde lange für ein mystisches Tier gehalten, fast all seine Körperteile und sogar seine Exkremente wurden einst als Wunderheilmittel für verschiedene Leiden sowie als Zutaten für Zaubertränke eingesetzt. Im frühen 19. Jahrhundert wurde er fast bis zur Ausrottung gejagt, in der Folge konnten jedoch Schutzprogramme einen Wildbestand von heute ca. 30 000 Tieren sichern.

Der alpine Steinbock ist eine weitere Rarität im Tierpark Hellabrunn.

Folgt man dem Bach nach Süden, vorbei an Nashörnern und Tapiren, kommt man in die Asienabteilung, wo man auf das Kiang (*Equus kiang*) trifft, die größte Wildeselart, die auf dem tibetischen Hochplateau lebt. Sie wurde zunächst für eine Unterart des asiatischen Wildesels Onager gehalten, wird heute jedoch als eigene Art klassifiziert. Im Norden Nepals entlang der tibetischen Grenze existiert noch eine kleine wildlebende Population dieser Esel, die an ihrem walnussbraunen Fell und Gesicht sowie an dem weißen Fell an Bauch, Beinen und Schnauze erkennbar sind.

Wir beenden unsere Safari, indem wir uns nach links dem Biergarten zuwenden (das gibt es auch „Nur in München"!), diesen jedoch durchqueren, um über den Fluss in die Afrikazone zu gelangen; denn dort lässt sich noch die elegante Mhorr-Gazelle (*Gazella dama mhorr*) bewundern, eine Unterart der Dama-Gazelle (*Nanger dama*), die in der freien Wildbahn mittlerweile ausgestorben ist. Wie die Dama-Gazelle bewohnte sie die Wüste Sahara und zog während der Trockenzeit nach Norden und Süden; ihr rostfarbenes Fell mit weißem Bauch diente in der Wüste der perfekten Tarnung. Trotz eines laufenden Zuchtprogramms gibt es weltweit noch immer nur noch ca. 150 in Gefangenschaft lebende Mhorr-Gazellen.

Von hier aus erreicht man das Flamingo-Tor in der nordöstlichen Ecke des Zoos, indem man sich nach Norden wendet und an den Löwen, den Elefanten, den Affen und dem Aquarium vorbeigeht.

Interessante Orte in der Nähe: 65, 66, 67

63. Hinter den Kulissen des Bavaria Films

Geiselgasteig, gleich neben Untergiesing – Harlaching (18. Bezirk),
Studios von Bavaria Film am Bavariafilmplatz 7
U1 Wettersteinplatz, dann Straßenbahn 25

Bis 1919 lag Münchens erstes Filmstudio direkt im Münchner Zentrum, am Karlsplatz-Stachus. Danach gründete die Firma Münchner Lichtspiel-Kunst (kurz: Emelka) ein Studio für die Produktion von Stummfilmen in Geiselgasteig, einem Vorort, der direkt an den südlichsten Stadtbezirk Untergiesing – Harlaching grenzt. Weil elektrisches Licht noch in den Kinderschuhen steckte, baute die Firma ihr Studio als Glashaus, um das natürliche Tageslicht so gut wie möglich zu nutzen. Leider zerstörte ein starker Sturm dieses Gebäude in den 1920er Jahren. Es wurde durch ein gewöhnliches Studiogebäude ersetzt, welches ebenfalls schon lange nicht mehr existiert. Auch die Firma Emelka gab es nicht lange, da sie im Zuge der Umstellung auf Tonfilm Konkurs anmelden musste. Heute erinnert sich kaum jemand mehr an sie. Zu dieser Frühzeit des Films kam jedoch beispielsweise niemand Geringerer als Alfred Hitchcock hierher, um bei seinem allerersten Film *The Pleasure Garden* (1925; dt.: *Irrgarten der Leidenschaft*) Regie zu führen.

Im September 1932 wurde die Anlage aufgekauft und als Bavaria Film Ltd. neu eröffnet. Nur wenige Monate später versuchte Hitlers Nazipartei Einfluss auf die Filmindustrie zu nehmen, im Zuge der sogenannten Gleichschaltung, der Abstimmung sämtlicher kultureller Ausdrucksmittel Deutschlands, um sie mit der nationalsozialistischen Ideologie auf Linie zu bringen. Kurze Zeit später, am 14. Januar 1933, hatte die Bavaria Filmproduktion *SA-Mann Brand* Premiere in München – der erste Nazipropaganda-Spielfilm. Sein Thema war die „Zeit des kämpferischen Aufstiegs" der Nazis, wofür 1600 Komparsen aufgeboten wurden.

Bereits drei Monate später feierte der Film *Hitlerjunge Quex* in den Filmstudios in Anwesenheit von Hitler persönlich Premiere. Sein Untertitel lautete: „Ein Film vom Opfergeist der deutschen Jugend". Bis zum Kriegsende produzierte das Filmstudio fortlaufend weitere Propagandafilme (obwohl in Berlin noch viel mehr davon entstanden) sowie sogenannte Heimatfilme; ein Genre, mit dem ein traditionelles und nostalgisches deutsches Alltagsleben beworben wurde. Die heute ältesten erhaltenen Studiogebäude auf dem Gelände, Nummer 4 und 5, wurden noch zu dieser Zeit errichtet (1943). Sie können während eines

90-minütigen Rundgangs, den die Bavaria-Filmstadt anbietet, besichtigt werden. Die Führung, die seit 1981 veranstaltet wird, bietet für Jung und Alt, deutschsprachige und ausländische Gäste gleichermaßen Interessantes: eine Kombination aus historischen Informationen und spielerischen Angeboten.

Die Straßenkulisse von Marienhof auf dem Gelände der Bavaria Film Studios

Ab Juli 1945 wurden hier unter der Leitung der US-Armee die Nachrichten für die von den Alliierten besetzten Zonen produziert. Daraufhin wurden die Filmstudios bei amerikanischen Regisseuren beliebt, weil die Einrichtungen, die sie boten, verhältnismäßig günstig zu mieten waren. In dieser Phase entstanden hier Filme wie Stanley Kubricks Geschichte des Schützengrabenkrieges *Paths of Glory* (1957; dt.: *Wege zum Ruhm*) mit Kirk Douglas, Billy Wilders *One, Two, Three* (1961; dt.: *Eins, Zwei, Drei*) und *The Great Escape* (1963; dt.: *Gesprengte Ketten*) mit Steve McQueen; für letzteren Film wurde ein authentisches Kriegsgefangenenlager im an das Studiogelände angrenzenden Wald errichtet.

Bavaria Film, die auch das „Hollywood an der Isar" genannt wurde, ist heute eine der führenden europäischen Filmproduktionsfirmen, welche sowohl Spielfilme als auch Fernsehserien herstellt, von denen man bei der Führung einige Sets ansehen kann. Es gibt zwei vollständige Straßen, von denen eine den Hintergrund für *Marienhof* bildet, Deutschlands Langzeit-Vorabendserie; die andere heißt „Münchner Straße" und ist eine wandlungsfähige alltägliche Straße, die bei vielen deutschen Produktionen zum Einsatz kam; ihre vielfältigen Fassaden (vom Haidhausener Mietshaus der Arbeiterklasse bis hin zur Schwabinger Bürgervilla) folgen dem Grundriss in Form einer Neun – sodass möglichst viele Ecken und folglich Einstellungen geboten werden können.

Internationale Produktionen der Bavaria Film umfassen Gene Wilders *Willy Wonka & the Chocolate Factory* (1971; dt.: *Charlie und die Schokoladenfabrik*), *Die unendliche Geschichte* (1984), den ersten *Asterix & Obelisk*-Film mit echten Darstellern (1999), *Das Parfum* (2006) sowie *Der Untergang* (2004), eine Verfilmung der letzten Tage Hitlers, für die der Bunker des Diktators im Studio 12 nachgebaut wurde, einem der fünf größten Tonstudios Europas. Weniger bekannt dürfte der Science Fiction-Kultfilm *Enemy Mine* (1985; dt.: *Enemy Mine – Geliebter Feind*)

Diese Replik des Innenraums eines U-Bootes diente als Kulisse des Films Das Boot.

sein, der erste Kinofilm, bei dem Wolfgang Petersen Regie führte, von dem auch *The Perfect Storm* (2000; dt.: *Der Sturm*) mit George Clooney stammt. Noch davor drehte er seinen zweifellos besten Film *Das Boot* (1981), der von einer U-Boot-Mannschaft im Zweiten Weltkrieg handelt.

Die Entstehungsgeschichte von *Das Boot* ist vielleicht der faszinierendste Teil und das ungewöhnlichste Erlebnis der Filmstadt-Tour, da das originale Set noch erhalten ist. Es ist wenigen bewusst, dass während des gesamten Films kein einziges Mal ein echtes U-Boot zu sehen ist. Die Szenen an Bord des fiktiven U 96 wurden entweder in einer 57 Meter langen Kopie des nach Originalplänen eines deutschen VIIC-U-Boots gebauten Innenraums oder in einigen einzelnen Versatzstücken wie dem Kommandoturm bzw. mittels Modellen verschiedener Skalierung gedreht, welche noch an verschiedenen Stellen des Geländes stehen. Die U-Boot-Kulisse der Länge nach zu durchqueren ist ein unvergessliches Erlebnis und man bekommt dabei etwas von den Unbequemlichkeiten sowie dem klaustrophobischen Gefühl mit, das eine 52-köpfige Mannschaft solch eines Bootes im Zweiten Weltkrieg erdulden musste. Das einzige echte VIIC-U-Boot, das heute noch existiert, die U 995, befindet sich in Laboe in der Nähe von Kiel an der baltischen Küste, wo es Bestandteil eines Denkmals ist, das an gefallene Marinesoldaten sowie an alle auf den Meeren gebliebenen Seeleute aller Nationen erinnert.

Wer sich für in Originalausstattung erhaltene Kinos interessiert, der sollte das Theatiner Filmkunst-Kino in der Theatiner Passage, Theatinerstraße 32 (1. Bezirk), besuchen, das sich seit seiner Eröffnung 1957 künstlerisch wertvollen Filmen widmet; oder das Filmtheater Sendlinger Tor am Sendlinger-Tor-Platz 11 (1. Bezirk), das seit 1913 in Betrieb ist, sowie das Museum-Lichtspiele-Filmtheater in der Lilienstraße 2 (5. Bezirk), das 1910 eröffnete. Letzteres ist ein umgewandeltes Varieté-Theater und dafür berühmt, fast drei Jahrzehnte lang jede Woche *The Rocky Horror Picture Show* gezeigt zu haben. Das älteste Kino Münchens ist das Neue Gabriel Kino in der Dachauer Straße 16 (3. Bezirk). Da es 1906 eröffnet wurde, könnte es womöglich sogar das älteste Kino der Welt sein, das noch in Betrieb ist.

64. Das geheime Führer-Hauptquartier

Pullach liegt gleich außerhalb des 19. Bezirks Thalkirchen – Obersendling – Forstenried – Fürstenried – Solln; das ehemalige Führer-Hauptquartier „Siegfried" befindet sich in der Heilmannstraße
S7 Großhesselohe/Isartalbahnhof

In den letzten Jahren hat der zunehmende Wunsch, Münchens ehemalige Schauplätze des Nationalsozialismus kennenzulernen, dazu geführt, dass einige Rundgänge angeboten werden, die die Geschichte des Dritten Reichs zum Thema haben. Sie wenden sich sowohl an Münchenbesucher als auch an Einheimische (siehe Seite 230). Es gibt unter diesen Orten einen, der sich im stillen Vorort Pullach befindet, welcher an die südlichen Vororte der Stadt anschließt, und der sein Geheimnis nicht ohne weiteres offenbart.

Pullach steht sicher bei vielen Touristen nicht auf der Liste der Orte, die sie besuchen möchten; und doch hat der Ort in der deutschen Geschichte der 1930er Jahre eine bedeutende Rolle gespielt. Damals kaufte hier Martin Bormann, zu der Zeit Stabsleiter von Hitlers Stellvertreter Rudolf Heß, einige Grundstücke aus Privatbesitz an. Parallel zur Errichtung der wichtigsten Bürogebäude der NSDAP-Reichsleitung um den Königsplatz herum, wurden Wohnmöglichkeiten für die Parteielite benötigt, die aus Sicherheitsgründen außerhalb der Stadt liegen sollten. Roderich Fick, einer der bevorzugten Architekten Hitlers und späterer Reichsbaurat von Linz, wurde damit beauftragt, auf einem (zwischen Heilmannstraße und der Münchner Hauptbahnstrecke liegenden) 68 Hektar großen Grundstück in Pullach, das südlich an den Promenadeweg anschließt, eine entsprechende Wohnsiedlung zu bauen. Er plante eine Reihe einfacher, gut proportionierter Ein- und Zweifamilienhäuser, die eine rechteckige Grünfläche säumten und von einer privaten Zufahrtsstraße namens Sonnenweg zugänglich waren. Die Hauptfassaden der Häuser waren alle von der Straße abgewandt und gegen die Heilmannstraße durch mannshohe Mauern abgeschirmt, sodass nur die roten Ziegeldächer von außen zu sehen waren (auf den Grund, warum sie heute noch immer so versteckt liegen, wird gleich eingegangen). In der Nähe des südlichen Endes des Anwesens, das 1937–1938 gebaut und „Reichssiedlung Rudolf Heß" genannt wurde, befand sich das Stabsleiterhaus, eine Villa mit öffentlichen Versammlungsräumen im Erdgeschoss sowie der Privatwohnung von Martin Bormann und seiner Familie darüber. Bis die offiziellen NSDAP-Parteigebäude in der Arcisstraße 1937 fertiggestellt wurden, leitete Heß die Partei von hier aus (s. Nr. 40).

Im Zweiten Weltkrieg wurde die Organisation Todt mit dem Bau von zwanzig Führerhauptquartieren in ganz Europa beauftragt, welche Hitler und das Wehrmachtskommando benötigten, um von dort aus ihre militärischen Operationen zu steuern. Von den vierzehn, die fertiggestellt wurden, sind die bekanntesten die Wolfsschanze in Ostpreußen (von der aus Hitler 1941 seine unheilvolle Sowjetoffensive dirigierte), der Berghof am Obersalzberg in der Nähe von Berchtesgaden (wo er aus- und inländische Politiker empfing) sowie der Führerbunker in Berlin (wo er im April 1945 Selbstmord beging). Weitaus weniger bekannt ist das zwischen März 1943 und November 1944 in Pullach unter dem Decknamen „Siegfried" erbaute Hauptquartier. Es lag in dem Wald, der nach Osten hin direkt an die Heilmannstraße anschloss; der Ort wurde von Bormann, infolge der Lossagung von Heß mittlerweile Leiter der Parteikanzlei, auserkoren und sollte als alternativer Kommandoposten Hitlers dienen – für den Fall, dass der Obersalzberg bombardiert würde.

Obwohl Hitler das Hauptquartier „Siegfried" nie benutzte, wurde es bis Kriegsende einsatzbereit gehalten. Die Haupteinrichtung war ein Kommandoluftschutzbunker entlang der Heilmannstraße, der aus 25 000 Kubikmetern verstärktem Beton erbaut wurde. Innen maß er 70 × 20 Meter und unter der drei Meter dicken Decke bot er dreißig Räume sowie eine eigene Notstromversorgung. In den Wäldern um den Bunker herum wurden verschiedene administrative Gebäude erbaut, Garagen sowie Baracken, von denen heute fast nichts mehr steht. Die Gesamtanlage war von Norden aus über den Promenadeweg zugänglich; zudem war sie an die Bahnstrecke mit einem eigenen Bahnsteig angeschlossen, sodass Hitlers privater „Führerzug" so nah wie möglich zufahren konnte.

Ende März 1945 wurden die Familien der Münchner Naziparteiführer evakuiert und Ende April besetzten die Amerikaner das gesamte Anwesen. Da es im Krieg kaum Schaden genommen hatte, wurden die Gebäude zunächst als Unterkünfte für Truppen und heimatlose Flüchtlinge sowie als behelfsmäßiges Gefangenenlager genutzt. Zwischen Herbst 1945 und 1947 wurde hier die „Civilian Censorship Division", eine Einrichtung für die Zensur von Briefen, untergebracht, auf welche dann die geheimnisvolle „Organisation Gehlen" folgte.

Im Zweiten Weltkrieg hatte der Wehrmachtsgeneral Reinhard Gehlen (1902–1979) eine geringe Rolle beim erfolglosen Stauffenberg-Komplott gegen Hitler gespielt. Er hatte auch als Geheimdienstchef

Im Gegensatz zu Pullachs sonstigen Straßen birgt die Heilmannstraße ein Geheimnis.

an der Ostfront gedient, weshalb ihn das US-Militär engagierte, einen Spionagering aufzubauen, der sich gegen die sowjetische Besatzungszone (ab 1949 die DDR) richten sollte – und gegen die Sowjetunion an sich. Pullachs Lage außerhalb der Stadt sowie die bereits existierende, für die Selbstversorgung geeignete Infrastruktur ließ es als idealen Wohnort für die Bediensteten dieser neuen Organisation sowie deren Familien erscheinen. 1955 wurde die Organisation Gehlen offiziell an die Bundesrepublik Deutschland übergeben und im April 1956 wurde sie zum Kern des neu geschaffenen Bundesnachrichtendiensts (BND). Gehlen blieb bis zu seiner Pensionierung 1968 dessen Präsident; seit dem Ende des Ost-West-Konflikts wendet sich der BND v. a. gegen Terrorismus sowie Waffen- und Drogenhandel.

Nun wird klar, weshalb die Heilmannstraße noch immer Stacheldraht-gekrönte Mauern samt Überwachungskameras und Schilder, die für unerlaubt aufgenommene Fotografien hohe Strafen androhen, umsäumen. Die ganze Straße entlang gibt es wenig zu sehen, jedoch spürt man, dass man sich an einem politisch sensiblen Ort befindet. Geht man südwärts in Richtung des verschlafen wirkenden Pullach, geben die Wände auf der rechten Seite die Sicht auf eine Reihe von Gebäuden frei, die als Autowerkstätten für „Siegfried" gebaut wurden. Spaziert man nach rechts die Margaretenstraße entlang, die schließlich zum Bahnhof Pullach führt, kann man einen einzigen Blick auf Hitlers ehemaliges Hauptquartier erhaschen; und zwar in Form einer rostigen Eisentür unten an der Seite von Nummer 17, die durch ein betonverstärktes Treppenhaus in einen anderen Kommandobunker hinunterführt. Selbst hier ist es strengstens verboten, Fotos zu machen.

Seit 2003 und noch bis 2011 wird der BND langsam an seinen neuen Standort in Berlin übersiedelt.

65. Surfen in der City

Thalkirchen – Obersendling – Forstenried – Fürstenried – Solln (19. Bezirk), Surfen auf der Floßlände
U3 Thalkirchen, dann Bus 135 (nur März–Oktober) oder zu Fuß weiter

Ich war über die Entdeckung sehr erstaunt, dass München, das bekanntermaßen auf Binnenland liegt und immerhin mehrere 100 Kilometer vom nächsten Meer entfernt ist, als Mekka für Wellenreiter gilt! Die Stadt bietet auch keine konventionellen Spots für Surfer, wo diese auf das Ufer zubrandende Wellen reiten, sondern einige sogenannte „stehende Flusswellen". Dabei handelt es sich um dauerhafte, ortsgebundene Wellen, die entstehen, wenn Wasser durch ein gebautes Wehr künstlich kanalisiert wird. Flusswellenreiten ist zwar für die Surfer nicht so dynamisch, aber es dient ideal dem Training und eignet sich perfekt als Zuschauersport, denn dabei kann man viele der beliebten Surftechniken und -manöver wie „Aerials", „Cutbacks", „360s" und „Floaters" aus der Nähe sehen. Es ist kein Zufall, dass international anerkannte Surfer wie Quirin Rohleder und Tim Pelz ihre Karriere in München starteten.

Es gibt in München zwei Orte, wo diese ungewöhnliche Sportart betrieben und beobachtet werden kann. Ganz zentral liegt einer neben dem Haus der Kunst in der Prinzregentenstraße (1. Bezirk), am südlichen Ende des Englischen Gartens, wo sich die Surfer seit den frühen 70er Jahren treffen. Durch die Bögen einer Straßenbrücke aus dem 19. Jahrhundert fließt – durch einen Durchlass – ein Nebenfluss der Isar, der sich nach Norden durch die Stadt zieht, um wieder in den Hauptfluss einzumünden. Das kalte und reißende Wildwasser heißt nicht ohne Grund Eisbach.

Trotz eines Schildes, das Schwimmen oder andere Wassersportarten an dieser Stelle ausdrücklich verbietet, scheint die örtliche Polizei ein Auge zuzudrücken, wenn die Flusssurfer am Ufer Schlange stehen, um die „stehende Welle" zu reiten. Sie wird von drei Reihen Betonblöcken erzeugt, die nur 40 Zentimeter unter der Wasseroberfläche liegen. Da der Eisbach an dieser Stelle kaum 5 Meter breit ist, kann immer nur ein Surfer die Welle reiten, normalerweise für 10–20 Sekunden, ehe er flussabwärts gespült wird. Die Betonblocks wurden hier in den 70er Jahren ursprünglich von Bauingenieuren verlegt, die damit die Strömung abschwächen wollten. Es gab erst vor kurzem wieder eine Diskussion darüber, die Blocks aus dem Eisbach zu entfernen, um die Welle aus Sicherheitsgründen zu zerstören, weil es einige Unfälle und einen Todes-

Surfen auf dem Eisbach

fall gegeben hatte. Münchens Surfer hielten dagegen, dass der tödliche Unfall weiter stromabwärts passierte und dass viele der Verletzten Anfänger sind, die ihr Glück ohne angemessene Ausrüstung versuchen.

Münchens zweite „stehende Flusswelle" befindet sich an der Floßlände, einem schnell fließenden Nebenarm des Isarkanals, der die Insel Maria Einsiedel-Hinterbrühl in Obersendling umfängt (19. Bezirk). Sie liegt in der Nähe des Campingplatzes an der Zentralländstraße, am Ende eines abschüssigen Betongerinnes, das von einer modernen Brücke überwölbt wird. Die Welle bäumt sich hier auf, weil die Form des Betonbetts plötzlich abbricht; die Wirkung wird durch Holzbretter verstärkt, welche die Surfer selbst angebracht haben. Eine Reihe von Schleusen, die für die Regulierung des Zuflusses zu einem Wasserkraftwerk weiter flussabwärts dienten, schränkt die Größe der Welle ein. Seit 2001 wird hier der Höhepunkt der Flusssurfersaison, die Munich Surf Opens gefeiert, ein Ereignis, das viele bekannte Flusssurfer beiderlei Geschlechts anzieht, darunter Mick Höllerer, Gerry Schlegl und Robert Beetz, Manu Wagner, Isabelle Biehl und Heidi Lammerer.

Während der Sommermonate kann man an der Floßlände auch Zeuge eines weiteren ungewöhnlichen Anblicks werden. In früheren Zeiten landeten hier tatsächlich aus Baumstämmen erbaute Flöße an, die Waren transportierten. Solchen Flößen kann man auch heute noch begegnen; ihre Ladung besteht nun allerdings in erster Linie aus lärmenden männlichen Passagieren, die von unmäßigem Biergenuss und mitreißender Blaskapellenmusik angelockt wurden (s. Seite 230). Es ist unvergesslich zuzusehen, wie sie Bierkrüge und Blasinstrumente umklammernd eine der Schleusen runterrasen!

Interessante Orte in der Nähe: 62, 66

66. Eine Leidenschaft für Bayerischen Barock

Thalkirchen – Obersendling – Forstenried – Fürstenried – Solln (19. Bezirk), Asam-Schlössl in der Maria-Einsiedel-Straße 45
S7, S20, S27 Siemenswerke; U3 Thalkirchen; Bus 134, 135

Kurfürst Ferdinand Maria von Bayern (1651–1679) brachte den barocken Kunststil von Italien nach Bayern. Genauer gesagt war seine Frau Henriette Adelaide von Savoyen (1636–1676) dafür verantwortlich, deren Vater ein italienischer Herzog war. Auf ihr Geheiß wurde der Architekt Agostino Barelli (1627–1687) aus Italien nach München bestellt, um dort die Theatinerkirche zu bauen, das erste große Barockgebäude nördlich der Alpen (s. Nr. 6). Infolgedessen wurde der Wittelsbacher Hofarchitekt Josef Effner (1687–1745) von dem neuen Stil stark beeinflusst; er schuf als erster ortsansässiger Architekt eine bestimmte, für Bayern typische Form barocker Architektur. Dieser „Bayerische Barock" erreichte in einer Reihe von Kirchen, die die bekannten Asambrüder bauten, seinen Zenit.

1733 kaufte der Bildhauer und Stuckateur Egid Quirin Asam (1692–1750) ein Haus für sich, das sogenannte Asamhaus in der Sendlinger Straße 34. Unmittelbar nebenan, unter der Hausnummer 32, baute er zusammen mit seinem Bruder, dem Freskanten Cosmas Damian Asam (1689–1739), eine Kirche. Sie wurde 1746 fertiggestellt und dem Heiligen Johann-Nepomuk geweiht, ist aber allgemein als die Asamkirche bekannt. Für gewöhnlich ist sie voller Touristen, da sie auch überraschend eng ist (weniger als neun Meter Breite). Trotz dieser Beschränkung gelang es den Brüdern, selbst in diesem Innenraum ihr Markenzeichen zu verwirklichen, ein *theatrum sacrum*, eine überwältigende Komposition aus architektonischen, skulpturalen, gemalten und Beleuchtungseffekten. Um es glauben zu können, muss man es gesehen haben!

Weitaus weniger spektakulär als die Asamkirche und meist fast menschenleer ist das Asam-Schlössl in der Maria-Einsiedel-Straße 45 (19. Bezirk), das Cosmas Damian Asam 1724 als Landsitz erwählte. Nachdem er dieses Gebäude aus dem 17. Jahrhundert gekauft hatte, machte er sich daran, den zweiten Stock in ein Atelier, das von einem großen halbrunden Fenster belichtet wurde, umzuwandeln. Die Fassade ist der Höhepunkt des Gebäudes, das nach einer Schweizer Wallfahrtskirche, welche die Brüder ausgestattet hatten, Maria-Einsiedel getauft wurde. Cosmas Damian bedeckte jeden Quadratzentimeter der Außenwand mit eigenhändiger Malerei, von der heute verschiedene restaurierte Versionen zu sehen sind. An der Asamkirche wollten die Brüder im Grunde eine solche extravagante Fassade in dreidimensionaler Form wiedergeben. Heute wird im Asam-Schlössl ein Restaurant mit einem schönen Gastgarten betrieben.

Die freskierte Fassade des Asam-Schlössls, das heute ein Restaurant beherbergt

Wieder zurück in Münchens Altstadt, können Barockfans noch die Peterskirche am Rindermarkt 1, die Heiliggeistkirche im Tal 77, die Bürgersaalkirche in der Neuhauser Straße 14 oder die Dreifaltigkeitskirche in der Pacellistraße 6 besuchen. Außerdem gibt es sehenswerte Barockpaläste, zum Beispiel das Palais Preysing in der Residenzstraße 27, das Palais Porcia in der Kardinal-Faulhaber-Straße 12 und das Palais Seinsheim in der Prannerstraße 7.

Die Damenstiftskirche St. Anna in der Damenstiftstraße 1 ist besonders ungewöhnlich, da ihre Wandgemälde nach dem Krieg in schwarzweiß wiederhergestellt wurden – es lagen vom Originalzustand vor dem Krieg nur Schwarzweißfotos vor! Die realistisch aufgefassten Figuren einer lebensgroßen Gruppe des Letzten Abendmahls zur Linken des Altars sind wahrscheinlich Kopien nach spanischen Originalen; sie wurden von einer Putzfrau im Keller wiederentdeckt.

Wir schließen mit der Klosterkirche St. Anna in der St.-Anna-Straße 19. Sie wurde nach einem Entwurf von Johann Michael Fischer 1727–1733 erbaut und ihr Inneres von den Asambrüdern gestaltet. Münchens erste (spätbarocke) Rokokokirche ist nur einen Straßenzug von der geschäftigen Maximilianstraße entfernt und bietet in diesem Teil der Stadt eine Oase der Ruhe. Orte solcher Art sind hier rar und ansonsten nur in den Vororten zu finden, wie beispielsweise die herrliche Rokokokirche St. Michael am Johann-Michael-Fischer-Platz 2 in Berg am Laim (14. Bezirk).

Interessante Orte in der Nähe: 62, 65

67. Wenn jüdische Steine sprechen

Sendling (6. Bezirk), Alter Israelitischer Friedhof in der Thalkirchner Straße 30
U3 Brudermühlstraße

Die Geschichte der jüdischen Gemeinde von München reicht fast genauso weit zurück wie die Gründungsgeschichte der Stadt. Juden haben seitdem eine unverzichtbare Rolle in der Stadtgeschichte gespielt, trotz Pogromen, Vertreibung und Vernichtung (s. Nr. 30). Eine unvergessliche Art und Weise, die Geschichte der Gemeinde nachzuvollziehen, ist ein Besuch der zwei jüdischen Friedhöfe der Stadt. Während dort die Grabsteine deutlich von den Errungenschaften der Münchner Juden zeugen, spricht ihr verwahrloster Zustand auf ergreifende Weise von dem Verlust einer ganzen Generation.

Zunächst besuchen wir den Alten Israelitischen Friedhof in der Thalkirchner Straße 30 (6. Bezirk), den ersten offiziellen jüdischen Friedhof Münchens, der 1816 eröffnet wurde. Nach ihrer Vertreibung 1442 kamen bis 1763 nach und nach wieder Juden nach München, wo ihr rechtlicher Status 1813 per königlichem Erlass anerkannt wurde. Die offizielle Gründung der Israelitischen Kultusgemeinde 1815 führte zur Einrichtung des Friedhofs. Er ist von einer hohen Ziegelwand umgeben und weist auf 2,5 Hektar ca. 6000 Gräber auf, darunter auch einige der sogenannten „Hofjuden", die aufgrund ihres Dienstes am bayerischen Hofe geadelt wurden. Seine friedvolle Stille wird nur selten gestört, da der Friedhof an nur wenigen Tagen im Jahr für geführte Rundgänge geöffnet wird. Diese werden durch die Volkshochschule der Stadt, durch das Bildungswerk und von anderen Institutionen veranstaltet (Details können bei der Israelitischen Kultusgemeinde erfragt werden, Tel. +49 (0)89 20 24 00-100). Das restliche Jahr über kann man nur durch die eisernen Tore an der Thalkirchner Straße ein Blick auf ein paar kunstvoll gestaltete Grabdenkmäler werfen, welche um die sich im Wind wiegenden Zypressen herum verstreut liegen.

1848 bekamen die Münchner Juden das Wahlrecht verliehen. Als 1861 auch die Begrenzung der pro Bezirk erlaubten Anzahl jüdischer Bewohner aufgehoben wurde, wuchs die Gemeinde, und 1880 kamen viele Juden aus dem Osten auf der Flucht vor Pogromen in Russland nach München. In der Folge wurde der Alte Israelitische Friedhof zu klein und 1908 vom Neuen Israelitischen Friedhof in der Garchinger Straße 37 (12. Bezirk) ersetzt. Dieser ist – öffentlich zugänglich, aber gut versteckt – ohne Zweifel einer der schönsten und berührendsten Friedhöfe Münchens.

Am Neuen Israelitischen Friedhof lassen sich die Höhen und Tiefen der Geschichte der Münchner Juden im 19. und 20. Jahrhundert ablesen. Er wurde von dem Architekten Hans Grässel (1860–1939) auf sechs Hektar großzügig angelegt, in Übereinstimmung mit dessen neuer Auffassung von Waldfriedhöfen (s. Nr. 69). Einige Jahre nach seiner Eröffnung erreichte die jüdische Gemeinde die größte Mitgliederzahl, die sie jemals aufwies: 11000 Mitglieder, von denen viele schließlich hier beerdigt wurden. Jedoch lebten 1944 nur noch sieben Mitglieder der Gemeinde in München, alle anderen waren emigriert oder von den Nazis in die Todeslager deportiert worden. Diese Auslöschung stahl auch dem Friedhof die Besucher und viele der älteren Gräber wurden seitdem offensichtlich nicht mehr gepflegt.

Gräber auf dem Alten Israelitischen Friedhof in Sendling

Gleich nach dem Haupteingang des Friedhofs kommt man an der schönen Zeremonialhalle vorbei, die auch von Grässel entworfen wurde. Durch ihre Glastüre kann man den Innenraum sehen. Gleich gegenüber befindet sich ein Massengrab für jüdische Soldaten, die im Ersten Weltkrieg ihr Leben für ihr deutsches „Vaterland" gaben; auf acht Steinen sind die Namen samt Dienstgrad der hier Beerdigten eingraviert. Jenseits davon wurden einige Gedenksteine für die vielen zwischen 1933 und 1945 ermordeten Juden in den Boden eingelassen. Ihre glatten Oberflächen sind mit Kieselsteinen bedeckt, die Besucher dort hinterlassen haben; der Brauch geht angeblich auf die alte beduinische Gewohnheit zurück, die Gräber im Sand der Wüste durch Steine zu kennzeichnen. Die ältesten Gräber des Friedhofs, deren Grabsteine durch grünen Moos- und Efeubewuchs herausstechen, befinden sich

Detail eines Grabsteins auf dem Neuen Israelitischen Friedhof

auch hier in der Umgebung. Auf der Rückseite dieses Teils des Friedhofs befindet sich das Grab von Kurt Eisner, des ermordeten Gründers der kurzlebigen bayerischen Sowjetrepublik in München (s. Nr. 3).

Einige Grabsteine weisen interessanterweise Symbole auf, die für die Herleitung des Namens des Verstorbenen stehen. Beispielsweise heißt Cohen auf Hebräisch Priester, was durch zwei segnende Hände symbolisiert wird; ähnlich Levi, was Gehilfe eines Priesters bedeutet, und durch einen Krug dargestellt wird, mit dem die Hände des Priesters gewaschen werden. In den am weitesten entfernten Abschnitten sind die jüngeren Gräber zu finden, die aus der Zeit nach dem Zweiten Weltkrieg stammen, in der Münchens jüdische Gemeinde wieder erstarkte. Derzeit sind 7500 der insgesamt 10 000 Grabstellen belegt.

Dass beide Friedhöfe einen so zugewachsenen Eindruck machen, ist nur zum Teil auf die Abwesenheit der Trauernden zurückzuführen. Die traditionelle jüdische Einstellung zu Begräbnisstätten sieht diese als Heimatboden sowie als Orte der körperlichen Auferstehung an, deren Ruhe keineswegs gestört werden darf. Bäume werden daher nur zurückgeschnitten, wenn Besucher durch herabfallende Äste gefährdet werden, und Grabsteine werden niemals entfernt, auch wenn sie verwahrlost erscheinen.

Gleich innerhalb des südlichen Eingangs der U-Bahn-Station Brudermühlstraße nahe dem Neuen Israelitischen Friedhof befindet sich ein großes, rundes Objekt aus Eisen, welches viele Leute dazu verwenden, ihre Zigarette auszudrücken. Jedoch handelt es sich hierbei ganz und gar nicht um einen Aschenbecher, sondern um ein Paar Mahlsteine, die von einer Mühle stammen, welche sich in der Nähe befand, ehe sie 1897 abbrannte. Die Mühle wurde ursprünglich im späten 13. Jahrhundert als Ekolfsmühl gegründet. 1577 wurde sie von Franziskanerbrüdern neu betrieben sowie nach diesen umbenannt. Ein Stich der Mühle, sowohl vor als auch während des Feuers, ist auf einer Hinweistafel zu sehen.

Interessanter Ort in der Nähe: 62

68. Die tapferen Bauern von Sendling

Sendling (6. Bezirk), Margaretenkirche am Sendlinger Kirchplatz
S7, S20, S27 Harras; U6 Harras; U3, U6 Implerstraße; Bus 132

Eine der blutigsten Episoden der Münchner Geschichte trug sich im heute so friedlich wirkenden Stadtteil Sendling zu. Auf der Rückseite der alten Pfarrkirche St. Margaret (erb. 1711–1712) am Sendlinger Kirchplatz befindet sich ein Fresko des Malers Wilhelm Lindenschmidt d.Ä. (1806–1848) mit dem Titel *Die Sendlinger Bauernschlacht 1705.* Die gewalttätigen Szenen, die es wiedergibt, versetzen den Betrachter in die turbulente Regierungszeit von Kurfürst Maximilian II. Emanuel von Bayern (1679–1726) zurück.

Dieser war als der „Weiße Ritter“ bekannt und ist nicht nur als beliebter Landesherr sowie als Förderer der Künste in die Analen eingegangen, sondern auch aufgrund seines militärischen Ehrgeizes sowie seiner Versuche bei der österreichischen Erbfolge eine Rolle zu spielen. Um sein Ziel zu erreichen, verbündete er sich mit dem Hause Habsburg in Wien und nahm an der Entsatzungsschlacht der Stadt 1683 teil, als die türkischen Truppen schließlich in die Flucht geschlagen wurden. Daraufhin bekam Maximilian die Regentschaft der südlichen Niederlande verliehen. Bald darauf wurde er in die Spanischen Erbfolgekriege verwickelt, woraufhin er die Lager wechselte und 1702 mit König Ludwig XIV. von Frankreich paktierte.

1704 wurde jedoch die franko-bayerische Armee von Habsburger Truppen geschlagen und Maximilian musste nach Frankreich fliehen, wo er bis zu einem Friedensvertrag, der 1714 unterzeichnet wurde, ausharrte. Unterdessen erlebte Bayern ein Jahrzehnt strenger österreichischer Herrschaft, gegen die die verzweifelten Bauern den Aufstand übten, welcher blutig unterdrückt wurde. Einer dieser Aufstände von 1705 ist auf dem Sendlinger Fresko wiedergegeben.

In den Geschichtsbüchern wird dieser Aufstand entweder als Sendlinger Mord- oder als Sendlinger Blutweihnacht bezeichnet; rund Tausend protestierende Bauern wurden dabei von österreichischen Truppen niedergemetzelt, just an dem Ort, an dem sich heute die Kirche befindet. 700 weitere Aufständler wurden gefangen genommen und später hingerichtet, wogegen auf Seiten der Österreicher nur etwa vierzig verletzte Soldaten gezählt wurden.

800 der Toten wurden noch am Ort des Geschehens in einem Massengrab bestattet, dessen Stelle 1830 durch ein Denkmal ausgezeichnet

Die kämpfenden Bauern von Sendling auf einem Fresko an der Margaretenkirche

wurde. Es weist als Schmuck ein vergoldetes Schwert sowie einen Kranz auf und erinnert in einer Inschrift daran, dass die Bauern für „Fürst und Vaterland" gestorben seien. Einige Hundert weitere Tote wurden auf dem Alten Südfriedhof in der Thalkirchner Straße 17 (2. Bezirk) begraben, der gleich außerhalb des Sendlinger Stadttors liegt. Sein Grundriss hat die Form eines gleichschenkligen, spitzen Dreiecks, das zwischen der Thalkirchner-, der Pestalozzi- und der Kapuzinerstraße liegt. Der Friedhof wurde 1563 für die Bestattung von Armen und Pestopfern eröffnet und zum wichtigsten Friedhof Münchens nach der Auflassung der Innenstadt-Friedhöfe um 1800. Heute ist auf ihm auch ein Denkmal für die Opfer des Massakers von Sendling zu finden.

Der Alte Südfriedhof, der seit 1944 ein öffentlicher Park ist, lohnt schon an sich einen Besuch, da dort viele bekannte Münchner Künstler und Wissenschaftler des 19. Jahrhunderts die letzte Ruhe fanden. Darunter beispielsweise Georg Ohm (1789–1854), der Vater des elektrischen Stromkreises; der Optiker Josef von Fraunhofer (1787–1826), der Schöpfer des feinsten optischen Glases der Welt; Alois Senefelder (1771–1834), der Erfinder des lithografischen Druckverfahrens; der bayerische Hofarchitekt Leo von Klenze (1784–1864), der die Propyläen und die Glyptothek am Königsplatz, die Alte Pinakothek in der Barer Straße sowie die Ruhmeshalle an der Theresienwiese erbaute; der Bildhauer Ludwig von Schwanthaler (1802–1848), welcher die kolossale Bavaria-Statue vor der Ruhmeshalle schuf; sowie der Maler der Romantik und des Biedermeier schlechthin, Carl Spitzweg (1808–1885), dessen Werke u.a. in der Galerie im Lenbachhaus hängen. Auf einer Karte am Eingang sind deren Gräber verzeichnet.

69. Der erste Waldfriedhof

Hadern (20. Bezirk), Waldfriedhof an der Kreuzung Graubündenerstraße/Forst-Kasten-Allee
U3 Fürstenried-West

Die meisten großen Friedhöfe des 19. Jahrhunderts, die in europäischen Städten angelegt wurden, sind als große „Totenstädte" konzipiert worden. Ihr Grundriss weist einen strengen Gitternetzplan auf, an dem die Wege und die Grabstätten ausgerichtet sind. Die Mausoleen der Reichen und Berühmten befinden sich meistens in der Mitte der Anlage (s. Nr. 47 u. 61). Als der deutsche Architekt Hans Grässel (1860–1939) 1907 den Waldfriedhof im Südwesten von München plante, brach er mit diesem Schema rigoros: Er lehnte gerade Linien ab und legte stattdessen gewundene Wege an, vorbei an Grabstätten von Toten aller Klassen, die unter den Bäumen einträchtig nebeneinanderliegen. Münchens Waldfriedhof gilt als erster seiner Art in Europa.

Die Umsiedelung der Münchner Friedhöfe aus den überfüllten innerstädtischen Kirchhöfen in die Vororte wurde in der zweiten Hälfte des 19. Jahrhunderts notwendig, weil die Bevölkerung stetig zunahm und das Abwassersystem verbessert sowie mehr Grundfläche für Wohnbauten benötigt wurde. Jedoch hatte der Umzug zur Folge, dass der Bestattungsort vom Kirchengebäude entkoppelt wurde, woraufhin neue Friedhöfe vermehrt die Anmutung von Parks bekamen. Um dennoch symbolische Strenge zu wahren, ließ sich Grässel bei den Friedhofskapellen sowie weiteren Gebäuden auf dem Waldfriedhof von frühchristlicher und byzantinischer Architektur anregen. Sowohl die Gebäude als auch die Gräber liegen kunstvoll verstreut zwischen sorgfältig gepflanzten Baumgruppen, die den Eindruck einer ausgeklügelten und doch völlig überzeugenden Verbindung zwischen Natur und Tod entstehen lassen. Somit ist das Hauptthema des Friedhofs nicht mehr das einzelne Denkmal, sondern die natürliche Umgebung und die ruhige Stimmung des gesamten Areals. Grässels Ansatz inspirierte nicht nur die Anlage anderer Friedhöfe in Deutschland, sondern auch den Skogskyrkogården außerhalb von Stockholm, der zum UNESCO-Welterbe zählt.

Der Münchner Waldfriedhof ist in zwei Sektionen aufgeteilt, in den Alten Teil im Norden und in den Neuen Teil im Süden. Beide zusammen erstrecken sich über eine Fläche, die ungefähr genauso groß ist wie die der Altstadt, was es unmöglich macht, ihn bei einem einzigen Besuch ganz zu sehen. Um dennoch einen guten Eindruck zu gewin-

Münchens Waldfriedhof war der erste seiner Art in Europa.

nen, ist es ratsam, den Friedhof von Süden her zu betreten (von der Kreuzung Graubündenerstraße/Forst-Kasten-Allee her) und nach Norden zu gehen (in Richtung des Ausgangs an der Kreuzung Würmtal-/Fürstenriederstraße). Wenn man sich auf den Wegen rechter Hand fortbewegt, hat man Gelegenheit, viele unterschiedliche Gräber zu sehen, darunter auch die einiger Prominenter.

Das erste in der Gruppe mit der Nummer 509 gehört Leni Riefenstahl (1902–2003), der vielleicht am kontroversesten diskutierten Regisseurin des 20. Jahrhunderts. Nachdem sie in den frühen 1920er in Filmen von Regisseur Arnold Fanck als Tänzerin aufgetreten war, schlug sie das Angebot aus, nach Hollywood zu gehen, und wurde selbst Regisseurin. Mit dem Film *Triumph des Willens* (1935), eine von der Nazipartei in Auftrag gegebene Dokumentation des Reichsparteitags von 1934, erlebte sie ihren Durchbruch, und ihr Film *Olympia* (1938) über die Olympischen Spiele in Berlin von 1936 half mit, die Ideologie von der Überlegenheit des arischen Körpers zu verbreiten. Obwohl sie viele Kameraeffekte erfand, die heute noch in Verwendung sind, führte ihre offensichtliche Sympathie für die Nazis dazu, dass sie nach dem Krieg von der Filmindustrie gemieden wurde.

Gleich hinter Riefenstahls Grab ist ein italienisches Kriegsgräberfeld angelegt (Cimitero Italiano), über deren in Reih und Glied stehenden einfachen Grabsteinen eine italienische Fahne flattert. Die meisten, die hier liegen, starben 1945.

Geht man weiter nach Norden, sind zwischen den Bäumen zahlreiche spezielle Grabgruppen zu sehen. Am interessantesten wirkt die muslimische Grabgruppe, deren Grabsteine alle nach Mekka zeigen, sowie die Reihen identischer Metallkreuze, die die letzte Ruhestätte mehrerer Generationen katholischer Nonnen und Priester kennzeichnen.

In der Gruppe mit der Nummer 212 befindet sich das Grab des Autors Michael Ende (1929–1995), dessen Buch *Die unendliche Geschichte* erfolgreich verfilmt wurde; sein Grab schmücken passenderweise mehrere in Kupfer getriebene, aufgeschlagene Bücher.

Von hier bis zum Ausgang zweigen noch jede Menge Wege ab, die sich dann zwischen den Bäumen zu verlieren scheinen, und jeder davon ist von Gräbern sowohl berühmter als auch vergessener Toter gesäumt, darunter auch das Grab von Hans Grässel, des Friedhofsarchitekten selbst. In einem weiteren liegt der deutsche Wissenschaftler Werner Heisenberg (1901–1976), an dessen früherem Wohnhaus in der Hohenzollernstraße 110 zu seinem Andenken eine Wandtafel angebracht ist. Heisenberg war maßgeblich an der Entwicklung der Atomphysik beteiligt und erhielt für seine Forschungen in der Quantenphysik 1932 den Nobelpreis für Physik. Später wurde er zum Direktor des Kaiser-Wilhelm-Instituts in Berlin ernannt, wo 1938 zum ersten Mal ein Atom gespalten wurde, und zwar auf einem einfachen Tisch aus Holz, der heute im Deutschen Museum auf der Museumsinsel zu besichtigen ist. Nach dem Krieg wurde Heisenberg ohne Verurteilung freigesetzt, da er behauptete, die Versuche der Nazis die Atombombe zu bauen, vorsätzlich sabotiert zu haben.

Das Mausoleum des berühmten Zirkusdirektors Carl Krone enthält eine Skulptur seines Lieblingselefanten!

Aus der gleichen Epoche stammen die Gräber von Josef Kammhuber (1896–1986), dem ersten General des Nachtkampfs der Luftwaffe, von Paul Hausser (1880–1972), dem patriarchalischen Führer der Waffen-SS, der nach dem Krieg versuchte, die SS wieder neu erstehen zu lassen, und von einem Gegenspieler der eben genannten, von Professor Kurt Huber (1893–1943). Huber war der Autor des sechsten und letzten Flugblattes der Widerstandsgruppe Die Weiße Rose, das dazu aufrief, den Nationalsozialismus zu beenden, eine Tat, für die er zum Tod durch die Guillotine verurteilt wurde (s. Nr. 45). Admiral Alfred von Tirpitz (1849–1930), der auch hier beerdigt ist, wandelte die kaiserliche deutsche Marine von einer Küstenverteidigungstruppe in eine seetüchtige Flotte von Kampfschiffen um, woraufhin es zu politischen Unstimmigkeiten mit England kam, die für den Ausbruch des Ersten Weltkrieges mit ausschlaggebend waren.

Unser Rundgang endet am Mausoleum von Carl Krone (1870–1943) und somit mit einem weniger bedeutungsschweren Genossen seiner Zeit – er war der Direktor des gleichnamigen Zirkus, dem größten in Europa. Im Inneren des Mausoleums befindet sich eine prächtige Skulptur seines Lieblingselefanten Assam.

70. Klein-Asien erforschen

Sendling – Westpark (7. Bezirk), Klein-Asien-Garten im Westpark in der Garmischer Straße
U6 Westpark; S7; Bus 133

Auf halber Strecke Richtung Norden, zwischen den Stationen Harras und Heimeranplatz, können aufmerksame Passagiere der S7 eine aufgelassene „Geisterhaltestelle“ sehen. Diese wurde ursprünglich erbaut, um die IGA 83 zu bedienen, die vierte Internationale Gartenbauausstellung, die 1983 im Westpark abgehalten wurde, welcher auf der linken Seite der S-Bahnstrecke liegt. (Die U-Bahn-Haltestellen Partnachplatz, Westpark und Holzapfelkreuth wurden auch aus diesem Anlass eröffnet, was sich noch heute an ihrer farblichen Gestaltung ablesen lässt.)

Der Westpark wurde von dem Landschaftsarchitekten Peter Kluska entworfen, ursprünglich um die Ausstellung zu präsentieren, aber bereits so, dass er später als öffentlicher Park genutzt werden konnte. Er wurde zwischen 1978 und 1983 auf ehemaligem Brachland auf einer Fläche von 720 000 Quadratmetern und in einer Länge von zwei Kilo-

Dieser chinesische Pavillon steht im Klein-Asien-Garten des Westparks.

metern von Ost nach West angelegt. Künstliche Aufschüttungen sowie 6000 Bäume und 120 000 Sträucher aus allen Teilen der Welt schirmen den Park von der stark befahrenen Garmischer Straße ab (und am westlichen Ende von ihrer Anschlussstelle an die Autobahn), die den Park in einen östlichen und in einen westlichen Teil trennt.

Heute ist der östliche Teil – Westpark (Ost) – bei Modellbootfreunden sehr beliebt, die dessen künstlichen See, den Mollsee, nutzen. Wer jedoch sehen möchte, was von der Ausstellung aus dem Jahre 1983 übrig blieb, sollte den westlichen Teil – Westpark (West) – besuchen. Hier können Sie noch einige bestehende Beispiele der 23 „Gärten der Nationen" sehen, die von Gartenbauexperten aus aller Welt eingerichtet wurden. Am markantesten ist die Anlage asiatischer Gärten, die dank der Gestaltung durch eindrucksvolle architektonische Versatzstücke am besten erhalten geblieben ist. Dieses am Nordufer eines ornamentalen Sees liegende Gelände wird heute summarisch als „Klein-Asien" bezeichnet und es zu durchstreifen, bereitet sinnliches wie erhellendes Vergnügen.

Der typische ruhige Japanische Garten war ein Beitrag von Sapporo, einer Partnerstadt Münchens. Er wurde um einen flachen Teich angeordnet und besticht durch einen Kiesstrand, hölzerne Stege, Laternen, Zwergahornbäume und Föhren, was insgesamt die Naturverehrung durch den shintoistischen Glauben widerspiegelt. Die Anlage des ebenso bezaubernden Chinesischen Gartens wurde von sechs wachsamen Gärtnern aus Kanton geleitet. Raschelnde Bambusstauden, plätschernde Wasserfälle und ein Paar mit Drachenmotiven geschmückte Pavillons verwandeln diesen winzigen Garten in ein eigenes Reich. In der Nähe befindet sich eine Pagode, die von 200 nepalesischen Handwerkern Stück für Stück zerlegt wurde, um nach Deutschland verfrachtet und wieder zusammengebaut zu werden. Das dunkle Holz der Pagode ist mit aufwändigen Schnitzereien verziert und ihre Dächer sind mit kleinen Glocken geschmückt.

In Klein-Asien besonders interessant ist die neun Meter hohe thailändische *Sala*, ein traditioneller Pavillon, wie er in Thailand auf dem Areal buddhistischer Tempel (*Wats*) zu finden ist. Er ist in der Regel an allen vier Seiten offen und mit Schnitzereien geschmückt. In Thailand können diese viele Zwecke erfüllen, sie dienen sowohl als Rastplatz ländlicher Pilger (*Sala asai*), als Bootspavillon an Flussufern (*Sala thaanam*) oder als Versammlungsort im Tempel (*Salawat*), wo Laienbesucher Predigten und religiösen Anweisungen lauschen können. Das Exemplar im Westpark, das inmitten eines Sees liegt, auf dem es zu schwimmen scheint, stiftete der Ausstellung von 1983 ein in Bang-

Einen thailändischen Pavillon hätte man in München nicht erwartet.

kok ansässiger deutscher Geschäftsmann als Zeichen deutsch-thailändischer Freundschaft. Die Buddhastatue, die sich im Inneren des Pavillons befindet, wurde 1994 von dem thailändischen Bildhauer Nopradal Khamlae als ein Symbol religiöser und kultureller Toleranz zwischen Völkern geschnitzt. Der Pavillon wurde noch im Jahr der Ausstellung eingeweiht und stellte den ersten buddhistischen Schrein Deutschlands dar. Hier findet jeden April die Neujahrsfeier der in München lebenden Thailänder statt (*Songkran*) und ebenso das buddhistische Vollmondfest im Sommer sowie das hinduistische Festival des Lichts im Oktober.

Der Westpark bietet aber auch traditionelle europäische Einrichtungen wie etwa einen wunderbaren Rosengarten mit 20000 einzelnen Pflanzen und 650 Arten. Zudem gibt es ein charmantes bayerisches Holzbauernhaus, welches 1983 extra für die IGA hierher versetzt wurde und dessen Balkon im Sommer von roten Geranien geradezu zugewuchert ist. Es befindet sich im östlichen Teil des Gartens, nicht weit entfernt von einer Brücke, die in den Westpark (Ost) führt.

71. Das Schloss an der Würm

Pasing – Obermenzing (21. Bezirk), Schloss Blutenburg am Wiguläus-Hundt-Weg, jenseits der Pippinger Straße
S2 Obermenzing oder Straßenbahn 17, dann Bus 143 bis Schloss Blutenburg

Schloss Blutenburg befindet sich am Ufer des Flusses Würm, im Westen von Schloss Nymphenburg. Es ist von einem Wassergraben sowie ringsherum von Bäumen und Wiesen umgeben, alles in allem wirkt es sehr idyllisch in die Landschaft gebettet. Man könnte vergessen, zu welch schwierigen und turbulenten Zeiten es gebaut wurde.

Ursprünglich war es ein Jagdsitz, der 1425 in den Besitz der Wittelsbacher überging. In den späten 1430er Jahren baute es Herzog Albrecht III. von Bayern-München (1438–1460), der während der zweiten Teilung Bayerns herrschte (1349–1503), zu einer königlichen Residenz aus. Die Teilung des Landes in Ober- und Niederbayern verursachten die sechs mitregierenden Söhne des Heiligen Römischen Kaisers Ludwig IV. (1328–1347). Weitere Aufteilungen führten 1353 zu Bayern-Landshut und Bayern-Straubing sowie 1392 zu Bayern-Ingolstadt und Bayern-München. Zwangsläufig lösten sich die zwei mächtigsten Herzogtümer, Bayern-München und Bayern-Landshut, durch Erbfolge in Wohlgefallen auf. Ursprünglich war vereinbart worden, dass in dem Falle, dass eines der Herzogtümer keinen männlichen Erben aufbieten könne, jenes mit einem männlichen Erben das Territorium des anderen erben solle. Als jedoch Herzog Georg „der Reiche" von Bayern-Landshut (1479–1503) 1503 seine Tochter als Erbin einsetzte, wurde diese von Herzog Albrecht IV. „dem Weisen" von Bayern-München (1467–1503) nicht anerkannt. Das Ergebnis war der Landshuter Erbfolgekrieg. Nach zwei Jahren blutigen Kampfes vermittelte der Kaiser: Bayern wurde unter Albrecht wiedervereinigt, München wurde die Hauptstadt. 1506 regelte Albrecht die Weitergabe des Herzogtums fortan per Primogeniturgesetz, welches von 1545 bis zum Ende der Wittelsbacher Dynastie 1918 befolgt wurde.

Die Geschichte von Blutenburg setzte sich 1488 fort, als der Sohn von Herzog Albrecht III., Herzog Sigismund von Bayern-München (1460–1467), das Schloss erweiterte. Seine bedeutendste Hinzufügung ist eine Kapelle im Burghof, die heute der einzige noch original erhaltene Gebäudeteil ist. Erbaut hat sie Jörg von Halsbach, der Architekt der Münchner Frauenkirche, deren Grundstein Sigismund im gleichen

Das romantische Schloss Blutenburg liegt idyllisch am Ufer der Würm.

Jahr legte. Die Fresken an der Außenwand sind seltene Beispiele spätgotischer Wandmalerei. Das Innere der Kapelle – denken Sie daran, die Tür zu schließen, damit keine Schwalben hereinfliegen – bietet aufwändige Rippengewölbe sowie einige Schätze spätgotischer religiöser Kunst, darunter die hölzerne Blutenburger Madonna und ein Altartriptychon von 1491, das Jan Polack (1435–1519) malte. Sigismund starb 1501 im Schloss Blutenburg.

Eine der späteren königlichen Bewohner von Schloss Blutenburg war Henriette Adelaide von Savoyen (1636–1676), die Gattin des Kurfürsten Ferdinand Maria von Bayern (1651–1679). Ihre Mutter war eine Tochter von Heinrich IV. von Frankreich und sie hatte einen starken pro-französischen Einfluss in Bayern, was zu einem Bündnis zwischen Frankreich und Bayern gegen die österreichischen Habsburger führte, auf deren Seite Bayern ursprünglich in der ersten Phase des Dreißigjährigen Kriegs gestanden hatte (1618–1648). Die Frankreich zugeneigte Haltung bestimmte aber Bayerns weitere Politik bis zur Deutschen Vereinigung 1871.

Nach der starken Zerstörung im Dreißigjährigen Krieg wurde das Schloss Blutenburg in den frühen 1680er Jahren in der noch heute erhaltenen Gestalt wiederaufgebaut. 1847 versteckte sich hier eine junge Tänzerin namens Lola Montez, nachdem ihre in aller Öffentlichkeit diskutierte Affäre mit König Ludwig I. von Bayern (1825–1848) diesen gezwungen hatte, zugunsten seines Sohnes Maximilian II. (1848–1864) abzudanken. Seit 1983 beherbergt das Schloss Blutenburg die Internationale Jugendbibliothek, die weltgrößte Sammlung von Büchern für Kinder und Jugendliche. Sie wurde 1946 gegründet und verfügt derzeit über mehr als 500 000 Bände in 130 Sprachen. Die UNESCO hat die Schirmherrschaft für sie übernommen.

72. Relikte der nationalsozialistischen Kriegsmaschinerie

Allach – Untermenzing (23. Bezirk), ein Rundgang zu den Fabriken der Kriegszeit beginnt an der S-Bahn-Station Allach
S2 Allach; Bus 160 Allach

Ab 1933 spielten viele der heute noch immer bekanntesten deutschen Firmen eine Rolle bei Hitlers geheimen Plan, Deutschland wiederzubewaffnen, um Europa zu erobern – eine Tatsache, die kaum überrascht, da die meisten kaum eine Wahl hatten und die finanziellen Profite zu verlockend waren. Darunter befinden sich die Autohersteller Volkswagen, Mercedes-Benz, BMW und Opel genauso wie der Flugzeughersteller Messerschmitt, der die Me 109 baute, das wichtigste Kampfflugzeug in Hermann Görings neuer Luftwaffe. Messerschmitt ging in der Firma European Aeronautic Defence and Space Company (EADS) auf, Europas größtem Luft-, Raumfahrt- und Rüstungskonzern, welcher heute bei ertragreichen Ausschreibungen der amerikanischen Luftwaffe mitbietet. Zudem gab es noch viele weitere, weniger offensichtliche Kooperationen: Bayer, der Hersteller von Aspirin gehörte zum Beispiel zum IG-Farben-Konzern, der das Zyklon-B-Gas herstellte, das in den Konzentrationslagern eingesetzt wurde; eine deutsche Tochterfirma von IBM produzierte die Lochkarten, mit denen das Verwaltungssystem annektierter Länder überwacht wurde; Siemens setzte Zwangsarbeiter in seinen Fabriken ein, um für das deutsche Militär Munition herzustellen; und 1933 entwarf und fertigte die Bekleidungsfirma Hugo Boss die schwarzen Uniformen für Heinrich Himmlers SS, die SA sowie die Hitlerjugenduniformen.

Einige der wichtigsten Rüstungsfabriken des Dritten Reichs befanden sich am Rande von Münchens Vororten, wo sie sich bis 1942 außerhalb des Angriffsradius alliierter Bomber befanden. Ein eindrucksvoller Rundgang auf der Suche nach heute noch erhaltenen Überresten beginnt mit einer S-Bahn-Fahrt bis Allach. Hier sieht man bereits vom Bahnsteig aus die Firma Krauss-Maffei Wegmann, die in der Krauss-Maffei-Straße 2 liegt. Sie wurde 1933 eröffnet und mit Kriegsgefangenen betrieben, die dort Tausende Lokomotiven, Panzer und andere Kampffahrzeuge für Hitlers Kriegsmaschinerie bauten. Von der Deutschen Arbeitsfront wurde das Werk als Modellfirma gelobt; heute ist es der führende Produzent militärischer Rad- und Kettenfahrzeuge Europas. (Direkt hinter der Firma befindet sich das ehemalige Porzellanwerk Allach in der Reinhard-von-Frank-Straße 8, wo der Dritte-Reich-Kitsch von Hand hergestellt wurde, von dem man Proben in der Dauerausstellung zum Nationalsozialismus des Münchner Stadtmuseums am St.-Jakobs-Platz [1. Bezirk] besichtigen kann.)

Gleich außerhalb der S-Bahn-Haltestelle steht ein oktogonaler ziviler Luftschutzbunker aus dem Zweiten Weltkrieg. Er wurde als Renaissanceturm verkleidet und weist einen Eingang auf, der mit reichlich Balustrade versehen wurde sowie mit einem überwölbten Türstock und einem steilen rotgeziegelten Dach, um nicht aus der Luft entdeckt werden zu können und um die örtliche Bevölkerung durch sein harmloses Aussehen zu beschwichtigen. Von hier aus gehen wir ein kurzes Stück Richtung Norden die Georg-Reismüller-Straße entlang und biegen nach rechts in die Ludwigsfelder Straße ein. Zur Linken steht mit der Hausnummer 11 das leere Hauptlagerhaus des Baukonzerns Sager & Woerner. 1921 fing der Ingenieur Fritz Todt als Geschäftsführer der Abteilung Straßenbau für diese Firma zu arbeiten an, 1933 wurde er von Hitler als Chefplaner der deutschen Autobahnen berufen. Aus den Folgeaufträgen schlug die Firma großen Profit (der erste Auftrag war der Bau der Autobahn München-Salzburg), u.a. durch den Bau des Flugplatzes Berlin-Tempelhof und von Teilabschnitten der Siegfriedlinie, des Westwalls entlang der Westgrenze des Deutschen Reiches. Die Firma wurde später in Walter Bau AG umbenannt und ihr alter Standort aufgegeben.

Dieses leerstehende Lagerhaus in Allach gehörte der Baufirma Sager & Woerner, die Hitlers Westwall errichtete.

In dieser Fabrik wurden Maschinen für Hermann Görings Luftwaffe gefertigt.

Noch vor dem Lagerhaus zweigt nach links die Schöllstraße ab; ein kleiner Weg an der rechten Seite des Lagerhauses entlang gibt den Blick auf die Überreste der Junker Maschinenfabrik unter der Hausnummer 8 frei, welche Maschinen für das Militärflugzeug Ju 87 (Stuka) und den Kampfbomber Ju 88 herstellte. Eine Stahlwinde, die auf der Rückseite des Gebäudes mit dem roten Kamin sichtbar ist, wurde einst benutzt, um fertiggestellte Maschinen direkt auf bereitstehende Frachtzüge zu verladen, die diese für die Schlussmontage nach Dessau brachten. Zwangsarbeiter, die aus einem Kriegsgefangenenlager in der nahen Pasteurstraße abgezogen wurden, waren in beiden letztgenannten Firmen im Einsatz. Ein weiteres Zwangsarbeiterlager wurde ebenfalls in der Nähe, im Allacher Forst, errichtet, genauso wie das BMW-Werk II, das für die Fertigung von Maschinen sowie später für Düsenjets der Luftwaffe verantwortlich zeichnete. Dort arbeiteten 8000 Gefangene auf dem Grundstück, das heute der MAN Motor- und Turbinenfabrik gehört. (Das BMW-Werk I lag in der Lerchenauer Straße 76 [11. Bezirk] und ist heute noch in Betrieb [s. Nr. 80].)

Hier endet unser Rundgang in Allach, aber es lohnt sich, von verschiedenen weiteren Gegenden und Unternehmen mit ähnlicher Vergangenheit in München zumindest Notiz zu nehmen: von der Dynamit AG an der Ecke Rosenheimer-/Anzingerstraße, der IG-Farben-Fabrik in der Tegernseer Landstraße 161 bis zu den Dornier-Flugzeugwerken in der Brunhamstraße 21 in Neuaubing.

73. Königliche Pavillons und goldene Schlitten

Neuhausen – Nymphenburg (9. Bezirk), Schloss Nymphenburg und Schlosspark
U1 Rotkreuzplatz, dann Straßenbahn 12; Straßenbahn 16, 17; Bus 151

1663 brachte Henriette Adelaide von Savoyen den Erben des Wittelsbacher Throns zur Welt, den zukünftigen Maximilian II. Emanuel. Ihr Gatte, der Kurfürst Ferdinand Maria von Bayern (1651–1679), beging dies freudige Ereignis, indem er den Sommerlandsitz Schloss Nymphenburg in Auftrag gab. Es wurde von 1664–1675 nach einem Entwurf des italienischen Architekten Agostino Barelli (1627–1687) erbaut. Der Palast und dessen kleiner dekorativer Garten wurden 1714–1726 von Maximilian, nun selbst Kurfürst (1679–1726), weiter ausgebaut. Er ließ den Hofarchitekten Josef Effner (1687–1745) nach einem Entwurf von Dominique Girard einen weitläufigen Barockgarten anlegen, mit einem Gartenparterre, von dem ein axial konzipierter Kanal ausging, der mit dem Wasser der Würm gespeist wurde; diesen flankierten zu beiden Seiten je zwei Gruppen sechs strahlenförmiger Wege, von denen ein jeder von einem Gartenpavillon seinen Ausgang nahm. 1800–1823 wurde auf Order König Maximilians I. von Bayern (1799–1825, bis 1806 Kurfürst Maximilian IV. Joseph) dieser streng formale Garten radikal in einen klassischen Englischen Landschaftsgarten umgewandelt. Sein Gartenarchitekt Friedrich Ludwig von Sckell (1750–1823) behielt jedoch einige der barocken Einrichtungen bei und integrierte diese, darunter das Parterre, den Kanal und die Pavillons, in ein weniger streng reguliertes, natürlich wirkendes Gelände mit Seen, Bächen, scheinbar willkürlich platzierten Baumgruppen und weit entfernt wirkenden Aussichtspunkten. Das Palastgebäude erfuhr zudem zahlreiche Anbauten, wodurch es schließlich die imposante Gesamtlänge von 650 Metern erreichte.

Wir betreten den Schlosspark, indem wir das große Parterre, das sowohl zum ehemaligen Barock- als auch zum späteren Landschaftsgarten gehört, und eine Brücke überqueren, die nach rechts über den Kanal führt. Folgen Sie ab hier den Schildern zur Magdalenenklause (1725–1728), einem Gartenpavillon, den Josef Effner entwarf. Er ist eines der ersten Beispiele europäischer Gartenarchitektur, die künstliche Ruinen zur Gestaltung einsetzte. Der Pavillon wurde als mit Muscheln ausgeschmückte Grotte gestaltet, welche als Einsiedelei und als Kapelle der inneren Einkehr diente.

Wenn wir auf dem gleichen Weg zurückgehen, folgen wir den Schildern in Richtung der an einem Seeufer liegenden Pagodenburg (1716–1719), welche ursprünglich den *point de vue* der nördlichen Hälfte des Barockgartens darstellte. Dieses Gebäude mit oktogonalem Grundriss stellt ein zweigeschossiges Teehaus dar, das im Erdgeschoss mit Delfter Kacheln ausgekleidet ist und im Obergeschoss chinesische Wanddekorationen aufweist. Es ist ein wunderbares Beispiel für die im frühen 18. Jahrhundert in Europa beliebte Chinoiserie. Der Name des Pavillons wurde ursprünglich von den zahlreichen figürlichen chinesischen Idolen abgeleitet, die in die Innenausstattung integriert sind.

Chinoiserien in der Pagodenburg, einem Teehaus im Schlossgarten von Nymphenburg

Hinter der Pagodenburg führen Wege zu einem Teich mit Seerosen, der wie ein Gemälde von Monet anmutet. Oder Sie folgen dem Hauptweg weiter, der links am Seeufer entlangführt und durch die von Sckell bewahrte nördliche barocke Sichtachse einen herrlichen Blick auf das Hauptschloss bietet. Überqueren Sie den zentralen Kanal, der nur eine formale Ansicht des Hauptschlosses zulässt, und gehen Sie über eine herrliche Wildblumenwiese, die gleichzeitig Sckells südliche Sichtachse markiert.

Wenn Sie den Wald betreten, achten Sie auf eine Skulptur von Pan, der an einer gurgelnden Quelle sitzt, und überqueren Sie dann einen Bach, um zur Badenburg (1718–1721) zu kommen; sie bildete einst den *point de vue* der südlichen Hälfte des Barockgartens. Die Badenburg wurde als Sommerpalast für Maximilian II. Emanuel erbaut. Ihr Merkmal ist ein einzigartiges Schwimmbassin mit vergoldeten Wasserhähnen im Erdgeschoss, während sich darüber ein Speisesaal befindet. Die kleineren Anräume sind mit chinesischen Papiertapeten ausgekleidet. Heute hat man von der Badenburg aus einen schönen Blick über den angrenzenden See auf einen wunderbar platzierten Gartentempel, den Monopteros, der 1862–1865 nach einem Entwurf des neoklassizistischen Vorreiterarchitekten Leo von Klenze (1784–1864) entstand.

Ein goldener Schlitten und Kutschen im Marstall von Schloss Nymphenburg

Am Fluss entlang, zurück in Richtung des Hauptschlosses, gelangt man zur Amalienburg (1734–1739), welche sich links davon befindet. Sie wurde vom Kurfürsten Karl Albrecht von Bayern (1726–1745) als kleine Sommerresidenz sowie als Jagdsitz für seine Frau Maria Amalia erbaut. Entworfen hat sie der Hofarchitekt François de Cuvilliés (1695–1768). Dieses eingeschossige Gebäude, dessen Spiegelsaal besonders berühmt ist, stellt ein Meisterwerk der Rokokokunst dar. Der zweifellos ungewöhnlichste Raum darin ist aber die Küche, deren Decke mit Chinoiserie-Malereien und deren Wände mit Delfter Kacheln geschmückt sind (s. Seite 231). Dass die Fliesen nicht immer zusammenpassen, lässt darauf schließen, dass die Szenerien unvollständig aus Rotterdam eintrafen.

Im Hauptschloss sollte man sich keinesfalls die königliche Schlittensammlung entgehen lassen, die sich im Marstall im Südlichen Schlossrondell befindet. Dort sind vergoldete Kinderschlitten, Jagdschlitten, ein Hofkarussell sowie König Ludwigs II. romantische Nymphen- und Renaissanceschlitten zu sehen.

Beachten Sie auch die große Pumpe, die 1808 für den Nordflügel von Schloss Nymphenburg angeschafft wurde (Nördliches Schlossrondell), um den Springbrunnen im Vorhof zu betreiben. Wasserkraft wurde auch in der nahen Porzellanmanufaktur Nymphenburg verwendet, die seit 1761 besteht (dort wird jeden Mittwoch um 10 Uhr eine Führung angeboten, siehe www.nymphenburg.com). Eine weitere königliche Pumpmaschine ist hinter der Backsteinarkade am östlichen Ende der Galeriestraße versteckt (1. Bezirk). Sie datiert auf die zweite Hälfte des 19. Jahrhunderts und versorgte die Brunnen im Hofgarten mit Wasser.

Interessanter Ort in der Nähe: 74

74. Das Quagga und andere Merkwürdigkeiten

Neuhausen – Nymphenburg (9. Bezirk), Museum Mensch und Natur
im Nordflügel von Schloss Nymphenburg
S1, S2, S4, S5, S6, S8 Laim, dann Bus 51; U1 Rotkreuzplatz, dann Straßenbahn 12; Straßenbahn 12, 16, 17; Bus 41

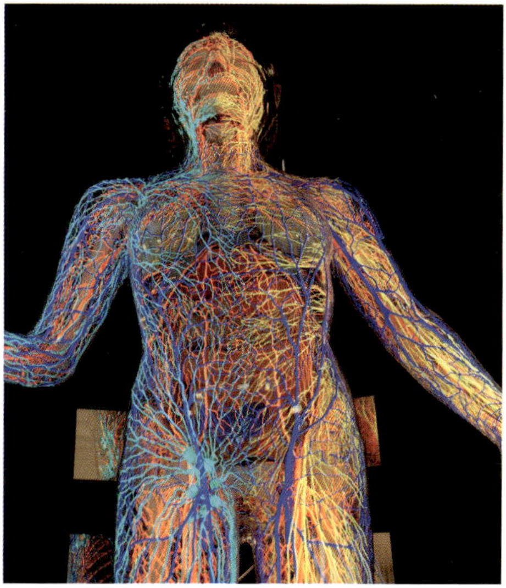

Die durchsichtige Frau ist ein Höhepunkt im Museum Mensch und Natur im Schloss Nymphenburg.

Versteckt im Nordflügel von Schloss Nymphenburg (Nördliches Schlossrondell), der barocken Sommerresidenz des Kurfürsten Ferdinand Maria von Bayern (1651–1679) – (s. Nr. 73), liegt das faszinierende Museum Mensch und Natur. Auf den ersten Blick handelt es sich um ein modernes und lebendig gestaltetes Museum für Naturgeschichte, das für seine interaktiven Ausstellungsangebote bekannt ist, welche Besucher jeden Alters ansprechen. Die thematische Bandbreite ist enorm, von der geologischen Geschichte des Planeten Erde über Dinosaurier und Artenreichtum hin zu modernen Forschungsgebieten wie der Genetik oder des Naturschutzes. Beim genaueren Hinschauen können Sie hier einige eher ungewöhnliche Exponate bestaunen, wenn diese nicht gerade von Blitzlichtgewittern oder aufgeregten Schulkindern verdeckt werden.

Dazu zählen beispielsweise ein 50 Millionen Jahre altes Pferd, das samt Schweifhaar versteinerte, eine Rekonstruktion eines *Archaeopteryx* (des frühesten der Menschheit bekannten Vogels), ein Paar japanischer Riesenkrabben und eine transparente Frau in Lebensgröße, deren innere Organe aufleuchten, wenn man einen Knopf drückt! Es gibt außerdem einen ausgestopften Braunbären, der 1834 in Bayern geschossen wurde und bis vor kurzem noch als der letzte in Bayern gesichtete Wildbär galt: 2006 kam jedoch ein italienischer Wildbär na-

Das Museum Mensch und Natur beherbergt ein seltenes Präparat des ausgestorbenen Quaggas.

mens Bruno bis nach Bayern, wo er, nachdem er weltweit für Schlagzeilen gesorgt hatte, aus Sicherheitsgründen abgeschossen wurde. Auch Bruno wurde ausgestopft und zu einem der beliebtesten Ausstellungsstücke des Museums.

Das seltsamste der präparierten Tiere ist ein Quagga, eine heute ausgestorbene Unterart des Steppenzebras, welche aber nur teilweise gestreift war. Dieses Exemplar eines weiblichen Quaggas wurde in den 1830er Jahren angekauft und in den 1990er Jahren restauriert; es ist eines von insgesamt nur 23 erhaltenen Quagga-Präparaten der Welt.

Der Name der Quaggas wurde von deren markantem Schrei abgeleitet, aufgrund dessen das (heute *Khoikhoi* genannte) Volk der Hottentotten, das in den Steppen des südlichen Teils Afrikas lebt, das seltsame Tier *Quahah* nannte; dort war es einst die einzige bekannte Zebraart. Sie wurde 1788 zu Unrecht als eigene Spezies bestimmt (*Equus quagga*), da sich das Quagga vom gewöhnlichen Steppenzebra (*Equus burchelli*) durch die Farbe seines Fells unterschied, das meist hellrot-braun war, während Kopf, Hals und Vorderflanken mit schokoladenbraunen Streifen gezeichnet waren. Zudem lief über die gesamte Rückenlänge ein Streifen. Die Beine und die unteren Körperstellen waren cremefarben oder weiß, das Haupt kurz und aufrecht. Das Quagga unterschied sich auch insofern vom Zebra, da es sich leicht zähmen ließ. In den 1830er Jahren wurden Quaggas sogar in England gehalten, wo sie als Zugtiere eingesetzt wurden. Ein gewisser Sheriff Parkins ließ sich seine Kutsche von einem Paar Quaggas durch London ziehen!

Tragischerweise wurde das Quagga ausgerottet, noch ehe seine korrekte Bestimmung als Unterart des Zebras vorgenommen wurde. Das Massensterben der Quaggas setzte in den 1840er Jahren ein, als die Briten in Südafrika die Buren dazu zwangen, die Kapkolonie, die sie unter der niederländischen Ostindienkompanie gegründet hatten, zu verlassen. Weil sie Nahrung benötigten und weil das Quagga fettes gelbes Fleisch bot, erlegten die Buren die Tiere, die die Steppen des südlichen Afrikas besiedelten, hielten sich jedoch auch ein paar, aufgrund ihres nützlichen Warnschreis, als Wachtiere. Hinzu kam, dass die Buren einen einträglichen Handel mit Quaggaleder trieben, da sich aus deren Haut sehr haltbare Säcke, Schuhe sowie Keilriemen für Dampfmaschinen herstellen ließen.

Die Quaggas wurden zu Tausenden abgeschlachtet und verschwanden irgendwann in den 1870er Jahren ganz. Verschiedene Zoos versuchten Quaggas zu züchten, jedoch erfolglos, und als 1883 im Tierpark von Amsterdam die letzte Stute in Gefangenschaft starb, wurden die Quaggas für ausgestorben erklärt. Wurde daraufhin noch ein vermeintliches Quagga gesichtet, wurde dieses als Verwechslung mit einem abnorm gezeichneten Steppenzebra oder durch sonstige Kreuzungen zwischen Wildeseln mit Zebras erklärt.

Hier ist die Geschichte der Quaggas aber noch nicht zu Ende. Obwohl man heute noch nicht über die Technologie verfügt, um wiederaufbereitete DNA für Züchtungen zu nutzen, hofft man doch dadurch eines Tages das Quagga wieder beleben und auswildern zu können. 1984 wurde vom Quagga als erster ausgestorbener Art die DNA erfolgreich entnommen. Unterdessen wurde zusätzlich versucht, durch selektive Züchtungen mit Steppenzebrabeständen an die enge Verwandtschaft des Quaggas mit dem Steppenzebra wiederanzuknüpfen, und 2006 berichtete man, dass auf diese Weise Exemplare herangezogen wurden, die dem ausgestorbenen Quagga zumindest sehr ähnlich sehen. Aber nur die Zeit wird zeigen, ob das Quagga jemals wieder die Steppen des Südens Afrikas durchstreifen wird.

Interessanter Ort in der Nähe: 73

75. Ein erfolgreiches Beispiel sakraler Moderne

Neuhausen – Nymphenburg (9. Bezirk), Herz-Jesu-Kirche in der Lachnerstraße 8
U1 Rotkreuzplatz; Straßenbahn 12; Bus 53, 132, 133

Die Herz-Jesu-Kirche ist ein atemberaubendes Beispiel für moderne Architektur.

In einer ruhigen Gegend mit halbhohen Wohnblocks befindet sich, vom Nymphenburger Schloss nicht weit entfernt, eines der erfolgreichsten Beispiele moderner Sakralarchitektur Europas. Die Herz-Jesu-Kirche in der Lachnerstraße steht in krassem Gegensatz zu den barocken Gegenstücken, die sonst überall in der Stadt zu sehen sind, und doch erweist sie sich ihrer katholischen Gemeinde auf ganz ähnliche Weise als unverzichtbar.

Der Platz, an dem die Kirche jetzt steht, wurde ursprünglich von einer 1899 erbauten Kirche aus Holz eingenommen, jedoch brannte diese 1944 bei einem Bombenangriff ab. Daraufhin folgte die Errichtung einer zweiten Holzkirche, aber auch diese wurde 1994 ein Raub von Flammen. Nun wollte man ein haltbareres Gebäude an deren Stelle bauen und rief einen Architekturwettbewerb aus. Das junge Münchner Architekturbüro Allmann, Sattler und Wappner gewannen die Ausschreibung. 1997 begann man mit dem Bau und am 2. November 2000, genau sechs Jahre nach dem zweiten Feuer, wurde die Kirche eröffnet.

Die eindrucksvolle Gestaltung der Herz-Jesu-Kirche funktioniert so gut, weil sie sowohl von der Struktur her originell (sie besteht vereinfacht gesagt aus zwei Schachteln, die ineinander gefügt sind) als auch liturgisch konservativ ist (sie weist einen Glockenturm, einen eingewölbten Umgang wie in gotischen Kathedralen als auch eine

Rückwendung zu Kunst und Ikonografie auf). Sie ist folglich von einer strategischen Abkehr vom Zentralbau der 1970er Jahre geprägt, der die Kirchengemeinde in die Mitte stellen wollte, und wendet sich einer monumentaleren und weniger ostentativen Bauweise zu. Solche neubegründete Zuversicht scheint für die in der westlichen Gesellschaft immer weniger werdenden Kirchenbesucher auch angesichts zahlreicher Umwidmungen kirchlicher Gebäude für nichtreligiöse Zwecke wie ein Schlag ins Gesicht.

Die Kirche verfügt über ein einfaches rechteckiges Grundrissraster. Ihre zwei Schachteln streben in scheinbar gegenläufige Richtungen. Die äußere besteht aus Glas und wird von einem filigranen Stahlrahmenwerk zusammengehalten, wobei das Glas dem Bau viel von seiner Schwere nimmt. Die innere Schachtel besteht aus einem Betonrahmen mit Blenden aus Ahornholz. Dadurch entsteht ein interessantes Wechselspiel durchscheinender und lichtundurchlässiger Bereiche, die die Erscheinung des Kircheninnenraums entweder nach außen öffnen oder verunklären.

Der einnehmendste Aspekt der Herz-Jesu-Kirche ist zweifellos der wohlerwogene Effekt, den das Tageslicht auf das Gebäude hat, da es ja auch in den meisten antiken Andachtsorten eine große Rolle spielt. Unerwarteterweise vermag sogar ein Sonnenstrahlbündel die zwei einander kontrastierenden Gebäudeschalen zu durchdringen und eine dramatische Wirkung hervorzurufen: Die Holzblenden werfen daraufhin eine Schattenstruktur auf den Eingangsbereich und leiten das Licht nach vorne zum Altar weiter. Hinter dem Altar hängt ein Vorhang aus gewebtem Gold, in den ein Kruzifix eingearbeitet ist, welches zum Vorschein kommt, wenn Licht aus einem offenen Schacht, der durch beide Schachteln geschnitten wurde, von hinten auf es trifft.

Ein Gegengewicht zum Altarvorhang bilden die zwei 14 Meter hohen Glastüren am gegenüberliegenden Ende des Gebäudes. Sie können hydraulisch nach außen in den Vorhof geöffnet werden und verwandeln so die äußere Schachtel in ein gigantisches Portal der eigentlichen Kirche. Der Raum zwischen den zwei Schachteln bildet einen Gang, den Besucher durchqueren oder wo sie sich versammeln können, genauso wie in den Seitenschiffen einer gotischen Kathedrale; die Wände des Gangs sind mit Bildern von Jerusalem geschmückt, die als Kreuzwegstationen dienen.

Dieses eindruckvolle Kirchengebäude wird durch einen frei stehenden, 37 Meter hohen Glockenturm abgerundet. Wie bei der Kirche besteht sein Hauptgerüst aus einer stahlgerahmten Glasstruktur, welche eine hölzerne Glockenkammer im Inneren trägt.

76. Außenposten der Orthodoxie

Neuhausen – Nymphenburg (9. Bezirk), Ost-West-Friedenskirche
am Spiridon-Louis-Ring 100, jenseits vom Rudolf-Harbig-Weg
in der Nähe des Olympiaparks
U2 Hohenzollernplatz, dann Straßenbahn 12 bis Ackermannstraße.
Es folgt ein kurzer Fußweg entlang des Rudolf-Harbig-Wegs.

1829 stiftete König Ludwig I. von Bayern (1825–1848) der griechisch-orthodoxen Gemeinde von München die Salvatorkirche am Salvatorplatz 17 (1. Bezirk), da er u. a. dadurch das Wittelsbacher Königreich in Griechenland unter der Herrschaft seines zweiten Sohnes Otto gesichert wissen wollte. Die gotische Kirche mit dem ausgesprochen schmalen Kirchturm war in den frühen 1490er Jahren als Friedhofskapelle der Frauenkirche erbaut worden. Sie lag inmitten eines neuen Friedhofs, noch innerhalb der Stadtmauern. (Die vorhandenen Friedhöfe der Frauenkirche sowie der Peterskirche boten für Münchens wachsende Bevölkerung keinen ausreichenden Platz mehr.) Der Friedhof ist bereits vor langer Zeit verschwunden, aber die Salvatorkirche bildet für die griechisch-orthodoxe Gemeinde noch immer das Zentrum ihres Glaubens in München; sie ist sowohl Sitz des Metropoliten (Diözesanbischof) von Deutschland als auch des Exarchen von Zentraleuropa. Im halbdunklen Inneren trifft man auf eine ungewöhnliche Mischung aus gotischer Architektur und griechisch-orthodoxer Ausstattung wie die vergoldete Ikonostasis am Ende des Hauptschiffs, welche den Altar vor der Gemeinde verbirgt und somit das religiöse Mysterium gewissermaßen sinnlich erfahrbar macht.

Die griechisch-orthodoxe Metropolie von Deutschland besteht seit 1963 und ist die drittgrößte christliche Kirche des Landes, was die Existenz einiger weiterer griechischer Kirchen in der Stadt erklärt, z. B. die moderne Allerheiligen-Kirche in der Ungererstraße 151. Zufälligerweise wurde auch die Friedhofskapelle des Nordfriedhofs, die sich dort gleich auf der gegenüberliegenden Straßenseite befindet, im traditionellen griechisch-orthodoxen Stil gestaltet.

Die russisch-orthodoxe Kirche ist in München dagegen in einigen viel weniger monumentalen Gebäuden zuhause, etwa in einer winzigen Holzkirche in Dachau, schon außerhalb der Stadt, welche russische Soldaten 1994 errichteten, um an die 6000 russischen Kriegsgefangenen zu erinnern, die im dortigen Konzentrationslager starben.

Die absolut ungewöhnlichste aller russisch-orthodoxen Kapellen

Väterchen Timofej baute seine Ost-West-Friedenskirche vollständig von Hand.

ist aber die, die in einem kleinen Garten am Rudolf-Harbig-Weg steht, gleich südlich des Olympiaparks, auf einem Gelände, wo jedes Jahr das Tollwood Musikfestival gefeiert wird. Die Kapelle wurde eigenhändig erbaut von Timofej Wassiljewitsch Prochorow (1894–2004), einem russischen Emigranten, der während des Zweiten Weltkriegs die meiste Zeit damit verbrachte, für die deutschen Besatzer Kohle zu schaufeln. Nachdem er sein Pferd und seinen Karren 1943 an auf dem Rückzug befindliche Wehrmachttruppen verlor, soll ihn eine Erscheinung der Jungfrau Maria angewiesen haben, seine Familie zu verlassen und gen Westen nach Wien zu ziehen. Er folgte dieser Eingebung und obwohl er sein Vorhaben, der heiligen Jungfrau eine Kapelle zu bauen, zunächst nicht umsetzen konnte, traf er dort immerhin eine Russin namens Natascha, mit der er seine nächsten dreißig Lebensjahre verbrachte.

Noch in Wien ereilte Timofej eine zweite Vision, die ihn nach München gehen hieß, und wo er also 1952 mit Natascha ankam. Sie ließen sich auf einem Gelände namens Oberwiesenfeld nieder (ursprünglich Münchens erster Flughafen), das sich entlang eines großen Berges aus Bauschutt der Kriegsruinen erstreckte, welcher aus dem ausgebombten Stadtzentrum hierher gebracht worden war (s. Nr. 49). Sie verwendeten die Kriegstrümmer, um sich daraus ein kleines Haus zu bauen sowie eine kleine Kapelle mit russisch-orthodoxen Kreuzen auf dem Dach, von denen ein jedes die drei Querbalken aufweist (einer steht für die

Im Inneren der griechisch-orthodoxen Salvatorkirche am Salvatorplatz

Inschrift INRI, einer für die Hände Christi sowie ein weiterer, schmälerer für die Füße Christi). Die Kapelle füllte sich zudem mit Ikonen und Ornamenten, ihre Decke wurde mit silbernem Verpackungspapier von Schokoladetafeln ausgekleidet.

Timofej und Natascha lebten hier mehrere Jahrzehnte friedlich, mit stillschweigendem Einverständnis der Behörden, die beflissentlich übersahen, dass sie dort nicht hätten bauen dürfen. Ende der 1960er sollte das Paar jedoch zur Räumung gezwungen werden, da man das Gelände für die Sommer-Olympiade von 1972 bebauen wollte. Glücklicherweise, dank lautstarker Proteste Münchner Bürger sowie der Medien, konnten die Planer davon überzeugt werden, ihre Bebauungspläne etwas weiter nach Norden zu rücken, sodass Timofejs kleine Kirche stehen bleiben durfte. Zu der Zeit erhielt sie den Namen Ost-West-Friedenskirche, infolge einer dritten Vision, die Timofej diesmal im Garten der Kapelle empfangen hatte, als er Gott fragte, weshalb die westliche katholische und die östliche orthodoxe Kirche unterschiedliche Kalender hätten. Gott sagte ihm, es seien weder der Julianische noch der Gregorianische Kalender notwendig, woraufhin Timofej die beiden Kirchen wiedervereinigte, auf Grundlage eines neuen gemeinsamen Kalenders, welcher am 1. Mai begann.

Im Jahr der Münchner Olympiade heirateten Timofej und Natascha, jedoch starb sie bereits fünf Jahre später. Da es verboten war, sie neben der Kirche zu bestatten, errichtete Timofej dort stattdessen ein symbolisches Grab, welches noch immer erhalten ist. Am 13. Juli 2004 starb auch „Väterchen Timofej" im Alter von sagenhaften 110 Jahren, wodurch er zudem Münchens ältester Einwohner geworden war. Er liegt im nahen Westfriedhof (Grab-Nr.: 196-2-45, s. Nr. 77) begraben. Obwohl er nun nicht mehr ist, bleibt seine kleine Kirche bestehen und stellt einen einzigartigen Ort der Andacht sowie ein passendes Denkmal für den ungewöhnlichen Mann, der sie schuf, dar. Ein kleines Museum zeigt Fotografien von ihm, seinem Leben und seiner Arbeit vor Ort, und der es umgebende, leicht verwilderte Garten ist von Rosen, Bienen und Singvögeln belebt. Der Münchner Oberbürgermeister Christian Ude sagte von diesem verborgenen Paradies sogar, es sei ihm das liebenswerteste illegale Gebäude der Stadt!

77. Einige umstrittene Gräber

Moosach (10. Bezirk), Westfriedhof in der Baldurstraße 28
U1 Westfriedhof; Straßenbahn 20, 21; Bus 164, 165

Der Westfriedhof in der Baldurstraße, der bereits vor über einem Jahrhundert eröffnet wurde, ist Münchens zweitgrößtes Gräberfeld nach dem Waldfriedhof (s. Nr. 69). Hier wurden u. a. der Künstler Franz von Lenbach (1836–1904), der Architekt Bernhard Borst (1883–1963) sowie der vielgeliebte russische Geistliche Timofej Wassiljewitsch Prochorow (1894–2004) bestattet (s. Nr. 35, 76 u. 78). Jedoch gewährt der Friedhof auch vier anderen Personen die letzte Ruhe, deren Leben und Sterben umstritten war.

Der erste davon ist General Hans Peter Baur (1897–1993; Gruppe 114-A-29), der Adolf Hitler bis zu dessen Selbstmord 1945 als persönlicher Pilot diente. Baur war eine Art Kriegsheld, da er im Ersten Weltkrieg neun feindliche Flugzeuge abgeschossen hatte, wofür er die Bayerische Tapferkeitsmedaille erhielt. 1926 wurde er einer der ersten sechs Piloten der neugegründeten Lufthansa; kurz nachdem er seinen einmillionsten Flugkilometer absolvierte, wurde er von Hitler persönlich erwählt. Er war dem Führer zudem als Berater in der Luftkriegtaktik dienlich und so verbrachte Baur auch die letzten Tage des Zweiten Weltkriegs im legendären Berliner Führerbunker mit Hitler. Dessen letzter Befehl an Baur lautete, Martin Bormann aus Berlin auszufliegen, jedoch verlor Baur während ihres Fluchtversuchs in der Nacht des 1. Mai 1945 Bormann aus den Augen; er wurde von den Russen beschossen und gefangen genommen. Es musste ihm daraufhin ein Bein amputiert werden. Das nächste Jahrzehnt hindurch wurde er von den Russen verhört,

Auf dem Westfriedhof in Moosach befindet sich das Grab von Adolf Hitlers Piloten.

die ihm unterstellten, er habe Hitler noch in Sicherheit geflogen, ehe Berlin fiel. 1955 wurde Baur entlassen und kehrte nach Deutschland zurück, wo er seine Autobiografie unter dem Titel *Ich flog Mächtige der Erde* veröffentlichte (1956).

Ein weiterer umstrittener Amtsinhaber war Ernst Röhm (1887–1934), der sich anders als Baur auf Hitlers falscher Seite wähnte. Im Ersten Weltkrieg diente er als Offizier in der deutschen Armee, danach wurde er ein enger Verbündeter Hitlers und gründete die paramilitärische nationalsozialistische Sturmabteilung. Nachdem Hitler 1933 an die Macht kam, wurden Röhm und seine SA-Braunhemden alsbald als Konkurrenz für die deutsche Wehrmacht und für die SS angesehen. Deshalb ließ Hitler die SA-Führung in der berüchtigten sogenannten „Nacht der langen Messer" am 30. Juni 1934 liquidieren. Röhm wurde im Münchner Stadelheim-Gefängnis ermordet und in einem kleinen Familiengrab auf dem Westfriedhof bestattet. Da dieses Gefahr lief, zu einer Kultstätte Rechtsextremer zu werden, wird seine Lage nirgendwo verzeichnet.

Eine dritte umstrittene Persönlichkeit hatte einen ganz anders gearteten Hintergrund. Soraya Esfandiary-Bakhtiary (1932–2001; Gruppe 143-A-17) war der ganzen Welt als zweite Frau und königliche Gemahlin von Schah Mohammed Reza Pahlavi bekannt, dem letzten Kaiser des Iran. Sie wurde als einzige Tochter von Khalil Esfandiary in Isfahan geboren, eines Adligen des Stamms der Bachtiaren, der in den 1950er Jahren iranischer Botschafter in Westdeutschland war. Soraya wurde mit dem erst kurz davor geschiedenen Schah bekannt gemacht, als sie noch in der Schweiz eine höhere Schule besuchte. 1951 heirateten sie. Unter den Hochzeitsgeschenken befand sich u. a. ein Nerzmantel, den Josif Stalin geschickt hatte. Die 2000 Hochzeitsgäste bekamen einen römischen Pferdezirkus geboten, sowie eineinhalb Tonnen Orchideen, Tulpen und Nelken, die aus den Niederlanden eingeflogen wurden. Schon 1958 war die Ehe dadurch zerrüttet, dass Soraya offensichtlich unfruchtbar war; der Schah schlug vor, mit einer Zweitfrau den dringend benötigten Erben zu zeugen. Am 21. März 1958, dem Iranischen Neujahrstag, verkündete der Schah weinend ihre Scheidung und Soraya übersiedelte nach Frankreich, wo sie eine kurze Karriere als Filmschauspielerin begann. Sie lebte mit dem Regisseur Franco Indovina (1932–1972) zusammen; nach dessen Tod bei einem Flugzeugunglück verkaufte Soraya all ihre Besitztümer und zog unglücklich in Europa herum, kaufte Antiquitäten und tauchte gelegentlich bei gesellschaftlichen Charity-Events auf. Als sie in Paris im Alter von 69 Jahren starb, Todesursache unbekannt, wurde Soraya auf dem Westfriedhof im Grab ihrer

Die letzte Ruhestätte von Soraya Esfandiary-Bakhtiary, der zweiten Ehefrau des iranischen Schahs

Eltern und ihres Bruders bestattet. Nachdem ihr Nachlass um 8,3 Millionen Dollar versteigert worden war, wurde ihr Grab geschändet, wovon alle Zeitungen in ganz Europa berichteten. Gerüchte, die besagten, sie sei zusammen mit ihrem Bruder ermordet worden, welcher in der Tat nur eine Woche nach ihr starb, ließen sich nie erhärten.

Wir besuchen noch eine weitere Dame mit einem tragischen Schicksal: Doris Nefedov (1942–1969; Feld 101, Grab Nr. 81) war eine Popsängerin aus Litauen, die als „Alexandra" berühmt wurde. Als sie noch ein Kind war, gingen ihre Eltern mit ihr nach Kiel, wo Alexandra zu tanzen und zu musizieren lernte. Im Dezember 1962 heiratete sie Nikolaj Nefedov, mit dem sie nach Amerika gehen wollte. Jedoch scheiterte ihre Ehe, sechs Monate nachdem sie einen Sohn bekommen hatten. 1967 wurde Alexandra vom Musikproduzenten Fred Weyrich „entdeckt" und landete in kurzer Zeit eine Reihe von Hits. Sie sang auf Französisch, Englisch, Spanisch, Russisch sowie Hebräisch und reiste auf Tourneen durch Frankreich und die Sowjetunion; u. a. stand sie mit Gilbert Bécaud und Yves Montand auf der Bühne. 1969 zog Alexandra nach München, wo sie und ihre Mutter bei einem Zusammenstoß ihres weißen Mercedes mit einem Lastwagen ums Leben kamen. Ihr Sohn überlebte den Unfall, was mit zu dem Gerücht führte, dass die Kollision von ihr absichtlich herbeigeführt worden war, nachdem sie nur eine Woche zuvor eine Lebensversicherung abgeschlossen hatte. Bewiesen wurde dies nie, obwohl der Fall nochmals 2004 untersucht wurde, als bekannt geworden war, dass ihr damaliger Liebhaber, Pierre Lafaire, ein amerikanischer Spion war.

Interessanter Ort in der Nähe: 78

78. Eine vielgeliebte Wohnsiedlung

Moosach (10. Bezirk), Wohnsiedlung und Museum Borstei in der Löfftzstraße 10
U1 Westfriedhof; Straßenbahn 20, 21; Bus 164, 165

Detailaufnahme aus Bernhard Borsts Wohnsiedlung, die seinen Namen trägt

Münchens kaum bekannter aber beliebtester architektonischer Schatz liegt auf einem dreieckigen Grundstück an der Kreuzung Dachauer Straße und Landshuter Allee, eingebettet zwischen Olympiapark und Westfriedhof. Die sogenannte Borstei ist eine charmante modernistische Wohnsiedlung, die nach ihrem Architekten Bernhard Borst (1883–1963) benannt wurde.

Der in Baden-Württemberg geborene Borst kam als Kind nach München, wo er als erst 13-Jähriger als Maurer zu arbeiten begann. 1899 bis 1903 studierte er an der Königlichen Baugewerkschule und 1908 wurde er schließlich freiberuflicher Architekt. Er assistierte aber auch dem Architekten August Exter beim Entwurf einer Reihenhaus- und Villensiedlung im Münchner Vorort Pasing. Borst gründete zudem die technische Zeitschrift *Baukunst*, die bis 1931 erschien. Sein größtes Verdienst bleibt jedoch die Borstei, die er mit Hilfe seiner Frau Erna sowie des Kollegen Oswald Bieber schuf.

Borst kaufte 1923 den Baugrund für seine Siedlung. Sein Ziel war es, eine Lösung für die Hauptprobleme modernen städtischen Lebens zu finden: Er wollte die besten Eigenschaften eines Einfamilienhauses auch in Etagenwohnungen verfügbar machen, zudem der Hausfrau die Bürden des Haushalts erleichtern und ganz allgemein das Wohlbefinden der Bewohner verbessern. Er bat eingangs Kollegen um Einreichungen für die Wohnsiedlung als Teil eines Wettbewerbs, aber nachdem sich die Siegerentwürfe als in der Umsetzung zu kostspielig erwiesen, entschloss er sich, die Siedlung selbst zu entwerfen.

Zwischen 1924 und 1929 legte er eine Reihe von Innenhöfen an, um die er 77 hübsche Wohnblocks gruppierte. Die 773 individuellen Wohnungen wurden mit Bedacht, aber nicht teuer erbaut, es wurden Ziegelsteine anstelle von Beton verwendet, die Parkettböden waren aus slowenischem Eichenholz, die Decken wurden mit Kork isoliert und die Dächer mit Kupfer verkleidet. Die Borstei erhielt außerdem Deutschlands erstes integriertes Heiz- und Energieversorgungssystem, welches die Einwohner mit einem für damalige Verhältnisse besonderen Luxus verwöhnte: Zentralheizung und warmes Leitungswasser.

Gärten und Skulpturen sind wichtige Elemente in der Borstei.

Die Angebote an die Wohngemeinschaft in der Borstei waren ebenfalls beneidenswert, nämlich Gärten und Kinderspielplätze in den Innenhöfen, eine zentrale Wäscherei, die binnen 24 Stunden die Wäsche fertig lieferte. Zudem boten einige Handwerker wie Installateure, Schreiner, Innenausstatter und Gärtner den vom Glück begünstigten Borsteibewohnern ihre Dienste an. Hinzu kam noch eine Auswahl an Läden. Die bebaute Fläche beanspruchte nur 19 000 Quadratmeter der Grundfläche, während 70 000 Quadratmeter Wegen, Gärten und Grünflächen gewidmet waren. In den 1930er Jahren wurde die obere Mittelschicht in der Borstei heimisch. Borst selbst lebte hier bis zum Beginn des Zweiten Weltkriegs und organisierte für die Bewohner Gartenkonzerte sowie Faschingsfeste und andere Veranstaltungen für die Kinder.

Ein Besuch in der Borstei zeigt, dass sie wenig von ihrem ursprünglichen Charme verloren hat, ja im Gegensatz zu anderer „moderner" Architektur wurde sie mit der Zeit und nachdem sie heute richtig eingewachsen ist, sogar attraktiver; völlig zu Recht steht heute das Gesamtareal unter Denkmalschutz. Als Besucher ist man überrascht, wie viel Freude es bereitet, von einem Innenhof in den nächsten zu spazieren und die individuell gestalteten Türen sowie die dekorativen Wandgemälde zu betrachten, welche die Wände weniger dominant wirken lassen sollten. Am ansprechendsten sind die mit Skulpturen ausgestatteten Gärten, insbesondere der Rosengarten zwischen der Franz-Marc- und der Hildebrandtstraße sowie der Garten der Ruhe hinter der Bernhard-Borst-Straße. Die ganze Geschichte Borsts sowie seines philantrophischen Architekturansatzes können Sie im kleinen Borst-Museum in der Löfftzstraße 10 erfahren.

Interessanter Ort in der Nähe: 77

79. Das Münchner Olympia-Attentat

Moosach (10. Bezirk), das Denkmal für das Münchner Olympia-Attentat in der Connollystraße 31 im Olympiadorf
U3 Olympiazentrum oder Bus 51, 173 bis Olympiazentrum. Gehen Sie dann die Lerchenauer Straße entlang und biegen Sie in den Helene-Mayer-Ring ein, der zur Connollystraße führt.

Vom 26. August bis zum 11. September 1972 veranstaltete München die 20. Olympischen Sommerspiele. Die Stadt nutzte diese Gelegenheit, sich selbst neu zu erfinden; auch um dadurch viele Besucher zu locken. Zusätzlich zur Verbesserung des Images wurde die städtische Gestaltung überarbeitet und insbesondere durch den Bau des Olympiaparks – auf einem Gelände, wo vorher lediglich der Schutt des Zweiten Weltkriegs gelagert wurde – einer Erneuerung unterzogen (s. Nr. 49). Das riesige Olympiastadion, die Sportanlagen und die Unterhaltungsangebote ziehen noch immer fünf Millionen Besucher jährlich an.

Die meisten Besucher kommen mit der U-Bahn hierher, im Jahre 1972 musste man jedoch noch die S-Bahn benutzen, die eigens erbaut wurde, um die Zufahrt zum Olympiagelände zu erleichtern. Der heute aufgelassene Bahnsteig an einer unbenutzten Gleisspur ist noch immer zu sehen, am hinteren Ende des Werner-Seelenbinder-Wegs entlang der Landshuter Allee.

Wir kommen also mit der U-Bahn an der Haltestelle Olympiazentrum an, nicht weit vom BMW-Museum entfernt (s. Nr. 80). Von hier aus geht ein kurzer Fußweg entlang der Lerchenauer Straße, von wo aus man nach links in den Helene-Mayer-Ring und schließlich in die Connollystraße einbiegt. Daraufhin befinden wir uns in dem ursprünglichen Olympia-Dorf, wo die Wettkampfteilnehmer mit ihren Trainern wohnten. Diese einfachen Betonwohnblocks, von denen einer wie der andere aussieht, werden heute als Studentenheim genutzt. Nur der Block mit der Nummer 31 weicht etwas ab: Hier wurde außen neben der Eingangstüre eine bescheidene Gedächtnistafel angebracht, welche die folgende Inschrift auf Deutsch und auf Hebräisch trägt: „Das Team des Staates Israel wohnte während der 20. olympischen Sommerspiele in diesem Gebäude … Am 5. September erlitten hier [Namen] einen gewaltsamen Tod. Ehre ihrem Andenken."

Die Ereignisse des sogenannten Olympia-Attentats, die Steven Spielberg 2005 zu dem kontrovers diskutierten Kinofilm „München" verarbeitete, waren damals auf allen Fernsehbildschirmen der ganzen

1972 kamen an dieser mittlerweile verwaisten S-Bahn-Station Tausende Besucher der Olympischen Spiele in München an.

Welt zu sehen, auch dank der neuen Satellitentechnik. Die Israelis hatten sich aufgrund einer Wettkampfpause genehmigt, einen Abend lang auszugehen und eine Vorstellung des Musicals *Der Fiedler auf dem Dach* zu besuchen. Danach kehrten sie in ihre Zimmer in der Connollystraße zurück. Als sie in den frühen Morgenstunden des 5. September schließlich zu Bett gingen, ahnten sie nicht, dass sich gerade acht Mitglieder der palästinensischen Terrorgruppe *Schwarzer September* dem Olympiadorf näherten. Sie trugen Skimasken und waren mit Kalaschnikows und Handgranaten bewaffnet. Mit Leichtigkeit stiegen sie über den nicht einmal zwei Meter hohen Sicherheitszaun.

Kurz nach vier Uhr nachts hörte der israelische Ringkampfrichter Yossef Gutfreund ein Geräusch an der Tür und sah nach. Als er die Tür öffnete, streckte sich ihm der Lauf einer Maschinenpistole entgegen. Während Gutfreund versuchte, die Tür zu verbarrikadieren, schafften es zwei israelische Athleten, die die Unruhe mitbekamen, über die Rückseite der Wohnung zu entkommen. Als die Terroristen gewaltsam in die Wohnung eindrangen, hatten die anderen weniger Glück, etwa der Ringkampftrainer Moshe Weinberg, dem sie ins Gesicht schossen, oder der Gewichtheber Yossef Romano, der beim ersten Schuss tot war. Der verwundete Weinberg wurde von den Terroristen gezwungen, ihnen zu zeigen, wo sich weitere Israelis aufhielten, von denen sie weitere acht als Geiseln nahmen (darunter auch einen amerikanischen Kontrahenten des israelischen Teams).

Um ihrer Forderung danach, mehr als 200 Palästinenser aus israelischen Gefängnissen zu entlassen, Nachdruck zu verleihen, erschossen

Eine Gedenktafel steht heute vor den Wohnungen in der Connollystraße, wo das Münchener Olympiaattentat seinen Ausgang nahm.

die Terroristen Weinberg und warfen daraufhin seinen nackten Körper auf die Straße. In diesem Stadium wurde bereits mit den Terroristen verhandelt, mit dem Ziel, diese sowie die Geiseln per Hubschrauber zu einem nahen Stützpunkt zu fliegen, wo ein bereitstehendes Flugzeug allesamt nach Kairo bringen sollte. Bei deren Ankunft wurde von den westdeutschen Sicherheitskräften ein Befreiungsmanöver gestartet, bei dem alle Geiseln, fünf Terroristen und ein Polizist umkamen. Nur die Ereignisse des 11. September 2001 überboten das Münchner Olympia-Attentat an Schrecken als verabscheuungswürdigen Terrorangriff, wie ihn die Welt bis dahin nicht gekannt hat.

Interessanter Ort in der Nähe: 80

80. Im BMW-Land

Milbertshofen – Am Hart (11. Bezirk), BMW-Fabrik und Museum
an der Lerchenauer Straße und am Petuelring
U3 Olympiazentrum

Der deutsche Automobilhersteller BMW kann auf eine lange währende Präsenz in München verweisen, welche weder verborgen noch unbekannt ist. Die Art und Weise, wie BMW die Landschaft eines Teils von München prägt, kann jedoch zumindest als ungewöhnlich bezeichnet werden. Das BMW-Gelände, dessen Lage durch vier höchst markante, silbergraue Gebäude angezeigt wird, ist sogar einen Besuch wert, wenn Sie keine Autos mögen!

Die Bayerischen Motorenwerke – dafür steht die Abkürzung BMW – wurden 1916 gegründet, um Flugzeugmotoren herzustellen, wodurch sich das einprägsame Logo der Firma erklärt, das einen stilisierten Propeller in Bewegung auf himmelblauem Hintergrund darstellt. Aufgrund der Bedingungen des Vertrags von Versailles musste die Produktion 1919 eingeschränkt werden, weshalb sich die Firma der Herstellung von Motorrädern und Automobilen zuwendete. Ab 1933 produzierte die Firma jedoch wieder Flugzeugmaschinen, diesmal auf geheime Anweisung des Oberkommandos der Deutschen Wehrmacht, und erfüllte so eine maßgebliche Funktion in Hitlers Wiederaufrüstungsprogramm. Die BMW-Fabrik in der Lerchenauer Straße wurde alsbald der größte Arbeitgeber Münchens. Zu Kriegsende wurde sie von alliierten Bombern häufig beschossen und im Oktober 1945 ordneten die Amerikaner an, die Reste der Gebäude abzureißen.

Nach dem Krieg wendete sich BMW wieder der Autoherstellung zu, wobei auch andere ehemalige Flugzeughersteller wie Messerschmitt zu dieser Zeit schon wieder sehr erfolgreich tätig waren. Kommt man heute aus der U-Bahn-Station Olympiazentrum, erblickt man sofort den Beweis für den großen Erfolg, den BMW seither verzeichnen konnte. Entlang der Lerchenauer Straße erstrecken sich die stahlgrauen Wände des riesigen Hauptgebäudes der BMW-Werke München weit in beide Richtungen. Hier wurden alle fünf Generationen der berühmten 3er-Serie produziert. Die Zahlen, mit denen die Firma aufwartet, sind schwindelerregend: 10 000 Angestellte und 700 Lehrlinge aus fünfzig verschiedenen Ländern stellen täglich 800 Autos und 1200 Motoren her (das sind 200 000 Autos und 300 000 Motoren jährlich). Um hautnah mitzuerleben, wie in dieser Fabrik eine Rolle Edelstahl in ein fixfertiges Auto verwandelt wird, seien die werktäglich veranstalteten Führungen (auf Englisch oder Deutsch) empfohlen, die etwas weiter die Straße entlang, in der „BMW Welt“ beginnen.

Der BMW-Turm von der BMW-Welt aus gesehen; rechts das BMW-Museum

Die gekurvte, ausladende Fassade der BMW Welt, die 2007 eröffnet wurde, verrät nicht auf den ersten Blick, dass es sich dabei um eine einzigartige Marketingmaßnahme der Firma handelt. An der Ecke zum Georg-Brauchle-Ring wird das Gebäude durch einen eindrucksvollen Showroom in Form eines Doppelkegels abgeschlossen, in dem die neuesten Modelle auf sich drehenden Plattformen ausgestellt werden. Im Inneren des eigentlichen Gebäudes befindet sich das Vertriebszentrum, wo aufgeregte Kunden ihre fertiggestellten Autos abholen und damit auf einer speziellen Rampe aus dem Gebäude fahren können.

Die BMW Welt wird mit der anderen Straßenseite durch eine Fußgängerbrücke verbunden, wo am Petuelring 130 das 1973 eröffnete BMW Museum steht. Es hat die Form einer fensterlosen Betonschüssel mit einem Durchmesser von 41 Metern, ein Werk des österreichischen Stararchitekten Karl Schwanzer (1918–1975). Auf über fünf Stockwerken, die durch eine spiralförmige Rampe verbunden sind (sie stellt eine fortlaufende Straße innerhalb eines abgeschlossenen Raumes dar), wird die Geschichte der Firma von den Oldtimer-Flugzeugen und -Motorrädern bis hin zu den Autos der Zukunft veranschaulicht. Das Gegengewicht zu dem Gebäude stellt Schwanzers BMW Turm dar, ab 1972 die Adresse der Firmenzentrale. Das 20-stöckige Hochhaus ist mit Aluminium verkleidet und erinnert von der Form her an die vier Zylinder eines Automotors.

Für Besucher nicht zugänglich ist das BMW Forschungs- und Ingenieurzentrum in der Schleißheimer Straße 418. Direkt gegenüber dem Gebäude in der Knorrstraße 148 befand sich die ehemalige sogenannte „Judensiedlung Milbertshofen“, das erste Anhaltelager der Nationalsozialisten für Juden, die für den Weitertransport in die Vernichtungslager vorgesehen waren. Nachdem das Lager geleert worden war, brachte BMW hier ab 1942 seine Fremdarbeiter unter (s. Nr. 72).

Interessanter Ort in der Nähe: 79

81. Jugendstil-Juwelen

Schwabing – Freimann (12. Bezirk), ein Jugendstil-Rundgang von der Leopoldstraße bis zur Georgenstraße
U3, U6 Münchner Freiheit; Straßenbahn 27; Bus 53

Das späte 19. Jahrhundert war für die Münchner Künstler eine revolutionäre Zeit. Viele Architekten, Bildhauer und Maler, die sich von der konservativen Lehre der Kunstakademie sowie der dominanten Kontrolle des Schirmherrn aller Künste, Franz von Lenbach (1836–1904), nicht weiter unterdrücken lassen wollten, strömten einer neuen künstlerischen Bewegung zu. Angeregt vom Erfolg der Art Nouveau in Paris, lehnten sie sich gegen den rückwärtsgewandten Historismus auf zugunsten eines völlig anders gearteten Stils, dessen Merkmale höchst stilisierte organische Formen, fließende Linien und Freiheit im Ausdruck waren. Diese Künstler veranstalteten ihre erste internationale Ausstellung 1893; 1896 adaptierten sie für sich den Namen „Jugendstil" von einer Avantgarde-Zeitschrift, die unter dem Titel *Jugend* erschien.

Zu dieser Zeit stieg die Einwohnerzahl Münchens exorbitant, von 100 000 Einwohnern im Jahre 1854 auf etwa 500 000 um 1900. Dadurch entstand eine große Nachfrage nach Wohn- und Zivilarchitektur, die, in Kombination mit der Einführung neuer industrieller Fertigungsprozesse, den Münchner Architekten Gelegenheit gab, mit dem neuen Stil zu experimentieren. In der Folge wurden in der ganzen Stadt Häuser im Jugendstil errichtet, darunter auch einige bemerkenswerte öffentliche Gebäude (s. Nr. 24). Um den Stil näher zu betrachten, sei ein Besuch des ehemaligen Vorortes Schwabing angeraten, denn hier gingen um 1900 viele der innovativsten Münchner Künstler ans Werk (s. Nr. 48).

Unser Rundgang beginnt oberhalb der geschäftigen U-Bahn-Station Münchner Freiheit, wo auf der westlichen Seite der Leopoldstraße unter der Hausnummer 77 ein großes Wohnhaus steht, das mit vielen klassischen Jugendstilformen geschmückt ist. Es wurde 1900–1902 nach einem Entwurf von Martin Dülfer erbaut. Die Dachlinie weist die Form einer gewundenen Ranke auf, welche von welligen Blattformen auf der Fassade unterhalb wieder aufgegriffen wird – eine geradezu dramatische Abwendung von den neoklassizistischen Dachgiebelformen, wie sie das ganze 19. Jahrhundert über beliebt gewesen sind (s. Nr. 39). Die organische Struktur wird auch auf Straßenniveau weitergeführt, durch eine Reihe stilisierter Rosenbäume, die einem anderen Jugendstil-Charakteristikum, der rektangulären Ausrichtung

Detail eines Jugendstil-Haustors in der Römerstraße

von Ornamenten, folgen, in welcher sich sogar das Schriftbild zeitgenössischer Kunstzeitschriften widerspiegelt.

Man folge nun der Leopoldstraße in Richtung Innenstadt, um rechts in die Herzogstraße und von dort in die vierte Straße zur Linken einzubiegen, in die ruhige Römerstraße. Hier steht unter der Hausnummer 11 ein ganz anders geartetes Jugendstilhaus, welches von Henry Helbig und Ernst Haiger für einen Ägyptenfan entworfen wurde, weshalb pseudopharaonische Masken in die Fassade eingelassen wurden. Obwohl der Jugendstil eine Abwendung vom Historismus bedeutete, stellten ägyptische Motive eine Ausnahme dar, vielleicht weil Ägypten erst seit den 1850er Jahren von Europäern bereist wurde. Weitere Markenzeichen des Jugendstils, die hier Anwendung fanden, sind die starke Farbigkeit und die kantigen vertikalen Linien, wie sie ebenfalls in Kunstzeitschriften der Zeit vorkamen.

Gehen Sie die Römerstraße entlang und biegen Sie links in die Ainmillerstraße, wo Kandinsky, Klee und Rilke lebten und sich ein weiteres Haus von Helbig und Haiger unter der Nummer 22 befindet. Es wurde 1899–1900 als erstes Wohnhaus mit Jugendstilfassade in München erbaut. Wieder finden sich hier Masken im ägyptischen Stil, zudem stilisierte Blumen und scharfe senkrechte Linien. Ein Fresko, das Adam und Eva zeigt, ist äußerst ungewöhnlich, eine der ganz wenigen bildlichen Darstellungen an Münchner Jugendstilfassaden (s. Seite 4). Eine im Vergleich dazu eher kleinlaute Jugendstilfassade ist nebenan mit der Hausnummer 20 zu sehen.

Gehen Sie nun Richtung Süden die Friedrichstraße entlang und halten Sie vor der Franz-Joseph-Straße 19, um noch eine schöne Jugendstilfassade zu sehen, diesmal eine, die vergoldete Schlangen auf der einen Seite sowie Pfauen auf der anderen Seite zeigt; die grazilen Glastüren zur Straße hin führen in einen lieblichen Innenhofgarten. Fast am Ende der Friedrichstraße steht unter der Nummer 3 noch

Münchens erste Jugendstilfassade an einem Wohnhaus befindet sich in der Ainmillerstraße

ein weiterer Typus eines Jugendstilhauses: Es wurde 1904 erbaut und weist eine Oberfläche auf, die an textile Spitzenmuster erinnert. Dies macht bewusst, dass der Jugendstil wie die Art Nouveau nicht einfach eine architektonische Bewegung war, sondern sich gleichzeitig in allen Gattungen durchsetzte, sei es in der Mode, in der Malerei, in der Bildhauerei oder in der Literatur. Spitzengewebe wurde zu der Zeit hoch geschätzt und fand daher auch Eingang in die Architektur.

Biegen Sie am Ende der Friedrichstraße links in die Georgenstraße, wo das Pacelli-Palais mit Hausnummer 8–10 einen direkten Vergleich von Historismus und Jugendstil erlaubt. Die rechte Hälfte des Gebäudes zeigt noch die traditionelle Fassade des soliden, aber konservativen Neoklassizismus, mit Säulen, Tympana, Loggien und Skulpturen; im Gegensatz dazu wurde die linke Seite im frühen 20. Jahrhundert renoviert und zeigt eine schlichte, aber farbenfrohe Jugendstilfassade.

Wer noch mehr Beispiele für Jugendstilkunst sehen möchte, dem sei ein Besuch in der Villa Stuck in der Prinzregentenstraße 60 (5. Bezirk) empfohlen. Der Maler, Bildhauer und grafische Künstler Franz von Stuck (1863–1928) war maßgeblich am Erfolg des Münchner Jugendstils beteiligt und sein ehemaliges Wohn- und Atelierhaus stellt eine permanente Würdigung seiner Werke dar.

Interessante Orte in der Nähe: 48, 82

82. Hier begann die U-Bahn

Schwabing – Freimann (12. Bezirk), U-Bahn-Denkmal in der Ungererstraße außerhalb der U-Bahn-Haltestelle Nordfriedhof
U6 Nordfriedhof

Münchens U-Bahn ist weder die älteste (London), die längste (New York) noch die meistgenutzte (Moskau) der Welt, aber als Teil eines modernen öffentlichen Nahverkehrsnetzes, das S-Bahn, Straßenbahn und Busse umfasst, ermöglicht es den über 1,3 Millionen Einwohnern der Stadt, fast überall hinzukommen. Trotz seiner noch relativ jungen Geschichte ist das Münchner U-Bahnnetz interessant, da es dem städtischen Entdeckungsreisenden ermöglicht, einige ungewöhnliche Plätze zu besuchen.

Der Plan, in München ein U-Bahnnetz einzurichten, geht bis in die 1930er Jahre zurück, als die Nazis die Anschaffung neuer Züge für das bereits existierende Straßenbahnnetz verboten, da es ihrer Ansicht nach „unzureichend“ gewesen sei. Der Bau eines unterirdischen Schienennetzes war aber nur ein Aspekt ihrer ambitiösen Pläne, die die Stadt zur „Hauptstadt der Bewegung“ werden lassen sollten. In der Folge wurde zwischen 1938 und 1941 unter der Lindwurmstraße ein Tunnel gegraben, der den Sendlinger-Tor-Platz mit der Sonnenstraße verband; zudem wurde am Goetheplatz eine Haltestelle erbaut. Als der Zweite Weltkrieg aber immer mehr Ressourcen band, wurde der Bau aufgegeben. Nach dem Krieg hatte die Wiederherstellung des zwar noch vorhandenen, aber schwer beschädigten Straßenbahnnetzes Vorrang.

Diese bescheidene Plakette in der Ungererstraße erinnert an den Beginn des U-Bahn-Baus in München.

In den 50er Jahren nahm der innerstädtische Verkehr stark zu, weshalb vorgeschlagen wurde, einige der bereits bestehenden Straßenbahnlinien unterirdisch weiterzuführen. 1964 wurde dieser Plan aber zugunsten eines vollständigen unterirdischen Verkehrsnetzes aufgegeben. Der Bau der ersten Nord-Süd-Verbindung wurde am 1. Februar 1965 entlang des Nord-

Die Wände der U-Bahn-Haltestelle Georg-Brauchle-Ring schmücken bunte Tafeln.

friedhofs in der Ungererstraße (12. Bezirk) in Angriff genommen. Die Stelle wird heute durch einen vertikalen Stahlträger gekennzeichnet. Eine Tafel erinnert daran, dass der damalige bayerische Ministerpräsident Dr. Alfons Goppel zusammen mit dem Münchner Oberbürgermeister Dr. Hans-Jochen Vogel dort die erste Schaufel Erde aushob. Die U-Bahnstrecke, die die Haltestellen Kieferngarten und Goetheplatz miteinander verband, eröffnete im Oktober 1971 und wird heute als U6 geführt. Der Tunnel aus den 30er Jahren wurde dabei wiederverwendet, ebenso die Haltestelle Goetheplatz. Das erklärt, weshalb diese sich in der Länge des Bahnsteigs von allen anderen Stationen der Strecke unterscheidet.

Als München zum Austragungsort der Olympischen Spiele 1972 ernannt wurde, beschleunigte dies ab 1966 die Bauarbeiten für die Vergrößerung des U-Bahnnetzes der Stadt beträchtlich. Die U3 von der Münchner Freiheit zum Olympiazentrum (wo für den damals erwarteten Besucherandrang vier Bahnsteige eingerichtet wurden) wurde im Mai 1972 eröffnet, nur zehn Tage nachdem der Münchner S-Bahn-Tunnel, der quer durch das Stadtzentrum verläuft, eingeweiht worden war. Der Anschluss der U-Bahn bis zum Harras eröffnete 1975, wobei

Die U-Bahn-Station Westfriedhof zeichnet riesige Lampenschirme aus Aluminium aus.

1983 weitere Haltestellen hinzukamen, welche die Internationale Gartenbauausstellung im Westpark bedienten (s. Nr. 70).

Seit den frühen 1980er Jahren wurde Münchens U-Bahnnetz kontinuierlich ausgebaut und erweitert, sodass es heute sechs Linien, hundert Kilometer Schienen sowie 98 Haltestellen aufweist. Einige Haltestellen der U1 lohnen einen Besuch für sich, da sie außergewöhnlich gestaltet sind, beispielsweise die des Westfriedhofs, wo riesige Aluminiumlampenschirme von der Decke hängen, oder die Haltestelle Georg-Brauchle-Ring, die der Künstler Franz Ackermann (geb. 1963) mit Wandpanelen in vielen Farben ausstattete. Die Haltestelle St.-Quirin-Platz weist ein Glas-Stahl-Dach auf, das auf einer Seite auf faszinierende Weise herabgeführt wird, fast bis auf die Höhe der Schienen. Das weiß-blaue Wellenmuster im Tunnel der U2 zwischen Am Hart und Frankfurter Ring ist das einzige Kunstwerk, das außerhalb der Bahnhöfe angebracht wurde. Die Bahnsteige der Haltestellen Universität, Odeonsplatz und Goetheplatz der Linien U3/U6 werden mit klassischer Musik beschallt, um die U-Bahn-Passagiere zu besänftigen.

Interessanter Ort in der Nähe: 81

83. Wo Ost auf West trifft

Schwabing – Freimann (12. Bezirk), die Moschee Freimann und das Islamische Zentrum München in der Wallnerstraße 1–5
U6 Studentenstadt, dann Bus 180 bis Wallnerstraße

Mitte der 1960er Jahre wuchs Deutschlands zuvor kleine muslimische Gemeinde stark an, weil Gastarbeiter aus der Türkei und den Balkanstaaten für den wirtschaftlichen Wiederaufschwung des Landes angeworben wurden. Diese sollten einen Mangel an Arbeitskräften wettmachen, welcher nicht nur durch den Zweiten Weltkrieg verursacht worden war, sondern auch durch den Bau der Berliner Mauer, die die Migration von Arbeitern aus dem Osten unmöglich machte. Mitte der 1990er Jahre hatten sich bereits zahlreiche Türken entschieden, in Deutschland zu bleiben, und heute leben etwa 1,8 Millionen von ihnen in Deutschland, davon rund 120 000 in München (insgesamt leben in Deutschland 3,4 Millionen muslimische Glaubensangehörige).

Obwohl das multikulturelle Miteinander in einigen Teilen Europas letztlich als gescheitert angesehen werden muss, hat es sich in Deutschland ganz gut bewährt. Das liegt zum Teil daran, dass das Land so groß ist, und auch daran, dass nur wenige Städte Deutschlands von einer einzigen ethnischen Gruppe dominiert werden, was wiederum die Bildung von Ghettos unterbindet. Leider haben dennoch nur sehr wenige Deutsche ein gutes Verhältnis zu ihren türkischen Nachbarn, ein Umstand der zudem durch die Anwesenheit von geschätzten 31 000 radikalen Islamisten in Deutschland zusätzlich beeinträchtigt wird, die die Integration der Türken in die deutsche Gesellschaft hintertreiben wollen.

Deutschlands Muslime richteten sich zunächst Andachtsräume ein, d. h. sie beteten in Wohnungen, leerstehenden Fabrikgebäuden oder Gemeindezentren. Heute gibt es schätzungsweise 2200 solche Gebetshäuser – zwanzig davon in München –, welche der Wahrnehmung der Öffentlichkeit völlig entzogen sind und deshalb auch keinen Anlass für religiöse Spannungen bieten. Allerdings wurde kürzlich anerkannt, dass aus Deutschlands temporärer türkischer Bevölkerung eine bleibende geworden ist, der das legitime Bedürfnis nach nutzungsgerechten und als solche kenntliche Orten der Glaubenspraxis zugestanden werden muss. Während in Berlin der Bau imposanter Moscheen kaum auf Widerstand stieß, gab es in München, dem traditionellen Zentrum des katholischen Glaubens, viel mehr Gegenwehr. Dies vermögen zwei in-

Minarett und Halbmond an der Moschee Freimann

teressante Örtlichkeiten anschaulich zu machen.

Eine traditionelle Moschee mit einem 33 Meter hohen Minarett gibt es in München seit 1973. Als Teil des Islamischen Zentrums München war die Moschee Freimann erst die siebte Moschee, die in Deutschland erbaut wurde – zudem die erste in Bayern. Sie liegt innerhalb eines begrünten, von einer Mauer umgebenen Grundstücks entlang des Schleißheimer Kanals und bietet in der überkuppelten Gebetshalle 450 Männern sowie 100 Frauen auf der Galerie Platz. Das Zentrum verfügt auch über eine Bibliothek und eine Schule. Die Kosten des Baus der Moschee teilten sich 14 islamische Staaten, wobei mehr als die Hälfte davon von Libyen getragen wurde.

Der Bau der Moschee Freimann rief aus zwei Gründen kaum Widerspruch hervor: Zum einen, weil sie ganz im Norden des Stadtzentrums liegt, neben einer Kläranlage sowie einer ehemaligen städtischen Müllhalde in der Wallnerstraße (12. Bezirk), und zudem, weil es zur Zeit ihres Baus noch nicht solche kulturellen Spannungen wie heute gab. Die Moschee wird von einer der ältesten muslimischen Organisationen in Deutschland verwaltet, von der Islamischen Gemeinschaft in Deutschland (IGD, 1958 gegründet). Auch dieser werden ideologisch motivierte Verbindungen zur Muslimbruderschaft, einer zunehmend radikalen islamischen Vereinigung, die in den 1920er Jahren in Ägypten gegründet wurde, unterstellt; dennoch veranstaltet die Moschee Freimann beispielsweise Tage der offenen Tür, an denen Mitglieder aller Glaubensbekenntnisse willkommen sind – als ein Versuch, religiöse und kulturelle Klüfte zu überwinden.

In der Zwischenzeit benötigte südlich vom Stadtzentrum, im Arbeiterviertel Sendling (6. Bezirk), ein muslimisches Gebetshaus, welches seit 1989 in einem alten Möbellager in der Schanzenbachstraße lag und aus allen Nähten platzte, dringend ein neues Gebäude. Es wurde vom rechtlichen Nachfolger der IGD, der Türkisch-Islamischen Union der Anstalt für Religion e.V. (Diyanet İşleri Türk Islam Birliği, kurz

DITIB) geleitet, welche 1984 gegründet wurde. Es bot nur 130 Betenden Platz, wurde aber regelmäßig von 700 besucht! Die türkische Gemeinde stellte einen Antrag für einen Umbau des genutzten Gebäudes, aber das rief Widerspruch von in der Nähe lebenden Nicht-Muslimen hervor. Folglich wurden Pläne geschmiedet, in eine Moschee, die am Gotzinger Platz entstehen sollte, zu übersiedeln, direkt gegenüber der römisch-katholischen Kirche St. Korbinian. Obwohl die Baupläne ein Paar Minarette vorsahen, die niedriger waren als die Kirchtürme, sowie Räume, zu denen auch Nicht-Muslime Zutritt gehabt hätten, stieß man bei den Anwohnern auf Ablehnung. Diese empfanden vor allem die Nähe der Moschee zu einer Kirche als vorsätzliche religiöse Provokation. Das ist schade, v. a. nachdem die DITIB 2004 in Köln eine große Kundgebung gegen Gewaltanwendung im Namen des Islams veranstaltete und ein Vorsitzender der türkischen Gemeinde Münchens seiner Überzeugung Ausdruck verliehen hatte, dass gerade die Nähe der zwei religiösen Gebäude den dringend notwendigen Dialog zwischen den Glaubensgemeinschaften zusätzlich anstoßen könne. Die Zeit wird zeigen, ob er Recht hat.

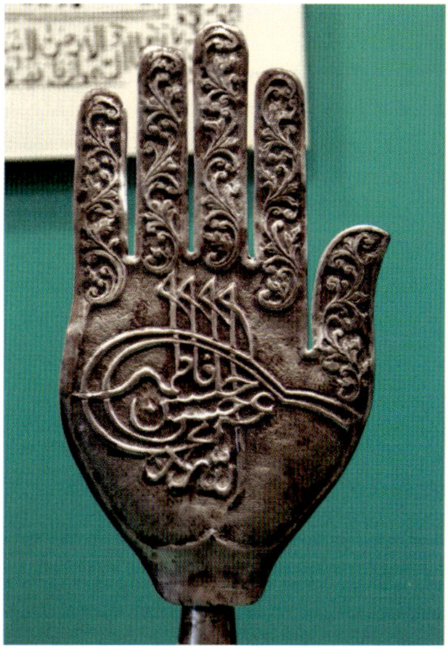

Inschrift auf einer Hand in der islamischen Sammlung des Staatlichen Museums für Völkerkunde in der Maximilianstraße

Wer mehr über die islamische Kultur erfahren möchte, sollte die hervorragende islamische Sammlung im Staatlichen Museum für Völkerkunde in der Maximilianstraße 42 (1. Bezirk; s. Nr. 12) besuchen. Wer das Alltagsleben der Türken in München kennenlernen möchte, kann die belebte Landwehrstraße mit ihren Cafés, Restaurants und Läden entlangspazieren.

Interessanter Ort in der Nähe: 84

84. Das untergegangene Dorf von Fröttmaning

Schwabing – Freimann (12. Bezirk), Heilig-Kreuz-Kirche auf der Nordseite des Fröttmaninger Bergs, in der Nähe des Autobahnkreuzes München-Nord (Kreuzung der Autobahnen A9 und A99)
U6 Studentenstadt, dann Bus 180 bis Wallnerstraße. Gehen Sie den Lottlisa-Behling-Weg entlang und folgen Sie den Schildern nach Heilig-Kreuz Fröttmaning.

Ganz im Nordosten von München, neben dem stark befahrenen Autobahnkreuz München-Nord/A 99 – Autobahnring München Ost/A 9, befinden sich zwei der architektonischen Sehenswürdigkeiten der Stadt. Die eine ist die riesige Allianz Arena, ein äußerst modernes Stadion, das für die Fußball-Weltmeisterschaft 2006 erbaut wurde. Im krassen Gegensatz dazu steht die winzige Heilig-Kreuz-Kirche östlich davon, der älteste komplett erhaltene Kirchenbau Münchens.

Die Kirche liegt eingebettet unter Bäumen, gleich nördlich des Fröttmaninger Berges, eines früheren Müllbergs der Stadt. Sie ist alles, was vom mittelalterlichen Dorf Fröttmaning übrig blieb, das sich hier bis zur Mitte des 20. Jahrhunderts an der damaligen Straße nach Freising befand. Archäologen haben sogar noch früher zu datierende Hinweise auf Besiedelung gefunden, in Form eines schwarzen Rundaltars, der zu einem keltischen Kultplatz gehörte.

Die Geschichte der Kirche nahm im Jahre 815 n. Chr. ihren Ausgang, als der Anführer des Fröttmaninger Stammes ein Holzgebäude mit umliegenden Feldern der Diözese von Freising übergab. Die diese Schenkung besiegelnde Urkunde (in der die Siedlung Freddamaringun genannt wurde, später hieß sie Fritmaring) ist das älteste Dokument, das das Bayerische Hauptstaatsarchiv besitzt. Die spätromanische Kirche, die heute zu sehen ist, ersetzte den Vorgängerbau in der ersten Hälfte des 13. Jahrhunderts. Sie weist für die Romanik charakteristische Merkmale auf, wie dicke Mauern, Rundbogenfenster und einen gedrungenen, 18 Meter hohen Kirchturm. Ein original erhaltenes mit Kalkfarben gemaltes Fresko, das 1981 bei Restaurierungsarbeiten entdeckt wurde, zeigt die älteste bekannte Christusdarstellung in Bayern. Das barocke Deckenfresko von ca. 1740 ist ein Werk der Asamschule und stellt den byzantinisch-römischen Kaiser Herakleios dar (s. Nr. 66).

Die kleine Kirche war im Lauf der Zeit immer wieder vom Abriss bedroht, beispielsweise in den 1930er Jahren, als das Autobahnkreuz in

Die Heilig-Kreuz-Kirche auf dem Fröttmaninger Berg ist die älteste Kirche Münchens.

ihrer Nähe gebaut wurde. So wie dieses ursprünglich vorgesehen war, hätte der Verlauf der Salzburger Straße nach Osten die Beseitigung der Kirche notwendig gemacht. Glücklicherweise konnte das aufgrund lokaler Proteste verhindert werden; die Straße wurde nach Norden verlegt und die Kirche gerettet. Die zahlreichen Bauernhöfe, die sich ringsherum befanden, hatten dagegen keine Zukunftsaussichten und wurden in den 1950er Jahren geräumt, um Platz für die Müllkippe der Stadt zu machen. Allerdings befand sich die Kirche noch immer nicht in Sicherheit – in den 1970er Jahren wurden ihr wertvoller Kirchenschatz und zwei Glocken aus dem 15. Jahrhundert gestohlen. Sogar noch vor nicht allzu langer Zeit, 1984, wurden Pläne debattiert, die Müllkippe der Stadt nach Norden zu vergrößern, sodass diese bis an die Mauer der Kirche gereicht hätte. Wieder vereitelten lautstarke Proteste dieses Vorhaben.

Als der Jahrtausendwechsel bevorstand, schlug eine Bürgerinitiative vor, die Kirche zum integralen Bestandteil des neuen Allianz Arena-

Diese Replik der Heilig-Kreuz-Kirche wurde 2004 errichtet; im Hintergrund die Allianz Arena.

Geländes zu machen. Daraufhin musste eine Rettungsstraße samt Brücke zweihundert Meter nach Norden verlegt werden. Gleichzeitig wurde ein internationaler Wettbewerb für die Gestaltung des Fröttmaninger Bergs ausgeschrieben. 2004 wurde dafür der in Berlin geborene Künstler Timm Ulrichs (geb. 1940) einstimmig nominiert. Dieser ließ sich von der der historischen Kirche stets drohenden Zerstörung inspirieren und verwendete die nächsten zwei Jahre darauf, eine exakte Kopie der Kirche 150 Meter weiter südlich zu errichten. Jedoch setzte er sie aus Betonfertigteilen zusammen und ließ sie absichtlich halb im Boden des mittlerweile in Landschaft verwandelten Müllbergs einsinken. Das Ergebnis trägt den Titel *Versunkenes Dorf* und stellt ein zynisches Kunstwerk dar, das den Betrachter dazu anregt, sich über die Vergänglichkeit menschlicher Erzeugnisse Gedanken zu machen. So wie der englische Dichter Percy Bysshe Shelley in seinen Ozymandias schrieb: „Erblickt meine Werke, Ihr Mächtigen, und verzweifelt!"

Interessanter Ort in der Nähe: 83

***

Der höchste Punkt des Fröttmaninger Bergs ist ein idealer Ort, um diese Odyssee, die uns zu einigen der eher ungewöhnlichen und unbesungenen Ecken Münchens geführt hat, zu beenden. Lässt man den Blick von diesem kaum besuchten Platz über die Stadt schweifen, dann ist man dankbar dafür, wie sich München seit dem Zweiten Weltkrieg entwickelt sowie, dass es sich zu einer der lebhaftesten und interessantesten Städte Europas gemausert hat. Bei dieser Gelegenheit kann der zufriedengestellte Stadterforscher an die unzähligen Taten bzw. an die Vielzahl besonderer Persönlichkeiten denken, die diesen Ort zum Mittelpunkt ihres Lebens und Arbeitens gemacht haben.

Öffnungszeiten

Alle Angaben waren bei Drucklegung aktuell, können sich aber in der Zwischenzeit geändert haben.

Die meisten Geschäfte in München haben Montag–Freitag von 9–20 Uhr geöffnet (Lebensmittelläden auch oft schon ab 7 Uhr), Samstag von 8.30–16 Uhr, und sind sonntags geschlossen.

Allerheiligenkirche am Kreuz, Altstadt – Lehel (1. Bezirk), Kreuzstraße 10, tägl. 8–20 Uhr

Alpines Museum, Altstadt – Lehel (1. Bezirk), Praterinsel 5, Di.–Fr. 13–18 Uhr, Sa.–So. 11–18 Uhr

Alte Pinakothek, Maxvorstadt (3. Bezirk), Barer Straße 27, Mi.–So. 10–18 Uhr, Di. 10–20 Uhr

Alter Israelitischer Friedhof, Thalkirchner Straße 30, Sendling (6. Bezirk), Zutritt nur bei vereinbarten Führungen, Tel. +49 (0)89 20 24 00-21; Besucher benötigen eine Kopfbedeckung.

Alter Simpl, Maxvorstadt (3. Bezirk), Türkenstraße 57, So.–Do. 11–3 Uhr, Fr.–Sa. 11–4 Uhr

Alter Südfriedhof, Ludwigsvorstadt – Isarvorstadt (2. Bezirk), Thalkirchnerstraße 17, Oktober–Februar 8–17 Uhr, März u. September 8–18 Uhr, April–August 8–19 Uhr

Alt-Katholische Kirche St. Willibrord, Altstadt – Lehel (1. Bezirk), Blumenstraße 36, So. Messe 10 Uhr; Leihbücherei The Bookshelf Mo. 15–20 Uhr, Mi. u Fr. 15–18 Uhr

Asamkirche, Altstadt – Lehel (1. Bezirk), Sendlinger Straße 32, tägl. 8–17.30 Uhr

Asam-Schlössl, Thalkirchen – Obersendling – Forstenried – Fürstenried – Solln (19. Bezirk), Maria-Einsiedel-Str. 45, tägl. 11–1 Uhr

Augustinerbräu, Altstadt – Lehel (1. Bezirk), Neuhauser Straße 27, tägl. 9–24 Uhr

Augustiner-Keller, Maxvorstadt (3. Bezirk), Arnulfstraße 52, tägl. 10–1 Uhr, Keller ab 16 Uhr

Basilika St. Bonifaz, Maxvorstadt (3. Bezirk), Karlstraße 34, tägl. 8–20 Uhr

Bavaria Filmstadt, Geiselgasteig, Bavariafilmplatz 7, Mitte März–Oktober tägl. 9–16 Uhr, November–Mitte März tägl. 10–15 Uhr (nur mit Führung zu besichtigen: in deutscher Sprache das ganze Jahr über stündlich, in englischer Sprache nur von Mitte März–Oktober tägl. um 13 Uhr)

Bavaria und Ruhmeshalle, Ludwigsvorstadt – Isarvorstadt (2. Bezirk), Theresienwiese, April–Mitte Oktober tägl. 9–18 Uhr, zum Oktoberfest tägl. 9–20 Uhr

Bayerisches Nationalmuseum, Altstadt – Lehel (1. Bezirk), Prinzregentenstraße 3, Di.–Mi., Fr.–So. 10–17 Uhr, Do. 10–20 Uhr

Bier- und Oktoberfestmuseum, Altstadt – Lehel (1. Bezirk), Sterneckerstraße 2, Di.–Sa. 13–17 Uhr

BMW Museum, Milbertshofen – Am Hart (11. Bezirk), Petuelring 130, Di.–Fr. 9–18 Uhr, Sa.–So. 10–20 Uhr; Führungen durch die Fabrik tägl. von der BMW Welt aus, www.bmw-werk-muenchen.de

Borstei-Museum, Moosach (10. Bezirk), Löfftzstraße 10, Mai–Oktober Di., Do. u. Sa. 15–18 Uhr, November–April Di., Do. u. Sa. 15–17 Uhr

Botanischer Garten, Neuhausen – Nymphenburg (9. Bezirk), Menzingerstraße 12, Februar, März u. Oktober tägl. 9–17 Uhr, April u. September tägl. 9–18 Uhr, Mai–August tägl. 9–19 Uhr, November–Januar tägl. 9–16.30 Uhr

Bürgersaalkirche, Altstadt – Lehel (1. Bezirk), Neuhauser Straße 14, Unterkirche tägl. 8–20 Uhr; Oberkirche tägl. 11–13 Uhr

Café Altschwabing, Maxvorstadt (3. Bezirk), Schellingstraße 56, Mo.–Fr. 8–1 Uhr, Sa.–So. 9–1 Uhr

Café am Beethovenplatz, Ludwigsvorstadt – Isarvorstadt (2. Bezirk), Hotel Mariandl, Goethestraße 51, tägl. 9–1 Uhr

Café Arzmiller, Altstadt – Lehel (1. Bezirk), Theatinerstraße 22, tägl. 8.30–18 Uhr

Café Frischhut, Altstadt – Lehel (1. Bezirk), Prälat-Zistl-Straße 8, Mo.–Sa. 7–18 Uhr

Café Kreutzkamm, Altstadt – Lehel (1. Bezirk), Maffeistraße 4, Mo.–Fr. 8–18.30 Uhr, Sa. 8–18 Uhr, So. 12–18 Uhr

Café Luitpold, Maxvorstadt (3. Bezirk), Luitpoldblock, Brienner Straße 11, Mo.–Fr. 9–20 Uhr, Sa. 8–19 Uhr; Sammlung Café Luitpold, Palmengarten, Mo.–Sa. 10–19 Uhr, Oktober–Mai So. 11–18 Uhr

Café Tambosi, Altstadt – Lehel (1. Bezirk), Odeonsplatz 18 (1. Bezirk), tägl. 9–1 Uhr

D'Original Oberbayerische Kräuter- & Wurzel-Sepp, Altstadt – Lehel (1. Bezirk), Blumenstraße 15, Mo.–Fr. 9.30–18.30 Uhr, Sa. 9–12 Uhr

Dallmayr, Altstadt – Lehel (1. Bezirk), Dienerstraße 14–15, Mo.–Sa. 9.30–19 Uhr

Damenstift St. Anna, Altstadt – Lehel (1. Bezirk), Damenstiftstraße 1, tägl. 8–20 Uhr

Das Puppenhaus, Neuhausen – Nymphenburg (9. Bezirk), Blutenburgstraße 63, Mo./Di., Do./Fr. 10–18 Uhr, Sa. 10–16 Uhr

Denkstätte Weiße Rose, Maxvorstadt (3. Bezirk), Ludwig-Maximilians-Universität, Geschwister-Scholl-Platz 1, Mo.–Fr. 10–16 Uhr

Deutsches Jagd- und Fischereimuseum, Altstadt – Lehel (1. Bezirk), Neuhauser Straße 2, Mo.–Sa. 9.30–17 Uhr, Do. 9.30–21 Uhr

Deutsches Museum Flugwerft Schleißheim, Oberschleißheim, Effnerstraße 18, tägl. 9–17 Uhr

Deutsches Museum Verkehrszentrum, Schwanthalerhöhe (8. Bezirk), Theresienhöhe 14a, tägl. 9–17 Uhr

Deutsches Museum, Ludwigsvorstadt – Isarvorstadt (2. Bezirk), Museumsinsel, tägl. 9–17 Uhr

Die Puppenstube, Maxvorstadt (3. Bezirk), Luisenstraße 68, Mo.–Fr. 11–18 Uhr

Dreifaltigkeitskirche, Altstadt – Lehel (1. Bezirk) Pacellistraße 6, tägl. 8–20 Uhr

Elisabethmarkt, Schwabing-West (4. Bezirk), Elisabethstraße, Mo.–Fr. 10–18 Uhr, Sa. 10–15 Uhr

Erlöserkirche, Schwabing – Freimann (12. Bezirk), Ungerer Straße 13, So. Messe 10 Uhr

Feinkost Käfer, Altstadt – Lehel (1. Bezirk), Prinzregentenstraße 73, Mo.–Do. 9.30–20 Uhr, Fr. 9–20 Uhr, Sa. 8.30–16 Uhr

Flohmarkt Riem, Trudering – Riem (15. Bezirk), Neue Messe München, Am Messesee, Sa. 6-16 Uhr (außer wenn Messen stattfinden)

Forschungsbrauerei, Ramersdorf – Perlach (16. Bezirk), Unterhachingerstraße 76, März–Mitte Oktober Di.–Sa. 11–23 Uhr, So. 10–22 Uhr

Frauenkirche, Altstadt – Lehel (1. Bezirk), Frauenplatz 1, Sa.–Mi. 7–19 Uhr, Do. 7–20.30 Uhr, Fr. 7–18 Uhr; Turm April–Oktober Mo.–Sa. 10–17 Uhr

Friedhof am Perlacher Forst, Obergiesing (17. Bezirk), Oktober–Februar 8–17 Uhr, März u. September 8–18 Uhr, April–August 8–19 Uhr

Friedhof Bogenhausen, Bogenhausen (13. Bezirk), Kirche St. Georg, Bogenhausener Kirchplatz 1, Oktober–Februar 8–17 Uhr, März u. September 8–18 Uhr, April–August 8–17 Uhr

Friesische Teestube, Schwabing-West (4. Bezirk), Pündterplatz 2, tägl. 10–23 Uhr

Galerie im Lenbachhaus, Maxvorstadt (3. Bezirk), Luisenstraße 33, Di.–So. 10–18 Uhr (Bitte beachten Sie: Das Lenbachhaus ist bis 2012 wegen Renovierung geschlossen.)

Geknöpft & Zugenäht, Altstadt – Lehel (1. Bezirk), Kaufhaus Ludwig Beck, Burgstraße 7, Mo.–Sa. 9.30–19 Uhr

Geologisches Museum München, Maxvorstadt (3. Bezirk), Luisenstraße 37, Mo.–Fr. 8–18 Uhr

Glyptothek, Maxvorstadt (3. Bezirk), Königsplatz 3, Di.–So. 10–17 Uhr, Do. 10–20 Uhr

Haus der Kunst, Altstadt – Lehel (1. Bezirk), Prinzregentenstraße 1, Mo.–So. 10–20 Uhr, Do. 10–22 Uhr

Heiliggeistkirche, Altstadt – Lehel (1. Bezirk), Tal 77, tägl. 7–12 u. 15–18 Uhr

Heilig-Kreuz-Kirche, Schwabing – Freimann (12. Bezirk), Messen April–September jeweils am letzten Sonntag des Monats

Herz-Jesu-Kirche, Neuhausen – Nymphenburg (9. Bezirk), Lachnerstraße 8, tägl. 8–19 Uhr

Hofbräuhaus, Altstadt – Lehel (1. Bezirk), Platzl 9, So.–Do. 9–24 Uhr, Fr./Sa. 9–2 Uhr

Hofgartenbrunnwerk, Altstadt – Lehel (1. Bezirk), Galeriestraße, Mai–Oktober tägl. 10–14 Uhr

Hundskugel, Altstadt – Lehel (1. Bezirk), Hotterstraße 18, tägl. 10–24 Uhr

Johannis-Café, Au – Haidhausen (5. Bezirk), Johannisplatz 15, Mi.–Mo. 11–5 Uhr

Jüdisches Museum München, Altstadt – Lehel (1. Bezirk), St.-Jakobs-Platz 16, Di.–So. 10–18 Uhr

Kartoffelmuseum, Berg am Laim (14. Bezirk), OTEC-Haus, Grafinger Straße 2, Fr. 9–18 Uhr, Sa. 11–17 Uhr, Di.–Do. nur nach Vereinbarung

Kirche St. Georg, Bogenhausen (13. Bezirk), Bogenhausener Kirchplatz 1, tägl. 8–20 Uhr

Kirche St. Nikolai am Gasteig, Au – Haidhausen (5. Bezirk), Innere Wiener Straße 1, tägl. 8–17 Uhr

Klosterkirche St. Anna, Altstadt – Lehel (1. Bezirk), St.-Anna-Straße 19, tägl. 7.30–19 Uhr

Kremer Pigmente, Maxvorstadt (3. Bezirk), Barer Straße 46, Mo.–Fr. 10–13 u. 14–18 Uhr, Sa. 10–12 Uhr

Kunstbunker Tumulka, Bogenhausen (13. Bezirk), Prinzregentenstraße 97a, Di. 14–18 Uhr, Sa./So. 15–18 Uhr

Margaretenkirche, Sendling (6. Bezirk), Sendlinger Kirchplatz, tägl. 7.30–19 Uhr

Marionettenstudio Kleines Spiel, Maxvorstadt (3. Bezirk), Neureutherstraße 12, Do. 20 Uhr

Michaelskirche, Altstadt – Lehel (1. Bezirk), Neuhauser Straße 6, Mo.–Fr. 7–16.30 Uhr, So. 8–16 Uhr; Krypta Mo.–Fr. 9.30–16.30 Uhr, Sa. 9.30–14.30 Uhr

Michaelskirche, Berg am Laim (14. Bezirk), Johann-Michael-Fischer-Platz 2, tägl. 8–20 Uhr

Modellbahnen Wagner, Altstadt – Lehel (1. Bezirk), Sendlinger Straße 1, Mo.–Fr. 10–13 u. 15–18.30 Uhr, Sa. 10–16 Uhr

Müllersches Volksbad, Au – Haidhausen (5. Bezirk), Rosenheimer Straße 1, Mo. 7.30–17 Uhr, Di.–So. 7.30–23 Uhr

Münchner Feuerwehrmuseum, Altstadt – Lehel (1. Bezirk), An der Hauptfeuerwache 8, Sa. 9–16 Uhr

Münchner Kammerspiele im Schauspielhaus, Altstadt – Lehel (1. Bezirk), Maximilianstraße 34–35, Kartenvorverkauf Mo.–Fr. 10–18 Uhr, Sa. 10–13 Uhr

Münchner Marionettentheater, Altstadt – Lehel (1. Bezirk), Blumenstraße 32, Kartenverkauf Di.–So. 10–12 Uhr sowie eine Stunde vor der jeweiligen Vorstellung

Münchner Sanitätsmuseum, Thalkirchen – Obersendling – Forstenried – Fürstenried – Solln (19. Bezirk), Boschetsriederstraße 33, nur nach Vereinbarung geöffnet, www.brk-museum.de

Münchner Stadtmuseum, Altstadt – Lehel (1. Bezirk), St.-Jakobs-Platz 1, Di.–So. 10–18 Uhr

Museum für Antike Puppen, Schwabing – Freimann (12. Bezirk), Gondershauser Straße 37, Mo. u. Do. 11–17 Uhr, So. 11–13 Uhr

Museum Mensch und Natur, Neuhausen – Nymphenburg (9. Bezirk), Schloss Nymphenburg (Nordflügel), Di., Mi. u. Fr. 9–17 Uhr, Do. 9–20 Uhr, Sa./So. 10–18 Uhr

Museum Reich der Kristalle, Maxvorstadt (3. Bezirk), Theresienstraße 41 (Eingang Barer Straße), Di.–Sa. 13–17 Uhr, So. 10–17 Uhr

MVG Museum, Ramersdorf – Perlach (16. Bezirk), Ständlerstraße 20, Februar–Juli jeden 2. u. 4. So. im Monat 11–17 Uhr

Neue Pinakothek, Maxvorstadt (3. Bezirk), Barer Straße 29, Mi. 10–20 Uhr, Do.–Mo. 10–17 Uhr

Neuer Israelitischer Friedhof, Schwabing – Freimann (12 Bezirk), Garchinger Straße 37, November–März 8–16 Uhr, Fr. bis 15 Uhr, April–Oktober 8–17 Uhr, Fr. bis 16 Uhr; Besucher benötigen eine Kopfbedeckung.

Neues Rathaus, Altstadt – Lehel (1. Bezirk), Marienplatz 8, Glockenspiel November–Februar 11 u. 12 Uhr, März–Oktober 11, 12 u. 17 Uhr; Turm tägl. 10–19 Uhr

Nordfriedhof, Schwabing – Freimann (12. Bezirk), Ungererstraße, Oktober–Februar 8–17 Uhr, März 8–18 Uhr, April–August 8–19 Uhr, September 8–18 Uhr

Ostfriedhof, Obergiesing (17. Bezirk), Ecke Tegernseer Landstraße/St.-Bonifatius-Straße, März–September 8–18 Uhr, April–August 8– 19 Uhr, Oktober–Februar 8–17 Uhr

Ost-West-Friedenskirche, Neuhausen – Nymphenburg (9. Bezirk), Spridon-Louis-Ring 100, tägl. 10–16 Uhr

Otto Pachmayr, Maxvorstadt (3. Bezirk), Theresienstraße 33, Mo.–Fr. 9.30–18.30 Uhr, Sa. 9.30–13.30 Uhr

Paläontologisches Museum, Maxvorstadt (3. Bezirk), Richard-Wagner-Straße 10, Mo.–Do. 8–16 Uhr, Fr. 8–14 Uhr; jeden ersten So. im Monat 10–16 Uhr

Paulaner Bräuhaus, Ludwigsvorstadt – Isarvorstadt (2. Bezirk), Kapuzinerplatz 5, tägl. 10–1 Uhr

Paulaner-Keller, Au – Haidhausen (5. Bezirk), Hochstraße 77, tägl. 10–1 Uhr

Peterskirche, Altstadt – Lehel (1. Bezirk), Rindermarkt 1, tägl. 7–19 Uhr; Turm Mo.–Sa. 9–19 Uhr, So. 10–19 Uhr (im Winter bis 18 Uhr)

Pinakothek der Moderne, Maxvorstadt (3. Bezirk), Barer Straße 40, Di./Mi., Sa./So. 10–17 Uhr, Do./Fr. 10–20 Uhr

Residenz, Altstadt – Lehel (1. Bezirk), Max-Josef-Platz 3, April–Mitte Oktober 9–18 Uhr, Mitte Oktober–März 10–16 Uhr

Rockmuseum Munich, Moosach (10. Bezirk), Olympiaturm, Spiridon-Louis-Ring 7, Mo.–Sa. 9–24 Uhr

Salvatorkirche, Altstadt – Lehel (1. Bezirk), Salvatorplatz 17, tägl. 10–20 Uhr

Sammlung Goetz, Bogenhausen (13. Bezirk), Oberföhringer Straße 103, Mo.–Fr. 14–18 Uhr, Sa. 11–16 Uhr; nur nach Vereinbarung, Tel. +49 (0)89 959 39 69-0, www.sammlung-goetz.de

Schack-Galerie, Altstadt – Lehel (1. Bezirk), Prinzregentenstraße 9, Mi.–Mo. 10–17 Uhr

Schelling-Salon, Maxvorstadt (3. Bezirk), Schellingstraße 54, Do.–Mo. 10–1 Uhr; im Sommer während des Urlaubs geschlossen

Schloss Blutenburg, Pasing – Obermenzing (21. Bezirk), Internationale Jugendbibliothek Mo.–Fr. 10–16 Uhr; Kapelle April–September 9–17 Uhr, Oktober–März 10–16 Uhr

Schloss Nymphenburg, Neuhausen – Nymphenburg (9. Bezirk), April–Mitte Oktober 9–18 Uhr, Mitte Oktober–März 10–16 Uhr; Gartenpavillons April–Oktober 9–18 Uhr

Seilerei Kienmoser, Altstadt – Lehel (1. Bezirk), Sendlingerstraße 36 (Hinterhof), Mo.–Fr. 8.30–12 u. 13.30–18 Uhr

Spielart, Altstadt – Lehel (1. Bezirk), Müllerstraße 39, Mo.–Fr. 12–18 Uhr

Spielzeugmuseum, Altstadt – Lehel (1. Bezirk), Altes Rathaus, Marienplatz 15, tägl. 10–17.30 Uhr

St. Benno-Kirche, Maxvorstadt (3. Bezirk), Ferdinand-Miller-Platz, So. Messe 10 Uhr

St. Maria Ramersdorf, Ramersdorf – Perlach (16. Bezirk), Ramersdorfer Straße 6, tägl. 7.30–19 Uhr

Staatliche Antikensammlungen, Maxvorstadt (3. Bezirk), Königsplatz 3, Di.–So. 10–17 Uhr, Mi. 10–20 Uhr

Staatliches Museum Ägyptischer Kunst, Altstadt – Lehel (1. Bezirk), Residenz, Max-Joseph-Platz 3, Di. 9–21 Uhr, Mi.–Fr. 9–17 Uhr, Sa./So. 10–17 Uhr

Staatliches Museum für Völkerkunde, Altstadt – Lehel (1. Bezirk), Maximilianstraße 42, Di.–So. 9.30–17.30 Uhr

Stempel-Berger, Altstadt – Lehel (1. Bezirk), Dienerstraße im Rathaus, Mo.–Fr. 8.30–12 u. 14–17 Uhr

Tea House, Altstadt – Lehel (1. Bezirk), Sendlingerstraße 62, Mo.–Fr. 10–19 Uhr, Sa. 10–18 Uhr

Theatinerkirche, Altstadt – Lehel (1. Bezirk), Theatinerstraße 22, tägl. 8–20 Uhr; Krypta Mo.–Fr. 10–13 u. 13.30–16.30 Uhr, Sa. 10–15 Uhr

Tierpark Hellabrunn, Untergiesing – Harlaching (18. Bezirk), Tierparkstraße 30, April–September tägl. 8–18 Uhr, Oktober–März tägl. 9–17 Uhr

Tonnadel-Paradies Friedrich Gleich, Ludwigsvorstadt – Isarvorstadt (2. Bezirk), Landwehrstraße 48 (Hinterhof), Mo. 12–17 Uhr, Di.–Fr. 10–17 Uhr

Trader Vic's Bar und Restaurant, Altstadt – Lehel (1. Bezirk), Hotel Bayerischer Hof, Promenadeplatz 2–6, tägl. 17–2 Uhr

Unionsbräu Haidhausen, Au – Haidhausen (5. Bezirk), Einsteinstraße 42, Mo.–Sa. 16–1 Uhr, So. 10–16 Uhr

Das Markenzeichen des Simplicissimus auf einer Laterne an der Fassade des Alten Simpls in der Türkenstraße (s. Nr. 43)

Valentin-Karlstadt-Musäum, Altstadt – Lehel (1. Bezirk), Isartor, Isartorplatz, Mo./Di., Fr./Sa. 11.01–17.29 Uhr, So. 10.01–17.29 Uhr

Villa Stuck, Au – Haidhausen (5. Bezirk), Prinzregentenstraße 60, Di.–So. 10–18 Uhr

Waldfriedhof, Hadern (20. Bezirk), an der Kreuzung Graubündenerstraße/Forst-Kasten-Allee, Oktober–Februar 8–17 Uhr, März u. September 8–18 Uhr, April–August 8–19 Uhr

Westfriedhof, Moosach (10. Bezirk), Baldurstraße 28, Oktober–Februar 8–17 Uhr, März u. September 8–18 Uhr, April–August 8–19 Uhr

Zählermuseum, Schwabing – Freimann (12. Bezirk), Franzstraße 9, Mi. 9–12 Uhr

Zum Flaucher, Sendling (6. Bezirk), Isarauen 8, tägl. 10–23 Uhr

Literatur

REISEFÜHRER

München und Südbayern Vis-à-Vis (Izabella Galicka und Katarzyna Michalska), Dorling Kindersley, 2008

Wo die Geister wandern – Literarische Spaziergänge durch Schwabing (Dirk Heißerer), Beck, 2008

Baedecker Allianz Reiseführer München (Helmut Linde & Johannes Kelch), MairDuMont, 2006

Stille Winkel in München (Hans Pfitzinger), Ellert & Richter Verlag, 2007

Alte Häuser – Große Namen. München (Rudolf Reiser), Stiebner, 2002

München – Spaziergänge durch die Geschichte einer Stadt (Bernard Setzwein), Klett-Cotta, 2001

BÜCHER MIT ABBILDUNGEN

München. Kunst und Kultur (Josef H. Biller & Hans-Peter Rasp), Südwest-Verlag, 2006

München. Dichter sehen eine Stadt. Texte und Bilder aus vier Jahrhunderten (Hans-Rüdiger Schwab), Metzler, 1993

Zeitgeister: München – Wo Vergangenes Lebt, A1 Verlag, 2006

ARCHITEKTUR UND DENKMÄLER

Magisches München – Geheime Kraftplätze in der Stadt (Fritz Fenzl), Nymphenburger, 2007

Architekturführer München (Winfried Nerdinger), Reimer, 2008

Münchens Lust am Jugendstil – Häuser und Menschen um 1900 (Edda & Michael Neumann-Adrian), Münchenverlag, 2005

KIRCHEN-, FRIEDHOFS- UND MUSEUMSFÜHRER

Deutsches Museum Führer, Deutsches Museum, 2005

Herzog & de Meuron – Sammlung Goetz, Hatje Cantz, Kunsthaus Bregenz, 2003

Magische Kirchen in München (Fritz Fenzl), Stiebner, 2006

Gräber in München (Gerd Otto-Rieke), Alabasta Verlag, 2000

GESCHICHTE

Streifzüge durch Münchens Kunstgeschichte von der Romanik bis zur Gegenwart (Lothar Altmann), Verlag Schnell & Steiner, 2008

Geschichte Münchens (Richard Bauer), Beck, 2003

München. Die Geschichte einer Stadt (Reinhard Bauer & Ernst Piper), Piper, 1993

Kleine Geschichte Münchens (Reinhard Bauer & Ernst Piper), DTV, 2008

Münchner Stadtgeschichten – Von den Ursprüngen bis Heute (Fritz Fenzl), Stiebner 2004

Münchens Weg in die Gegenwart. Von Heinrich dem Löwen zur Weltstadt (Peter Claus Hartmann), Verlag Schnell & Steiner, 2008

Kleine Kunstgeschichte Münchens (Norbert Huse), Beck, 2004

München 1919–1933 – Stadtrundgänge zur politischen Geschichte (Benedikt Weyerer), Buchendorfer Verlag, 1993

München 1933–1949 – Stadtrundgänge zur politischen Geschichte (Benedikt Weyerer), Buchendorfer Verlag, 1996

HITLERS MÜNCHEN

Hitlers München (David Clay Large), DTV, 2001

Hitlers Weg begann in München 1913–1923 (Anton Joachimsthaler), Herbig, 2000

Nationaler Sozialismus in München (ThemenGeschichtsPfad) (Horst Konietzny), Landeshauptstadt München, 2007

PastFinder München 1933–1945. Stadtführer zu den Spuren der Vergangenheit (Maik Kopleck), Christoph Links Verlag, 2005

Architektur und Gedächtnis. München und Nationalsozialismus – Strategien des Verbrechens (Gavriel D. Rosenfeld), Dölling & Galitz, 2004

Hauptstadt der Bewegung – München 1919–1938 (Viktor Ullrich), Arndt Verlag, 2006

WEBSITES

www.muenchen.de (offizielles Stadtportal für München)

www.muenchen-touristeninformation.de (Touristeninformation München)

www.stadt-muenchen.net (Das Stadtportal München)

www.best-of-munich.com (Münchner Fremdenverkehr)

www.mvv-muenchen.de, www.mvg-mobil.de (Münchner Verkehrs- und Tarifverbund)

www.stattreisen-muenchen.de (Stadtführungen, Erkundungen, Stadtrallyes)

www.spurwechsel-muenchen.de (Stadtführungen in München)

www.muenchenstadtfuehrungen.de (Münchner Stadtführungen)

www.radiusmunich.com (geführte Radtouren und Fahrradverleih)

www.munich-insider.de (Nationalsozialismus-Rundgang)

www.stolpersteine-muenchen.de (Initiative jüdische Gedenksteine)

Rafting an der Floßlände (s. Nr. 65)

Danksagung

An erster Stelle gilt mein Dank den Mitarbeitern des Christian Brandstätter Verlags in Wien, nicht nur für die anhaltende Begeisterung für meine Arbeit, sondern auch für die Professionalität, den Enthusiasmus sowie die gute Laune, mit der sie meine Bücher in den Buchhandel bringen. In diesem Zusammenhang gilt mein besonderer Dank Christian Brandstätter und Elisabeth Hölzl. Milena Greif danke ich für die hervorragende Übersetzung der deutschen Ausgabe und Ekke Wolf für seine Layout-Künste.

Für die freundlichen Genehmigung Fotos zu machen sowie für die Bereitstellung von Informationen, möchte ich die folgenden Personen und Institutionen dankend erwähnen:

Alex und Daniela (Alter Simpl), Dr. Michael Apel (Museum Mensch und Natur), Beate Bentele & Vivian Dörr (Sammlung Café Luitpold), Stefan Böttcher (Landeshauptstadt München Tourismusamt Fotoservice), Helge Braatz (Bavaria Filmstadt), Café Frischhut, Anette Frankenberger (Kunstbunker Tumulka), Manuel Gatz, Stefan „Sy" Gebharter, Ingvild Goetz und Nora Wagner (Sammlung Goetz), Dr. Sabine Heym und Günter Graml (Residenz München/Bayerische Schlösserverwaltung), Petra Hammerstein (Antiquariat Hans Hammerstein), Matthias Hansmeier (Müllersches Volksbad), Renate Herkner, Ulla Hoering, Ignaz-Günther-Haus, Internationale Jugendbibliothek (Schloss Blutenburg), Stefan Jakob (Forschungsbrauerei), Kaffeehaus Altschwabing, Friederike Kaiser und Anke Palden (Deutscher Alpenverein e. V.), Kartoffelmuseum, Sergey Kokasin (Ost-West-Friedenskirche), Konditorei Huber (Ramersdorf), Dusan Krickovic (Westfriedhof), Tom Kristen (Steindruck München), Manuela Krone (www.eye4events.de), Dr. David Leshem (Neuer Israelitischer Friedhof), Thomas Licht & Sebastian Goetz (MVG Museum), Matthias Löffler (BMW Welt), Gabriele Meise und Gabriele Höbel (Münchner Stadtmuseum), Familie Meyer (Schelling-Salon), Ursula Müller, Brigitte Otto (Schloss Nymphenburg), C. Rakowski, Charlotte Knobloch, Carolin Unterreitmeier und Katja Morgenstern (Israelitische Kultusgemeinde München), Johann Rauschendorfer (Deutsches Jagd- und Fischereimuseum), Peter & Evelyn Renda, Ulrich Riegert (Ostfriedhof), Susanna Rusterholz und Catharina Weis (Herzog & de Meuron, Basel), Anna Salewski (Hotel Bayerischer Hof), Wolfgang und Claudia Schelf (Spielzeugmuseum), Ulrich Schindler (Paulaner Bräuhaus), Olaf Schmidt (Johannis-Café), Stefan Schopper, Jörg Schwan (Verlag L. Däbritz/Glyptotheka), Robert Schwandl (www.urbanrail.net), Gottfried „Gog" Seidl-Carusa (Johannis-Café), Gertraud Stadler (Die Puppenstube), Oswalf Telfser (Friesische Teestube), Kristin Teuchtmann, Valentin-Karlstadt-Musäum, Ludwig Webel (Tourismusamt München), Daniela Weiland, und Marc Wittwer.

Für Beherbergung und anregende Gespräche danke ich Bernd Fischer-Rohn und seinen Mitarbeitern vom Hotel Max München (Amalienstraße). Michael Benz begegnete mir mit freundschaftlichem Entgegenkommen, wofür ich sehr dankbar bin.

Für allgemeine Anmerkungen sowie Korrekturlesen bin ich meinem guten alten Freund Hans Kohlenberg dankbar. Unschätzbar wertvoller Internetsupport kam von Richard Tinkler.

Schließlich danke ich besonders meinem Vater Trevor, von dem die Idee stammt, ungewöhnlichen Orten nachzuspüren – Dad, ich danke dir für die große Freude, die ich daran habe!

Delfter Kacheln in der Amalienburg im Schlosspark Nymphenburg (s. Nr. 73)

Bibliografische Information der Deutschen Nationalbibliothek
Die Deutsche Nationalbibliothek verzeichnet diese Publikation in der Deutschen Nationalbibliografie; detaillierte bibliografische Daten sind im Internet über http://dnb.d-nb.de abrufbar.

2. Auflage 2009

Grafische Gestaltung: Beatrix Kutschera, Atelier 21, Wien
Satz, Cover: Ekke Wolf, typic.at
Übersetzung aus dem Englischen: Milena Greif
Lithografie: Grasl Druck & Neue Medien, Bad Vöslau
Lektorat: Fitore Brahimi
Gedruckt in der EU

ISBN 978-3-85033-233-0

Christian Brandstätter Verlag
GmbH & Co KG
A-1080 Wien, Wickenburggasse 26
Telefon (+43-1) 512 15 43-0
Telefax (+43-1) 512 15 43-231
E-Mail: info@cbv.at
www.cbv.at

Die Hundskugel in der Hackenstraße ist Münchens ältestes Gasthaus (s. Nr. 21).